JN086328

大学院文化科学研究科

臨床心理地域援助特論

伊藤亜矢子

臨床心理学プログラム

臨床心理地域援助特論（'21）

©2021　伊藤亜矢子

装丁・ブックデザイン：畑中　猛

s-39

まえがき

　読者にとって，臨床心理地域援助との関わりは何だろう。臨床心理地域援助にどのようなイメージを持っておられるだろうか。

　「めざしているのは病院の心理職だから地域援助は関わりがない」「地域で何かするわけではないから，将来の仕事には直接関係しないのではないか」などと思うかもしれない。

　しかし実際には，将来どのような仕事をするにしても，臨床心理地域援助は実践の中に，必ずと言っていいほど含まれてくる。

　例えば産業臨床であれば，企業において，働く人の復職支援やメンタルヘルス対策を担う心理士は，社風や職務内容を考慮しながら，当事者と会社に適切な対策を提案し，職場復帰を支え，職場のメンタルヘルスを促進するコーディネーターの役割を果たす。

　同様に学校臨床であれば，スクールカウンセラーとして，教師や保護者と，児童・生徒への関わりを考えるコンサルタントの役割が欠かせない。近年では，アンガーマネジメントなど予防教育の授業をするなど，予防を目的とした地域援助的な活動も推奨されている。

　福祉領域でも，保育園の巡回相談や，児童養護施設・児童心理治療施設など児童福祉の現場では，子育て支援や入所児への支援など，保育士とのコラボレーションが必要になる。児童相談所やDV関連の相談機関等であれば，地域でのソーシャルワーカーとの連携も重要である。いずれにしても，地域援助が活動の大きな要素を占める。

　医療領域でも，病院やクリニックで，クライエントの生活を訪問によって支えることがある。院内での支援であっても，多職種の連携はもちろん，地域に暮らすクライエントが訪れる病院・クリニックは地域医療の担い手であり，様々な形で，地域援助が実践に含まれてくる。

　いずれにしても，現場で支援を行う際には，臨床心理地域援助の要素と無関係ではいられないのではないだろうか。

　心理職というとまずイメージされるのは，治療相談専門機関の面接室

4

で，1対1のカウンセリングを行うことや，心理テストを行うことであるかもしれない。また，臨床心理地域援助は，心理面接や心理テストと違って，精神分析や認知行動療法，クライエント中心療法などといった治療理論があてはまらない亜流の仕事，治療枠のない専門性の低い仕事，とイメージする人もいるかもしれない。

しかしたとえ心理テスト1つとっても，医師や看護職など他職種との協働があり，心理テスト結果を活かすためには，学校現場の教師や，職場の上司，保護者や家族など，関係者との協働が必要になってくる。上記のように，現代社会で心理臨床の実践を行う際には，自ずと臨床心理地域援助の要素が含まれてくる。

また臨床心理地域援助は，職場全体のメンタルヘルスの向上や，教師・保護者の子どもへの関わりの変化を通した，より多くの人々への予防成長促進的な支援など，1対1の支援よりも，広がりのある支援が含まれる。新たな状況や課題に対して，臨床心理地域援助は，幅広いクリエイティブな支援を発想するものでもある。

新しい実践を展開することは臨床心理地域援助の一部であり，そのためにも，相応の理論的な枠組みが必要とされる。歴史的には，その1つが，精神保健の広がりから生まれたコミュニティ心理学を出発点とする理論である。第1章で述べるように，現在のコミュニティ心理学は，臨床心理実践における地域援助を超えて，幅広い社会活動や市民（クライエント）と協働する実践研究など独自の発展を遂げている。そのため，臨床心理学との乖離を感じることが多いかもしれない。しかし一方で，社会の中で新たな課題に直面しながら，生活の場での心理臨床の実践を蓄積してきたコミュニティ心理学を出発点とする先人の諸理論は，今日でも，臨床心理地域援助を発想する基盤になる豊かな蓄積であり，土壌であると思う。

本書では，こうしたことを踏まえて，臨床心理地域援助の基本としてコミュニティ心理学の理論について学びながら，実際の現場における多様な臨床心理地域援助について考えることを主題とした。第4章以下，実践に関わる各章の執筆者は，それぞれに個人臨床も行いながら，臨床

心理地域援助を大切にしてきた心理臨床家である。治療相談専門機関とは異なる場での支援，多職種が連携しての支援，予防的な支援など，広がりのある支援とその背景にある理論や工夫を知ってもらえたらと思う。加えて，コミュニティ心理学の基礎を扱う第2，3，14章では，コミュニティ心理学の実践研究を行う研究者に加わってもらい，コミュニティ心理学と臨床心理学の繋がりについて，現代のコミュニティ心理学の動向も含めて学べるようにした。具体的な構成は下記の通りである。

第1章から第3章では，コミュニティ心理学から出発した臨床心理地域援助の基本的な考え方や理論，基本概念を学ぶ。まずは，基本となる考え方や，その歴史的な展開を理解してほしい。

第4章から第6章では，ウェルビーイングやソーシャルサポート，エンパワーメントといった地域援助での支援の目標に関わる重要な概念を学ぶ。それぞれ臨床心理地域援助に取り組む執筆者が，実践を踏まえて各概念の重要性や意義，実践における意味などを解説する。実践に地域援助の考え方を活用している執筆者だからこその，行間にある実践への思いもくみ取ってもらえると思う。

第7章と第8章では，コンサルテーションの基本について，教育分野・福祉分野の事例を通して学ぶ。第9章では，コミュニティづくりを通した，多職種の協働や，地域援助の考え方を活かした支援の事例を学ぶ。新しい実践の展開への工夫や，そこに基本的な理論や事柄がどう活かされるのかなどを知ってもらえたらと思う。

第10章から第13章では，多職種連携の基本となるコラボレーションの概念とその応用について，教育分野・医療分野・被災地活動を舞台に学ぶ。それぞれの分野での多職種連携の工夫や展開を学んでほしい。

第14章では，地域援助活動を適切に行っていくために欠かせないプログラム評価の考え方を学ぶ。新しい実践を適切に行うには，適切な評価が必要になる。コミュニティ心理学を基にしたプログラム評価の理論や実際を知ってほしい。

第15章ではまとめとして，現代社会の課題とこれからの地域援助について考える。

　こうして各章をみると，臨床心理地域援助は，新しい課題への応用的な取り組みという要素が強いことにも気づくと思う。新しい実践を行うことは特殊なことと思うかもしれない。しかし近年の災害や新型コロナウイルス感染症などのように，予想もできない課題が生じるのが現実である。ともなって新たな対応，新たな支援が現場では求められる。新しい支援を発想することは，臨床実践の場には欠かせない。

　臨床心理地域援助は，臨床心理士の臨床心理面接・臨床心理査定・臨床心理に関する調査研究とならぶ4本柱の1つとされてきた。現場に生じた課題に，その場で多職種と対応し，それを理論化していく臨床心理地域援助は，今後も求め続けられるものである。

　多様な他職種や非専門家と力を合わせて，企業や学校，地域社会だからこそできる支援を，クリエイティブにまたダイナミックに行えることは，臨床心理地域援助の難しさでもあり，大きな魅力でもある。地域援助の基礎を学ぶことで，個人臨床も含めた各人の臨床理論に，地域援助の考え方を加味して，新たな課題に対応する力にすることができるのではないだろうか。

　臨床心理地域援助では，心理職ひとりではできない支援を，多様な人々の力を得て行うことができるし，専門機関ではない人々の暮らしに近い場で，人々の日常に寄り添った支援を行うことができる。多様な臨床心理地域援助の場や具体的な実践について，本書で全てを取り上げることはできないが，本書を通して，地域援助の基本となる考え方・理論と共に，実際にそれがどう展開されているかを学ぶことで，学習者それぞれが，各自のフィールドで地域援助の考え方を活用した実践，それぞれの実践の場に即して丁寧に個人と集団に寄り添う支援を行う一助としてもらえれば幸いである。

2020年5月コロナ禍の初夏に
著者を代表して　伊藤亜矢子

目 次

8

1 | 臨床心理地域援助の特徴と発想

伊藤　亜矢子

　臨床心理地域援助はどのようなものだろうか。臨床心理地域援助では，コ
ミュニティの非専門家の力を活かして生活の場で支援を行うなど，個人療法
とは異なる特徴がある。本章では，地域援助の歴史的な成り立ちや必要とさ
れる発想，基盤となるコミュニティ心理学の理念や，そうした発想に基づく
支援の可能性などを学ぶ。個人療法との違いや，コミュニティを活かした支
援の考え方について理解することを目標とする。
《**キーワード**》　個人療法との違い，臨床心理地域援助，コミュニティ心理学
の中核的価値，コミュニティ心理学の発想

1．臨床心理地域援助とは

　臨床心理地域援助とはどのようなものだろうか。

　臨床心理地域援助の地域，すなわちコミュニティは，町のような「地
理的コミュニティ」だけでなく，家族などの「関係的コミュニティ」，SNS
によるバーチャルコミュニティのような「機能的コミュニティ」も含む
（高畠，2011）。専門機関内でなく，こうした多様なコミュニティで支援
を行うには，どうしたらよいだろうか。専門機関でないから，受付も面
接室もない。そもそも医療機関であれば，患者として訪れる人の主訴で
ある症状や疾病の消失が治療目標となるが，コミュニティにおいては誰
の，また何が，支援の目標となるだろうか。このように地域援助では，
専門機関とは異なる条件下での配慮や方法が必要になり，単なる支援の
場の違いに留まらないパラダイムの違いが生じる。

　しかも時代とともに，メンタルヘルスに関する人々のニーズもコミュ
ニティも変化する。SNS の存在を前提とする現代の暮らしは，スマホ

のなかった時代には考えられなかった行動様式を生み，便利さと新たな悩みをもたらす。共働き家庭が主流となれば，専業主婦の多かった時代とは異なる子育て支援のニーズが生まれる。社会の変化は，生活の変化や人々の意識の変化を通して，新たな支援ニーズを生み，新たな支援の方法やそれを支える理論の構築が求められる。

　臨床心理地域援助は，そうした時代の変化の中で様々に行われ，定義され，議論されてきた。そのため，1つの定義をもって，臨床心理地域援助を定義することは難しい。しかし一方で，地域援助の歴史や定義の変遷を見ると，歴史の中で模索されてきた様々な地域援助に共通する特徴や，理論の体系が見えてくる。ここでは，歴史と定義の変遷を見る。

（1）米国での地域精神保健改革とコミュニティ心理学の成立

　日本では，1988年の臨床心理士資格認定開始の際に，「臨床心理査定」「臨床心理面接」と共に「臨床心理的地域援助」が臨床心理士の主要業務とされた（日本臨床心理士資格認定協会，n.d.）。後述の山本（1986）が，米国のコミュニティ心理学を日本の心理臨床の世界に紹介した頃であり，少し前には，地域援助の考え方を重視したKorchin（1976）の大著「臨床心理学」（村瀬ら訳，1980）が翻訳された頃であった。

　これらに先んじて米国では，以前から地域援助に歴史があり，1880年代の終わり頃から，入院による収容型精神科治療ではなく，地域で生活しながら治療する地域精神保健の考え方が広まった（Bloom, 1970）。クライエントの生活構造を変えず，家族友人など身近な支援者と専門家が繋がり，小数の専門家でクライエントの地域生活を支援する発想である。

　その後も米国では，2つの世界大戦を経て，帰還兵や家族へのケアの広がりや医療コスト増などの多様な要因から，予防も含めた地域精神保健活動の必要性が増していく。そうした新しい精神保健活動の担い手が，1965年にボストンのスワンプスコットに集ったボストン会議で，人材養成やアイデンティティを討議する中でコミュニティ心理学が成立した（Bennett, 1965）。

つまりコミュニティ心理学は当初，図1-1の臨床心理学の中に包含される1つの立場であり，治療から社会的活動まで幅広い活動を含む1つの新しい発想，考え方（Korchin, 1976/1980）であった。コミュニティ心

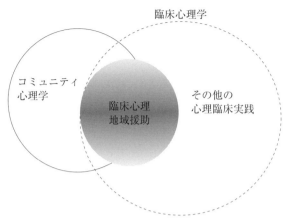

図1-1　臨床心理地域援助の概念図

理学の歴史については第2章で詳述するが，その成立には，こうした精神保健活動改革と同時に，アクションリサーチやグループダイナミクスによる行動の社会的要因への注目，人権運動・フェミニズムなど主体的にウエルビーイングを享受する生活者の視点などの影響もあった（Kloos et al., 2012）。

　また，コミュニティ心理学の成立は，精神保健の社会要因への着目とコミュニティへの介入という点で画期的であり，第三の精神保健革命と言われた[注]。精神疾患に悩む人を鎖から解放したPinelによる第一の革命，心因と対話による治療可能性を示したFreudの第二の革命に次ぐ第三の革命である（Korchin, 1976）。

（2）コミュニティ心理学を基盤とした「臨床心理学的地域援助」

　このように「革命的」であったコミュニティ心理学の成立期に，心理臨床家として米国でコミュニティ心理学を学んだ山本（1986, 2002）は，その理念を踏まえて，「臨床心理学的地域援助」を次のように定義した。

　「地域社会で生活を営んでいる人の，心の問題の発生予防，心の支援，社会能力の向上，その人々が生活している心理的・社会的環境の調整，心に関する情報の提供等を行う臨床心理学的行為」（山本, 2002 p.244）。

　さらにこの定義に加えて山本（2002）は具体的な地域援助の活動例と

して，日々の地域生活・家庭生活を営む「普通の生活者」の人々を対象
とした，①精神的な疾病の発生予防，②ソーシャル・サポート・グルー
プやカウンセリング，コンサルテーションなどの心の支えによってエン
パワーメントをはかる心の支援，③療育やデイケアなどによる社会的能
力の向上をめざす活動，④家庭の育児態度の改善や学校環境の改善，制
度の見直しなどによる環境調整，⑤心の問題についての情報提供，を挙
げている。ここでは，生活者を対象とした，環境への介入を含む，多様
な予防啓発活動とエンパワーメントが重視され，コミュニティ心理学の
理念が「臨床心理学的地域援助」として具体化されている。

　同じくコミュニティ心理学を基盤とする立場として，高畠（2011）
は，1960年代の大学紛争下に「患者を上から見て」治療する問題性な
どを議論する学生生活の中で山本のコミュニティ心理学に出会い，総合
病院神経科から退院した人々との地域精神医療の構築に携わっている。
当事者のニーズに基づいて，退院後の居場所を当事者と多職種の協働で
立ち上げるなどの実践は，まさに，変革の促進者，コンサルタント，評
価者，システムオルガナイザー，参加的概念構成者であったという（高
畠，2011）。米国のコミュニティ心理学は，退院患者の地域での生活支
援を出発点に，人権運動やフェミニズムの影響も受けながら発展したが，
大学紛争から地域援助へと展開された高畠の経験は，そうした米国のコ
ミュニティ心理学成立の流れと合致する。こうした経験から高畠（2011）
は，コミュニティ心理学を臨床心理学の応用・発展として捉え，臨床心理
学としてのコミュニティ心理学を「コミュニティ・アプローチ」とした。

　他にも，コミュニティ心理学を基盤とする箕口（2011）は，「閉鎖的
な治療構造を前提とした心理援助サービスだけでなく，問題を抱えた人
をとりまく人的・社会的資源への働きかけ，さらには一般社会に向けて
の予防・教育活動を含むコミュニティケアの視点から心理援助活動を進
め」るのが，「臨床心理地域援助」であり，その基盤となる視座と方法
論を提供するのが「コミュニティ心理学」である（同，p.11），とした。

　これらコミュニティ心理学を基盤とする立場では，コミュニティ心理
学・臨床心理地域援助・コミュニティアプローチをほぼ同義に扱い，地

域援助の方法・基本的考え方としてコミュニティ心理学を位置づける。

（3）現実的な実践の広がりによる地域援助

　他方，Rogers のカウンセリングやエンカウンターグループなどを出発点に，セルフヘルプグループやエンカウンターグループなどのコミュニティに関心を持ち，コミュニティアプローチの重要性を説く村山（2003）は，コミュニティアプローチを，コミュニティ心理学よりも「広く柔らかい」言葉と捉えつつも，コミュニティアプローチ，臨床心理学的地域援助，コミュニティ心理学を同義としている。

　また村山（2003）は，コミュニティアプローチには，パーソンセンタードアプローチ（PCA）と共通点が多いとした上で，①強さとコンピテンスの重視，②多様性の尊重，③エンパワーメントの重視，④予防の重視，⑤生態学的視座の重視，などをその特徴として指摘した。このように村山（2003）は，PCA を基盤としながらも，コミュニティ心理学の考え方を通して地域援助を理解し概念化している。

　さらに村山（2003）は，① 1995 年 1 月の阪神淡路大震災での心のケアや，同年からの公立学校への文部省（当時）によるスクールカウンセラー事業など，臨床心理士の活動範囲が地域や学校へと広がることで，コミュニティアプローチと表現されるべき活動が増加してきたこと。②そこには，コミュニティ心理学を出発点とする者も，結果としてコミュニティアプローチの領域で活動するようになった者もいること。③地域援助は今後重要な実践領域であること，を指摘した。

　米国において帰還兵へのケアなど社会の要請がコミュニティ心理学を成立させたように，災害や学校臨床など専門機関を超えた社会的ニーズが，日本においても地域援助の広がりをもたらし，2000 年頃から，コミュニティ心理学を学んできた者も，そうでない人も，地域援助に携わることが増え，多様な地域援助が広がってきたのである。

（4）コミュニティ心理学独自の発展と多様な地域援助理論の模索

　他方米国では，1965 年に精神保健から出発したコミュニティ心理学

が，その後次第に領域を広げると同時に，より広範な社会現象やプログラムの分析・評価など学術的な方向へと展開し，臨床心理学とは独立の分野として発展するようになった。当該分野の有力誌「American Journal of Community Psychology」「Journal of Community Psychology」においても地域精神保健に関する掲載論文数は漸減し，1995 年から 2003 年に最少となる（Townely & Terry, 2018）。日本のコミュニティ心理学会でも，臨床心理学における臨床心理地域援助という色合いは次第に減少し，プログラム評価や実践研究の方法論を中心とするコミュニティ心理学独自の方向へと変化していく（日本コミュニティ心理学会研究委員会，2018）。**図 1-1** のコミュニティ心理学の臨床心理学と重ならない部分の発展である。

　同時に，臨床心理地域援助も，コミュニティ心理学を必ずしも直接的な基盤としない理論化の試みがなされるようになる。村山（2003）が指摘するような，社会の要請によって結果として地域援助に携わる者が増えてきたことと，コミュニティ心理学が臨床心理学から離れることで，臨床心理地域援助を同時代のコミュニティ心理学から学ぶことが難しくなったことが，そうした新たな理論化の要因にもなった。

　スクールカウンセラー事業の展開の中で，学校の危機支援などを実践的に検討してきた窪田（2009）は，コミュニティ心理学を基礎としたコミュニティ心理学的臨床実践と区別する形で，現場のニーズに応じる形で現れた必ずしもコミュニティ心理学を基礎としない新たな他職種や非専門家と協働する活動モデルを「臨床心理学的コミュニティ・アプローチ」として分類した。下山（1997）の学生相談におけるつなぎモデルや，田嶌（2009）の児童養護施設における介入モデル，村瀬（2001）の生活場面での支援を重視する統合的モデルなどである。そして，それらの活動モデルの共通点を整理し，コミュニティ心理学を基盤とするアプローチと異なるものとして「臨床心理学的コミュニティ・エンパワーメント・アプローチ」を新たに提唱している。

　また，同様に下川（2012）は，医療・福祉・教育などの様々なコミュニティで行われてきている「心理臨床の視点を持った心理臨床家による

多様な実践」を「コミュニティ臨床」という言葉で表現している。

　精神保健の分野でも，氏家（2003）は，「あえて厳格な概念規定を行わずに」（同，p.10），「コミュニティメンタルヘルス」という語を使って多様な場での臨床実践について議論している。また，日本臨床心理学会（2009）は，病院・生活訓練施設，デイケア，保健行政機関などで地域における生活の場での生活支援を行う臨床活動を「地域臨床心理学」という語で表現している。

　これらは，コミュニティ心理学を明確には基盤にせず，あるいは，臨床心理学とは別の方向へと発展した近年のコミュニティ心理学を臨床的でないと批判的に捉えているが，いずれにせよ，日本の地域援助の出発点であるコミュニティ心理学の影響を受けてもいる。窪田（2009）のエンパワーメントも下川（2012）の共創も，コミュニティ心理学の基本的な考え方であるエンパワーメントや協働・互恵等の概念と重なる。

　現代のコミュニティ心理学は，その独自の発展につれて，確かに心理臨床実践の範疇とはあまり思えないような，大規模な社会問題を扱うものが増えた。個人臨床を豊かに広げるものとして社会的要因・環境要因を考えようという山本（1986）の時代のコミュニティ心理学とは異なる様相を見せる。そのため現代の読者は，コミュニティ心理学から臨床心理学との繋がりを感じるのが難しいかもしれない。しかし前述のような歴史的発展からも，コミュニティ心理学は地域援助の理論的基盤として理論化され，現在でも地域援助を支える基本的な考え方を示している。歴史的にも積み重ねられてきた理論の体系，考え方の基本がないと，地域援助は，単に地域というフィールドでの活動を表す用語になりかねない。専門家が専門機関で行う支援の枠組みを一歩出て，心理臨床を現実の場に応用しようとすれば，それ相応の理論が必要になる。コミュニティ心理学は，そうした現実の場への支援の応用をどのように考えるかについて，多様な模索に理論基盤を与えてくれる蓄積がある。

　山本（1986）はじめ，Kloos et al.（2012）などの本格的なテキストや前掲の有力誌などにあたると，地域での実践を体系的に考える理論的な基盤を理解することができる。そして，窪田（2009）や下川（2012）の

理論化も，どこかしらコミュニティ心理学の影響を受けており，そうした新たな理論化そのものが，コミュニティ心理学でいう実践からの理論構築，つまり，理論構成者としての模索ともいえる。臨床心理地域援助に役立つ体系的かつ基礎的な理念や概念を，コミュニティ心理学から学ぶ意味は大きい。

　なお本書では，必ずしもコミュニティ心理学を基盤としない立場も含めて，多様な臨床実践の実際を取り上げると同時に，コミュニティ心理学の提供する理論や概念を本書全体の枠組みとして用いる。コミュニティ心理学の概念を，実践にどう活かすか。各自の臨床理論とコミュニティ心理学の考え方をどう組み合わせて実践を構築し理論化するか。そうした臨床心理地域援助の醍醐味を知ってもらえたらと思う。特に，地域援助における実践は，実践を行う人のそれまでの経験の中で構築され，コミュニティ心理学が重視する理論的構成者として臨床理論を構築し続けながら実践が行われている。本章の各執筆者がどのような立場で地域援助に関わってきたのかについては，必ずしも本書では詳述されないが，それぞれの立場を参考書等から学び，背後にある執筆者の立場や考えをより深く理解することも地域援助の理解に繋がると思う。

2．臨床心理地域援助の特徴

（1）専門機関を出て支援すること—臨床心理地域援助の特徴

　ところで，読者がこれまでに学んできた個人臨床の基本は，どのようなものであろうか。カウンセリングであれば，クライエントの思いや置かれた状況から，クライエントが抱える課題の構造を理解する。その際，クライエントとの共同作業で理解を進めることで，クライエント自身が自己への理解を深め，問題の解決に繋がっていく。そうしたプロセスが支援の基本にある。

　こうした個人へのアプローチの基本は，地域援助にも通底する。たとえば地域援助の基本技法であるコンサルテーションでは，コンサルティとコンサルタントが共に問題の理解を深め，コンサルティのクライエントへの支援方略を見出す。ここにおいて，コンサルティとコンサルタン

トの共同作業は，カウンセリングにおけるクライエントとカウンセラーの共同作業と，本質的な共通点を多く含む。

　しかし一方で，カウンセリングはクライエント自身の変容が目指されるのに対して，コンサルテーションでは，コンサルティ自身の理解や変容ではなく，コンサルティの抱えるクライエントの理解と変容であり，コンサルティによるクライエントの支援が目指される。

　両者には，共同作業による理解の深まりという共通のプロセスがあると同時に，カウンセリングはクライエントへの直接的支援であり，コンサルテーションはコンサルティを通したクライエントへの間接的支援という根本的な違いがある。

　このように地域援助では，個人臨床の基本が支援の基本になる一方で，それを，個人臨床とは根本的に異なるパラダイムに応用する力が必要になる。個人臨床の原理や理論を踏まえつつ，それを発想の転換によって異なるパラダイムに応用し，支援の可能性を広げるのが臨床心理地域援助である。

（2）個人臨床と地域援助の発想の違い

　それではそうした発想の転換には，どのようなものがあるだろうか。

　たとえばBloom（1977）は，伝統的な精神保健サービスと比較した地域精神保健（コミュニティメンタルヘルス）活動の特徴を**表1-1**のように述べた。地域での人々の日常的な精神保健の維持向上が目的と考えれば，いずれの特徴も納得でき，コミュニティ心理学の特徴が端的に示されている。同様に山本（2002）は，**表1-2**のように伝統的個人心理療法と臨床心理学的地域援助の「発想の違い」を整理している。

　下記2つの表のまとめには共通点が多い。両者には，臨床心理地域援助の本質がよく表れている。

　例えば学校になぞらえて，**表1-1**の特徴を考えてみよう。学校コミュニティ全体の精神保健の向上を視野に入れて，いわば精神保健の半専門家である教師の力を重視し，教師コンサルテーションでの間接的な支援や，学校コミュニティ（児童生徒や教師）からの要請や発案を考慮したプ

20

表1-1　Bloom による地域精神保健活動の 10 の特徴

伝統的な精神保健関連の活動	地域精神保健活動
1　専門的機関での実践を重視	コミュニティでの実践を重視
2　支援の対象が主に個人	コミュニティ全体や住民全体を重視
3　治療的サービス	予防的サービス・公衆衛生の考え方を重視
4　個人への治療	連続的包括的サービスである精神保健関連のニーズを網羅する連続体およびシステムとして構築された一連のサービス
5　直接的サービス	間接的サービス
6　従来の方法	より多くの人のニーズを満たす革新的な臨床技法の重視（危機介入やブリーフ療法等）
7　―	よく考えられた現実的な計画（ハイリスク集団の同定，コーディネーション等）
8　伝統的な精神保健関連の専門家を重視	新たな担い手（半専門家等）の起用
9　専門家中心	コミュニティ中心主義に基づき，積極的にコミュニティ始動のニーズ発見やプログラム開発評価を行う
10　個人の病理からストレスを発見	コミュニティ内のストレス要因を探求

Bloom（1977）p.1-3 より作成

表1-2　山本（2002）の臨床心理学的地域援助の独自性―伝統的個人心理臨床との対比から―

	伝統的個人心理療法	臨床心理学的地域援助
①介入を行う場所	相談室・病院・施設内	生活の場・地域社会
②介入の対象	患者	生活者
③サービスの対応	治療的サービス	予防的サービス
④サービスの提供のされ方	直接的サービス	間接的サービス
⑤サービスの方略	特定のサービス・waiting-mode	多様なサービス・seeking-mode
⑥マンパワーの資源	専門家のみ	非専門家の協力
⑦サービスの意思決定	専門家が管理決定	ユーザーと共に
⑧サービスの責任性	専門家が中心	地域社会主義

山本（2002）p.248 より作成

ログラムづくりを行うなどが，**表1-1**の特徴を活かす具体的な実践と
して考えられる。同様に**表1-2**では，ユーザーである教師や児童生徒，
保護者と共に，専門家主導ではなく，学校を軸に，課題発見的な seeking
モードで，多様なサービスを行う発想が求められていることがわかる。
　単に，学校にカウンセリングを「出前」する，ということではなく，
表1-1や**表1-2**のような発想をもって，学校という場で教職員と協働
して子ども達の日常を支えることが，臨床心理地域援助としてのスクー
ルカウンセラー活動であることが理解できる。

3．臨床心理地域援助の基本となるコミュニティ心理学の理解

（1）コミュニティ心理学の理念をどう理解するか

　それではコミュニティ心理学の理念や諸概念を，実践に活かすには，
それらをどのように理解したらよいのだろうか。例えば，コミュニティ
心理学の中核的価値として**表1-3**にあげた7つの価値が知られている。
これらは，一見すると羅列的で，心理臨床実践とかけ離れた理念と思え
るかもしれない。

表1-3　コミュニティ心理学の定義と7つの中核的価値

〈**定義**〉コミュニティ心理学は，個人とコミュニティおよび社会との関係に
関心をもち，実践と研究を統合して，個人・コミュニティ・社会の生活の質
を理解し，高めようとするものである。
〈**7つの中核的価値**〉
個人と家族のウェルネス，コミュニティ感覚，人間の多様性の尊重，社会正
義，市民参加，協働とコミュニティの強さ，実証的基盤

Kloos et al.（2012）より作成

　しかし，コミュニティ心理学の基本は，生活の場での日常を，背景に
ある文脈（環境）から切り離さずに支える支援である。言い換えれば，
お互いに関わり合って生活している人々が健康に暮らせるように，個人
への支援から社会的・制度的なレベルの支援に至るまで，様々なレベル
での支援を行おうとするものである。
　こうした基本的な考え方から，7つの中核的な価値すなわち「個人と

家族のウェルネス」「コミュニティ感覚」「人の多様性への尊重」「社会正義」「市民参加」「協働と強さ」「実証的基盤」を，あえて一連のものとして解釈すれば**表1-4**の左端のように解釈できる。

　すなわち，「家族も自分も健康であり，居場所があり，不当な扱いを受けず自分らしく暮らせること，そしてそれらを実現するためには，正義が保たれ協力して生きていける社会と，それを支える実証的な知識基盤」が，7つの中核的価値が全体として意味するところであり，そうした理念を具体化するための技法や概念が右端と捉えられる。

表1-4　コミュニティ心理学の諸概念の整理

コミュニティ心理学の考え方	コミュニティ心理学が基盤としている7つの中核的な価値	コミュニティ心理学で重視される技法や概念
家族も自分も良好な状態で	個人と家族のウェルネス（ウェルビーイング）	予防・促進，危機介入
居場所があって	コミュニティ感覚	ソーシャルサポート，ネットワーキング
不当な扱いを受けず自分らしく	人の多様性への尊重	ラベリング，エンパワーメント
暮らせることそのためには，正義があって	社会正義	システムチェンジ，社会改革
みなで協力して	市民参加協働と強さ	コンサルテーション，コラボレーション，パートナーシップ，参加型研究
生きていける社会があり，根拠ある知識基盤があることが必要である。	実証的基盤	プログラム評価，アクションリサーチ

　家族や自分の良好な状態は「家族のウェルネス」の模索となり，そこでは，治療だけでなく，予防や健康増進（促進）が重要になる。居場所には「コミュニティ感覚」が必要であるし，ソーシャルサポート介入やネットワーキングなどの技法が大切になる。

　同様にして，不当な扱いを受けず自分らしくいるためには，「多様性の尊重」が必須であり，ラベリングによる偏見や不当を警戒し，自分ら

しい選択のためのエンパワーメントも重要になる。そうした個人の暮らしを保障する社会には，「社会正義」が必須であるし，それを実現するためにはシステムや社会の改革が必要になる。

　また，そうした社会は，お互いが協力して築くものであり，「市民参加」や「協働と強さ」といった要素が必要になってくる。コンサルテーションや当事者参加型の研究が，市民参加や協働を推し進める方法となる。加えて，それらの基盤として，「実証的基盤」が必要であり，それをプログラム評価やアクションリサーチが提供してくれる。

　このように考えると，コミュニティ心理学の考え方と重要な技法や諸概念を，羅列的でない一連のもの，理念だけなく方法をもったものとして理解できるのではないだろうか。

（2）コミュニティ心理学の発想が持つ可能性

　それでは**表 1 - 4** のようなコミュニティ心理学の発想を持つことで，どのような実践が可能になるだろうか。例えば下記のようなことは，学校や被災地などの現場での実践だけでなく，専門機関内においても，地域援助の発想を持つ支援として応用できる。

①人を文脈から切り離さず環境も含めて深く理解すること

　まず，人と環境の双方を関連づけて理解するコミュニティ心理学の立場に立てば，人を文脈から切り離さずに，置かれた環境も含めて理解することができる。個人だけでなく，環境をどう理解するかについて知識を持ち，環境や，環境と個人の相互作用の理解に習熟していれば，少ない手がかりからも，家庭や学校の環境をリアルに理解し，その影響を理解することができるであろう。

②環境に介入するということ

　次に，環境に介入するという発想を持てる。発達障害の児童であっても，その児童の理解だけではなく，教室全体がどう動いているのか，教室内で活用できる資源はないかなど，環境全体を個人同様に重視することで，本人へのアプローチだけでなく，様々なアプローチが可能になる。

③幅広い支援，新しい支援

　さらに，災害など新しい状況が生じれば，新たなニーズが生じ，これまでにない構造の中で「支援」を行う必要が出てくる。デイケアや作業所，居場所などで当事者と共に過ごす支援をどのように捉えたらよいか戸惑う際に，ソーシャルサポートやコラボレーションなどのコミュニティ心理学の概念が役立つように，新たな「支援」を心理臨床に位置づけ，発展させる際に，コミュニティ心理学の模索の蓄積が活用できる。

（3）臨床心理地域援助を展開する際の心理職の役割

　ボストン会議の際，コミュニティ心理学者の特徴は，チェンジ・エージェント，社会システムの分析者，コミュニティにおける案件についてのコンサルタント，環境と人との関係について学ぶ者，とされた (Bennett, 1965)。地域援助を臨床心理実践として行う時には，個人への心理面接と同じく，個人への深い心理的理解など，個人臨床の基本が重要になる。同時に，より広い視野を持って，上記のようなコミュニティ心理学者の特徴とされる役割を担うことも必要になる。個人と環境の双方を視野にいれることで，思いがけない実践の手がかりが得られたり，現場の他職種の専門家や非専門家との協働で，一人ではなし得ない実践の成果が得られたりすることも，地域援助とその発想の魅力である。

　地域援助の発想をどのように咀嚼して，実践の場で活用できるか。そうした課題を念頭において後続の章を学んでほしい。

🎸 研究課題

1．あなたはどのようなコミュニティに属しているだろうか。居住地・大学・職場・趣味の場など，自分の所属するコミュニティを列挙してみよう。
2．あなたが所属するコミュニティは，あなたにどのような影響を与えているだろうか。

3．あなたの所属するコミュニティに改善すべき課題があるとしたら何
　だろうか。またそれを解決する際に，個人ではなくコミュニティのレ
　ベルで考えられる方策にはどのようなものが考えられるだろうか。

引用文献

Bennett, C.C. (1965). Community Psychology : Impression of the Boston Conference on the Education of Psychologisits for Community Mental Health. *American Psychologist*, 20. 832-835.

Bloom, B. L. (1977). *Community Mental Health : A General Introduction.* Brooks/Cole Pub. Co.,

Kloos, B., Hill, J., Thomas, E., Wandersman, A., Elias, M., and Dalton, J. (2012). *Community Psychology : Linking Individuals and Communities.* 3ed. Belmont, CA. Wadsworth.

Korchin, S. J. (1976). Modern clinical psychology : Principles of intervention in the clinic and community. Basic Books. 村瀬孝雄・山本和郎・近藤邦夫・伊藤直文訳（1980）．現代臨床心理学：クリニックとコミュニティにおける介入の原理．東京：弘文堂．

窪田由紀（2009）．臨床実践としてのコミュニティ・アプローチ．金剛出版．

箕口雅博（2011）．臨床心理地域援助特論．放送大学教育振興会．

村瀬嘉代子（2001）．子どもと家族への統合的心理療法．金剛出版．

村山正治（2003）．コミュニティ・アプローチ特論．放送大学教育振興会．

日本コミュニティ心理学会研究委員会（2018）コミュニティ心理学：実践研究のための方法論．新曜社．

日本臨床心理士資格認定協会（n.d.）．臨床心理士の専門業務. fjcbcp.or.jp/rinshou/gyoumu/

日本心理臨床学会（2009）．地域臨床心理学．中央法規．

下川昭夫（2012）．コミュニティ臨床への招待：つながりの中での心理臨床．新曜社．

下山晴彦（1997）．臨床心理学研究の理論と実際：スチューデント・アパシー研究を例として―．東京大学出版．

田嶌誠一（2009）．現実に介入しつつ心に関わる：多面的援助アプローチと臨床の知恵．金剛出版．

高畠克子（2011）．臨床心理学を学ぶ5 コミュニティ・アプローチ．東京大学出版会．

Townley, G., & Terry, R. (2018). Highlighting the way forward : A review of community mental health research and practice published in AJCP and JCP. *American Journal of Community Psychology*, 61, 10-21.

氏家靖浩（2003）．コミュニティメンタルヘルス．批評社．

山本和郎（1986）．コミュニティ心理学　地域臨床の理論と実践．東京大学出版会．

山本和郎（2002）．社会的要請で展開する「臨床心理学的地域援助」について：その定義・理念・独自性・方法　大妻女子大学人間関係学部紀要人間関係学研究，3，243-252.

注）訳書では「地域精神衛生」と訳されているが，本稿では，現代的な訳語として，Mental Health を精神衛生でなく精神保健として統一した。

2 | コミュニティ心理学の基礎 I

池田琴恵・伊藤亜矢子

本章では，臨床心理地域援助の出発点であり理論的な基盤を提供するコミュニティ心理学の基礎について学ぶ。コミュニティ心理学の歴史や定義を概観し，臨床心理地域援助に重要なコミュニティ心理学の基本概念のうち，予防・促進，居場所としてのコミュニティ感覚，自分らしく暮らすためのエンパワーメントと社会正義などについて学ぶ。

《キーワード》 コミュニティ心理学とは，コミュニティ心理学の歴史，コミュニティ心理学の基本概念

1．コミュニティ心理学の誕生・発展の歴史

コミュニティ心理学が誕生した米国において，1945 年の第二次世界大戦後に生じた帰還兵の精神障害に対する専門的治療の必要性は，精神科医の不足による心理職の大幅な拡大や，1960 年代まで続く精神保健制度の変化に繋がった（Kloos et al., 2012）。1963 年にケネディ大統領がその死の 1 か月足らず前にサインした地域精神保健センター法を 1 つの転換点として，米国には地域援助の拠点となる地域精神保健センターが全国に設置されることになる（Bloom, 1977）。これによって，心理職は病院から地域に出ていき，貧困や人種差別など多様な問題に取り組むことになった（山本, 1986）。米国国立精神保健研究所（NIMH）が，精神保健の研究・訓練の研究費をコーディネートするようになり，心理的支援が重視されるようにもなった。

しかし一方で，1949 年のボールダー会議で，心理職はまず大学でアカデミックな研究としての心理学教育を受け，次に精神科病院で医療モデルに基づく訓練を受けるべきだとする科学者─実践者モデルが示さ

れた。それまでの Witmer の心理クリニックに始まる地域の中で人々を支援する発想が見逃され（Kools et al., 2012；山本，1986），仮説検証型の心理学や医学モデルの発想が重視された。医療モデルにおける精神医療の発想を超えた生活の場での心理支援（例えばスクールカウンセリングは好例であろう）や現実の課題にコミットすることは範囲外とされ，医師の管理下に心理職を置く動向である。これは，医師とは独立した自律的な立場で，医療の範囲を超えた地域生活における精神的健康にも職務があると考える臨床心理学者に長い葛藤をもたらした。そしてその葛藤は，医療モデル・科学者－実践者モデルではなく，現実の問題にコミットしながら解決方法とその理論化を目指す参加的理論構成者モデルや，仮説検証実験ではなく実践の中で解決を探求する実践研究に基盤を置くコミュニティ心理学の成立に繋がった（Kools et al., 2012；山本，1986）。もちろんそこには，Lewin のグループダイナミクスやアクションリサーチ等の影響も色濃くあった。Lewin は，社会問題研究所を創設し，ナチ支配下のドイツからの亡命者として，心理学の社会問題の解決を志向した。Lewin と弟子たちは，日常生活における集団の影響など社会－心理的な関心を検討し，個人主義的な実験室心理学に対して，市民参加によるアクションリサーチを行い，初期のコミュニティ心理学者もそれに参加して，実践研究や社会問題の心理的解決という方向を明確にしていった（Kloos et al., 2012）。

　さらにこの時代には，黒人と白人の子どもの人種分離教育を違憲とする裁判所の判決が出たことで公民権運動が活発化した。「私には夢がある（I have a dream.）」という言葉から始まる有名な King 牧師（Martin Luther King, Jr.）のワシントン大行進に代表されるように，黒人の人種差別だけでなく，女性やその他のマイノリティの権利主張・権利擁護が盛んに行われるようになった。また，公民権運動を牽引してきた King 牧師らと協議しながら，ジョンソン大統領は「貧困との闘い」を宣言し，これにより貧困問題への予算が多く割り当てられるようになった。中でも社会階層の教育機会均等を目指したヘッドスタートプログラムを1965 年に開始し，貧困層の子どもたちへの就学前教育が強化されるよ

うになったことは有名である。このような文化的葛藤にたち向かう運動の中で，コミュニティ心理学は生まれ，その重要な価値となるエンパワーメントや市民参加が生まれてきた。

こうした社会的状況を背景として，1965年，ボストン近郊のスワンプスコットで39人の心理学者が集まり，「地域精神保健に携わる心理学者の教育に関する会議」（通称，ボストン会議）が行われコミュニティ心理学が米国に誕生する。

1975年にはテキサス大学でオースチン会議が行われ，「人と環境の適合」（person-environment fit）を主題に，コミュニティ心理学の新しい概念と方法論に基づく大学院での教育モデルが提出された。ここにおける「適合」は，人を適合させる，すなわち人を環境に合うように変える，という意味ではない。植物がふさわしい気候環境下で繁茂するように，各人が健康に繁栄できる環境かどうかを考えて環境改善を目指すためのfitの探求である。例えば「適材適所」も，組織改革なしに単なる人の配置換えをするなら，それは1次変革と呼ばれるものにすぎないが，目標や力関係などの変化による組織改革は2次変革と呼ばれ，後者がコミュニティ心理学の「人と環境の適合」では目指される。オースチン会議では，こうした環境と人の相互作用を重視するコミュニティ心理学の学問的独自性がより明確化された。すなわち，当時の臨床心理学と比較して，取り扱う問題が精神保健的・心理的なものに限らず，人の行動をその人を取り巻く文脈抜きにしては捉えられないこと，健康な人をも含めた成長促進モデル，そして人を取り巻く環境へも積極的に働きかけること，その発展として社会変革を目指すことなどである。またオースチン会議では，訓練モデルとして「地域精神保健モデル」「地域開発とシステム・モデル」「介入と予防モデル」「社会変革モデル」「社会生態学と環境モデル」の6つが議論された（山本，1986）。これらはいずれも，コミュニティ心理学としての地域援助を特徴づけ，その基礎となる重要なモデルである。

1977年にカーター大統領が就任すると，精神保健における予防の必要性が強調される。コミュニティ心理学者たちは，予防における科学的

根拠に基づいたモデル（evidence-based model）の開発と実践を志向するようになった。1988 年にはこれらの予防プログラムのうち，質が高く，科学的根拠のある 14 の事例集がコミュニティ心理学者グループとアメリカ心理学会の共同で発表された。一方で，同時代には「コミュニティに根差したコミュニティ心理士（Community-Based Community Psychologists）」の問題も取り上げられた。大学院教育におけるコミュニティでの活動の重視は，明白な研究活動ではなくコミュニティのニーズを優先して取り組む実態から，学術的な弱体化にも直面した。また，コミュニティでの実践においても，「コミュニティ心理士」として特定される明確な価値基準がなく，その知名度も低い。そのため，コミュニティ心理学の実践においては，地域精神保健，公衆衛生，地域開発，コンサルテーション・評価などの立場をとることになったが，そのことも結果としてコミュニティ心理学実践を見えづらいものにしてしまった（Wolff et al., 2015）。

　その後，社会の国際化が進む中では，コミュニティ心理学も国際的な協働を進めるようになった。米国国内では，2001 年 9 月 11 日のニューヨーク世界貿易センターと国防総省におけるテロにより，国の安全に資金が投入され，コミュニティづくりや地域保健に対する資金が減少した。こうした国際情勢の中，1990 年代からは，開放心理学（liberation psychology），紛争解決やコミュニティ開発，暴力予防など国際的な紛争問題の解決を志向した主題が多く扱われるようになる。紛争などの国際的な問題とともに，米国国内でも人種平等や移民政策などの人種問題が再び議論されるようになり，これまでにもコミュニティ心理学が取り組んできた主題が，米国内外の文脈から再考されるようになる。また，この時代は薬物乱用，タバコやアルコール依存などの問題について，健康領域や精神保健領域において包括的なコミュニティアプローチが行われるようになった。そこでもコミュニティ心理学はこれまでの知見を活かし，より大規模なプログラム開発や実践に貢献することとなった。こうした中で，コミュニティ心理学の知見やスキルを他の学術領域へ普及していく必要性が検討されるようになり，コミュニティベースの参加型研究の

アイデアが生まれる（Wolff et al., 2015）。同時にこの時代には，第 1 章でも述べたように，地域精神保健に直接関する研究論文は減少し，コミュニティ心理学が大規模なプログラム開発や独自の実践研究というアカデミックな方向性へと発展していくことになる。

　米国でのコミュニティ心理学の発生・発展における歴史的背景を概観すると，社会の変化の中で，自らがおかれている社会・コミュニティの問題を敏感に捉え，その問題を解決したいと願い，心理の専門家として何ができるかを模索し続けている学問であるといえよう。

　一方，日本でのコミュティ心理学は，コミュニティ心理学が誕生したばかりの米国でそれを学んだ山本和郎によって日本に紹介された。山本（1986）は自著『コミュニティ心理学：地域臨床の理論と実践』の中で，それまで精神衛生の問題は専門家が担うという専門家中心主義（doctor-centered）の中で，「専門家として腕をみがくこと」「クライエントをかかえることで専門性を生かすこと」しか考えていなかった自身にとって，「地域社会が責任をもって精神衛生の問題をケアする」という地域社会中心主義（community-centered）は"コペルニクス的衝撃"であったと述べる（山本，1986 p.17）。山本らは 1969 年，「コミュニティ心理学の諸問題」と題するシンポジウムを日本心理学会第 33 回大会で開催し，1975 年からは，国内でコミュニティ心理学シンポジウムが毎年開催されるようになった。1998 年には日本コミュニティ心理学会へと発展し，『コミュニティ心理学研究』が刊行された（安藤，1998；植村，2012）。

　現在もそこでは，日本独自のコミュニティ心理学が臨床心理学とは別の領域として模索されているが，山本は，コミュニティ心理学の発想を取り入れることで，「日本の心理臨床がより豊かな広がりをもち」，人々に「より適合した臨床サービス」を提供できる（山本，1986 はしがき）と述べている。そしてその立場から臨床心理地域援助の基盤となるコミュニティ心理学の発想を，個人への臨床サービスを基本とする心理臨床の延長として発信した。本書で学ぶべきものも，査定や臨床面接と並ぶ心理臨床の 1 つであり，また，心理臨床を豊かにするための発想とし

ての，臨床心理地域援助とそれを支えるコミュニティ心理学の発想であると捉えてほしい。

2．コミュニティ心理学の定義

　これまで述べてきたように，コミュニティ心理学は実践活動を通じて，様々な概念や方法を生み出してきた。コミュニティ心理学とは何かという問いも，時代の中で，多様に模索されてきた。近年のテキスト等から，その定義を年代順にみると**表2-1**のようになる。

表2-1　コミュニティ心理学の定義

- ボストン会議（Benett et al., 1966；（訳）植村，2012）

　コミュニティ心理学は、個人の行動に社会体系が複雑に相互作用する形で関連している心理的過程全般について研究を行うものである。この関連を概念的かつ実験的に明瞭化することによって、個人、集団、さらに社会体系を改善しようとする活動計画の基礎を提供するものである。

- 山本和郎（1986）

　コミュニティ心理学は、人間行動の諸問題に対する一つのアプローチである。そのアプローチには、人間行動の問題は環境の力によって生成され、また、その環境の力によって人間行動の問題が軽減されるという、環境の潜在的寄与を強調している。

- Murrell（1973/1977）

　コミュニティ心理学は、社会システムのネットワークや地域住民および彼らの間の交互作用に関する研究、人間と環境との"適合性"を改善するための介入技法の開発とその評価、新社会システムの設計とその評価、新社会システムの設計とその評価、そうした知識や変革による当該個人の心理・社会的状態の改善などを目指す心理学の一領域。

- Nelson & Prilleltensky（2010）

　ソーシャルアクションを通じて、コミュニティの文脈内にいる人々を理解し、生活問題を予防し、人の多様性を尊重し、そして社会正義を追求することを目指す。

● Moritsugu et al.（2010；（訳）植村，2012）

　コミュニティ心理学は、集団や組織（そしてその中での個人）に影響を与える社会問題や社会制度、およびその他の場面に焦点を合わせる。その目標は影響を受けたコミュニティ・メンバーや心理学の内外の関連する学問とのコラボレーション（協働）の中で作り出された、革新的で交互的な介入を用いて、コミュニティや個人のウェルビーイングをできるだけ完全にすることである。

● Kloos et al.，（2012）

　コミュニティ心理学は、個人とコミュニティおよび社会との関係に関心をもち、実践と研究を統合して、個人・コミュニティ・社会の生活の質を理解し、高めようとするものである。

　これらの定義を見ると，多様な背景から多様な問題を抱えるコミュニティにおいて，実践活動が蓄積される中で，コミュニティや他の専門家らとの協働が重視されてきたことがうかがえる。いずれの定義にも共通するのは，人と環境の相互作用の重視と，積極的に社会や環境の改善を目指す社会変革の視点である。つまり，問題を個人の責任として個人を矯正しようとする被害者責め（blaming the victim；Ryan，1976）から脱却し，問題を引き起こす社会を変革しようとする視点である。

3．コミュニティ心理学の基本概念

　コミュニティ心理学では，これまで述べてきたように，各時代の状況に応じて様々な理念・価値と概念が生み出されてきた。

　その中核的な価値と技法の代表的なものを，第1章で述べたようなひと続きの理念に関連させて＜　＞内に示せば，次のようになろう。

　家族も自分も良好な状態で＜ウェルビーイング，予防・促進＞，居場所があり＜コミュニティ感覚・ソーシャルサポート＞，不当な扱いを受けずに自分らしく暮らせる＜エンパワーメント＞ための社会＜社会正義＞を，みなで協力して＜市民参加，コンサルテーション，コラボレーション＞，実証的基盤＜プログラム評価＞をもって行う，である。

　以後本章ではコミュニティ心理学の基本概念として，これらの＜　＞内に示した中核的価値等について，社会正義までを順に概説する。続いて第3章では，コミュニティを捉える視点として重要な環境を理解するための生態学的視座に関する理論と，臨床心理地域援助の主要技法である危機介入，コンサルテーション，コラボレーション，パートナーシップ，プログラム評価について概説する。

　なお，上記のうちでも実践を行う際に特に重要な，ウェルビーイング（第4章），ソーシャルサポート（第5章），エンパワーメント（第6章），プログラム評価（第14章），市民参加（第15章）は，改めて各章で詳述する。また，主要技法であるコンサルテーション，コラボレーションについては，第7章以降に各実践分野での実践例も含めて詳しく述べる。

（1）ウェルビーイングと予防・促進

　医療モデルではなく，日々暮らす人の健康という点で，第4章で学ぶウェルビーイングの概念は地域援助において第1の目標といえる。医療や専門機関での相談が，疾病の治療や問題解決を目指すとすれば，臨床心理地域援助では，問題の発生も予防してウェルビーイングを保持増進することを重視する。心理学におけるウェルビーイングは，個人の主観的判断・心理的側面に焦点を置き，主観的ウェルビーイング（subjective well-being）として扱われてきた。また，コミュニティ心理学におけるウェルビーイングでは，個人のウェルビーイングだけでなく，コミュニティにも視野を広げた関係的ウェルビーイング，集合的ウェルビーイングを捉える視点も重要視されている（Nelson & Prilleltensky, 2010）。

　こうしたウェルビーイングを保持増進するための予防も，様々に理論化されてきた。

　健康を維持増進するための予防的なアプローチは，予防接種や食生活の注意など誰もが日常的に行っている。Albee（1982）は，図2-1の予防方程式で，こうした個人の予防をモデル化した。それを拡張してElias（1987）は，環境レベルの予防について図2-2のモデルを提唱し

た。この2つの予防方程式の上段は，問題の発生を高めるリスク要因であり，下段は問題の発生を抑える保護要因である。例えば，子どもの交通事故発生を予防する住民の見守りは，**図2-2**のソーシャルサポート資源として保護要因となり，発生率を低減させる。例えば地域のゆるやかな支え合いで自殺率の低さを保つ地域（岡，2013）には，個人の予防だけでなく，ソーシャルサポートやストレッサーの低減などによって，コミュニティレベルで問題の発生を防いでいると考えられる。

$$疾病の発生率 = \frac{身体的脆弱性(1) + ストレス(2)}{コーピングスキル(3) + ソーシャルサポート(4) + 自尊感情(5)}$$

図2-1　予防方程式（Albee，1982，p.1046 より筆者作成）

$$疾病の発生率 = \frac{環境内のリスク要因(6) + ストレッサー(7)}{ポジティブな社会化活動(8) + ソーシャルサポート資源(9) + つながりの機会(10)}$$

図2-2　予防方程式（Elias，1987，p.546 より筆者作成）

　つまり，この2つのモデルをみると，**図2-1**で表現される予防を，コミュニティのレベルに置き換えて考えることが可能であり，**図2-2**のように，コミュニティ全体として問題を予防する発想が成り立つ。そして両者を統合的に考えると，例えば両者の保護要因を見れば，物事への個人の対処能力に関するコーピングスキルは，ポジティブな社会化の活動がコミュニティに多く存在することで増強できるかもしれないし，地域のソーシャルサポート資源を増やすことで，ソーシャルサポートを個人が享受しやすくなるなど，個人と環境を関連させて介入を考えられる。
　様々な身体的・心理的疾患の原因は，個人のもつ特性や能力として捉えられやすいが，**図2-2**の視点からコミュニティにも視野を広げてみると，環境要因への働きかけによる問題の発生予防が見えてくる。
　そもそも「予防」の概念は公衆衛生や精神保健の領域をルーツとして発展しており，精神保健の領域では，Caplan（1964）が初めて，1次予防・2次予防・3次予防という3つの予防の枠組みを提唱した。1次予防はまだ苦痛の状態にはない全ての人々を対象として，疾病の発生率を下げることを目的としている。2次予防は疾病や困難の初期兆候を示し

ている人，危機にある（at risk）人に対して行われ，早期介入とも呼ばれる。3次予防は疾病や疾病による障害を抱える人が将来さらなる問題を抱えたり，症状を悪化・長期化させたりすることを防ぐことを目指しており，リハビリテーションと呼ばれることもある。Caplan の3つの予防のタイプは治療や維持のための視点として現在でも用いられる。2次予防に早期治療が含まれる点やリハビリテーションを予防の枠組みに含める適否に議論も生じたが，むしろそれらを連続的に捉え，予防という点からの介入という考え方を明示したことにこのモデルの意義があった。

その後，全米医学研究所（Institute of Medicine；IOM, 1994）は，**図2-3**のような精神保健に関する予防の新しい枠組みを提示した。この IOM の枠組みでは，Caplan が予防に含めていた治療とリハビリテーションを予防の外側に示し，予防・治療・維持という介入の連続性を明確化するとともに，予防においてはターゲットとなる集団に注目して普遍的・選択的・指示的という3つの分類を示した（**図2-3**）。

普遍的予防（universal prevention）とは，まだリスク状態にあると同定されていない人々全般を対象とする。選択的予防（selective prevention）では，何らかの生物的・心理的，社会的なリスク要因をもち，リスク状態に発展する可能性をもっているが，まだ何の疾患の兆候も示していない人々を対象とする。指示的予防（indicated prevention）は，将

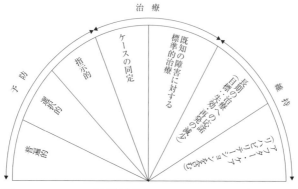

図2-3　IOM の精神保健介入スペクトラム（Institute of Medicine, 1994；（訳）植村, 2007 P.123）

来的に疾患に発展するハイリスク状態にある人々，特に疾病の初期症状
を示しているが精神疾患として診断基準までには至らない人を対象とし
ている。

　このように予防のモデルや理論を知ることで予防的活動を理論的な根
拠をもって行うことができる。

（2）居場所としてのコミュニティ感覚・ソーシャルサポート

　人と繋がりながら日々暮らす人々のウェルビーイングという点では，
人を支える居場所や日常的な支援も重要になってくる。近所づきあいや
友人からのサポートなど，社会の中の自然発生的な日常的支援に着目し，
それを理論化するのがソーシャルサポートの概念である。日常的な身近
な支援は，専門家の支援にも増して，人々の健康に寄与しており，予防・
促進という観点からも，ソーシャルサポートは健康を維持する要素とし
て重要である。

　また，居場所としてのコミュニティについて，個人がどう感じている
かを捉える概念にコミュニティ感覚がある。ここでのコミュニティは，
地理的地域だけでなく，共通の規範や価値，関心，目標，仲間意識や
信頼感などを共有する関係的コミュニティ，機能的コミュニティも含
まれる。Sarason（1974）は，このようなコミュニティに対して人々が
持つ態度をコミュニティ感覚（psychological sense of community）と呼
び，他者との類似性の知覚，他者との相互依存関係の認知，他者が期
待するものを与え，自分が期待するものを他者から得ることで相互依
存的関係を進んで維持しようとする感覚，自分はある大きな依存可能
な安定した構造の一部分であるという感覚，という 4 つの軸を提唱し
た。

　Sarason（1974）の示したコミュニティ感覚の概念は，McMillan &
Chavis（1986）のコミュニティ感覚尺度（Sense of Community Index：
SCI）の開発を契機に広く研究等に用いられるようになった。このコミュ
ニティ感覚尺度は，①コミュニティの境界であり，情緒的安全感や所属
感といった「メンバーシップ」，②コミュニティと個人が相互に貢献し

合うような互恵的関係を示す「影響力」，③コミュニティメンバー間で
ニーズが共有され，コミュニティがニーズの充足を進めていくことで，
メンバー間のニーズが統合されるプロセスによって，自己と他者のニー
ズ達成が結びついているという感覚が生じる「ニーズの統合と充足」，
④メンバー間のポジティブな交流，重要な出来事や問題を共有し解決す
ること，メンバーを称えること，コミュニティへの積極的参加と投資，
メンバー間の精神的つながりの経験を通じて培われ，促進されていく「情
動を情緒的結合の共有」の4つから構成されている。

（3）自分らしく暮らせる社会の基盤，エンパワーメントと社会正義

　ウェルビーイングな状態で居場所もある暮らしを支えることとして，
自分らしく自己決定できる状態を維持するためのエンパワーメントや，
各自の多様な自己決定の権利を尊重する社会正義も重要になる。
　エンパワーメントは，何らかの社会変革を目指すコミュニティや組織，
人々の力（power）に注目した，非常に包括的かつダイナミックな概念
である。コミュニティ心理学では，「人々や組織，コミュニティが自分
たちの問題をコントロールする力を獲得するプロセスもしくはそのメカ
ニズム（Rappaport, 1987, p.122）」と定義される。ここには，自己決
定を行う権利や，主体的に生きることの保障が包含されている。
　一方，社会正義（social justice）とは，社会全体における公平で公正
な資源・機会・義務・力の配置を意味する（Prilleltensky, 2001）。社
会正義には配分の正義（distributive justice）と手続きの正義（procedural
justice）の2つがある（Kloos et al., 2012）。配分の正義とは，集団間
の資源配分の公正さに関する視点であり，介入やプログラムの成果に関
連するものである。一方，手続きの正義とは，意思決定に関わる集団の
公平さに関する視点であり，どのように計画や実施がなされるのかとい
う手続きに関するものである。例えば，多くの地域で子育て支援に関す
る市民サービスが行われているが，子育てに関心が高く参加の余裕があ
る家庭しかそのサービスの恩恵を受けていなければ，子育て支援のため
の資源（資金，人材，時間など）は偏って配分されている。こうした偏っ

た配分が生じる背景には，その支援の方法を誰がどのように決めていったかという手続きがある。支援の立案に通常では関わることが想定されていない，つまり力を奪われている多様な状況にある家庭の人々の意見を反映させていれば，サービスのあり方は変わる。こうした配分をどう行うかの計画決定過程に関する正義が手続きの正義である。適正に資源が配分されるような仕組みを誰がどう計画するのか，配分の計画と実施に関わる正義が手続きの正義である。

　社会正義を追求する上では，コミュニティの中で見過ごされている人々の多様性の尊重，不公平にある人々が意思決定に関わる力をもち（エンパワーメント），社会のあり様を変革していくためのアドボカシー（権利擁護）といった姿勢も重視される。

研究課題

1．あなたの身近にあるコミュニティにおいて，解決すべき課題を1つ挙げてみよう。
2．1で取り上げたコミュニティの課題には，どのような人と環境の相互作用が関わっているだろうか。
3．1で取り上げたコミュニティの課題を解決する際に，活用可能なコミュニティ心理学の理念や概念にはどのようなものがあるだろうか。

引用文献

Albee, G. W. (1982). Prevention psychopathology and promoting human potential. *American Psychology*, 37(9), 1043-1050.

安藤延男（1998）．コミュニティ心理学小史―1960年代後半から現在まで．コミュニティ心理学研究，2，67-70.

Benett. C. C., Anderson, L. S., Cooper, S., Hassol, L., Klein, D. C., & Rosenblum, G. (Eds.) (1966). *Community Psychology : A report of the Boston conference on the educa-*

tion of psychologists for community mental health. Boston University Press.

Bloom, B. L. (1977). Community Mental Health : a General Introduction. Brooks/Cole Pub. Co.

Caplan, G. (1964). *Principles of preventive psychiatry*. New York : Basic Books.　新福尚武監訳（1970）．予防精神医学．朝倉書店．

Elias, M. J. (1987). Establishing enduring prevention programs : Advancing the legacy of Swampscott. *American Journal of Community Psychology*, 15 (5), 539-553.

Institute of Medicine. (1994). Reducing Risks for Mental Disorders : Frontiers for Preventive Intervention Research. P.J. Mrazek and R.J. Haggerty (Eds.), *Committee on Prevention of Mental Disorders, Division of Biobehavorial Sciences and Mental Disorders*. Washington, DC : National Academy Press.

Kloos, B., Hill, J., Thomas, E., Wandersman, A., Elias, M., and Dalton, J. (2012). *Community Psychology : Linking Individuals and Communities*. 3ed. Belmont, CA. Wadsworth.

McMillan, D. W., & Chavis, D. M. (1986). Sense of community : A definition and theory. *Journal of Community Psychology*, 14 (1), 6-23.

Moritsugu, J., Wong, F. Y., & Duffy, K. G. (2010). *Community Psychology (4ᵗʰ ed.)*. Allyn & Bacon.

Murrell, S. A. (1973). *Community Psychology and Social System : A conceptual framework and intervention guide*. Behavior Publisher.　安藤延男監訳　1977．コミュニティ心理学―社会システムへの介入と変革　新曜社

Nelson, G. & Prilleltensky, I. (2010). *Community Psychology : In pursuit of liberation and well-being*. New York : Palgrave Macmillan.

岡檀（2013）．生き心地の良い町：この自殺率の低さには理由（わけ）がある．講談社．

Prilleltensky, I. (2001). Value-based praxis in community psychology : Moving toward social justice and social action. *American Journal of Community Psychology, 1*, 95-112.

Rappaport, J. (1987). Terms of empowerment/exemplars of prevention : Toward a theory for community psychology. *American Journal of Community Psychology, 15*, 121-148.

Ryan, W. (1976). *Blaming the victim*. House, Inc.

Sarason, S. B. (1974). *The Psychological Sense of Community : Prospects for a community psychology*. Jossey-Bass.

植村勝彦（2012）．現代コミュニティ心理学：理論と展開．東京大学出版会．

Wolff, T., Swift, C., & Johnson-Hakim, S. (2015). The history of community psychology practice in the United States. In Scott, V. C. and Wolfe, S. *Community Psychology : Foundations for practice*. SAGE Publications, Inc.

山本和郎（1986）．コミュニティ心理学：地域臨床の理論と実践．東京大学出版会．

3 コミュニティ心理学の基礎Ⅱ

伊藤亜矢子・池田琴恵

　心理職がコミュニティで活動する際には，個人だけでなく環境を理解する生態学的な視点が重要になる。ここでは環境を捉える主要な理論と，コミュニティ心理学の理念を活かす方法である危機介入やコンサルテーション，コラボレーション，パートナーシップ，プログラム評価などについて概要を理解することを目標とする。
《キーワード》　生態学的視点，危機介入，コンサルテーション，コラボレーション，プログラム評価

1．環境を捉える視点：生態学的視座

　コミュニティ心理学の発想は，その人が生きるコミュニティの文脈から個人を切り離さず，環境と相互作用する主体として個人を理解する。その際に，環境を捉え，人と環境との相互作用を理解するのに重要な理論が，次の4つの生態学的な理論である。

（1）Barker の行動場面

　Barker は，個人をコミュニティの文脈の中で捉え，社会環境を定量化するアプローチを展開した初期の開拓者である（Stelzner & Wielkiewicz, 2015）。Barker は，物理的環境と社会的環境に焦点を当てて，ある場面に共通する人々の行動とその場面の特性との関係を自然観察によって研究した。

　Barker の提唱した行動場面（behavior setting）とは，空間と時間，持続的な行動パターンによって規定される社会的文脈の単位を指し示す。Barker は1963～1964年の“ミッドウェスト（仮名の地名）”において

884 の行動場面を抽出し，政府，仕事，教育，信仰，任意団体という 5 つ
のカテゴリに分類した（Barker，1968）。例えば，診察室には椅子や電子
カルテ用のパソコンがあり，診察時間になれば医師はカルテ前の椅子に
座り，どの患者も患者用の椅子に座って診察を受けるという行動パターン
を持つ。さらにこのような行動パターンを導くのは，“診察” における固定
化した手順とそこで症状を何とかしたいという目的があるからである。

　このように行動場面は，ある目的とあらかじめ定められた手順という
2 つの回路を持っている（Barker，1968）。また，そこにある人や物な
どが置き換えられても変わらない役割（人）や物などの要素が，場面の
目的に合致して配置されている。そして，それらの構成要素に応じて人々
は行動していき，人々が適切と考える範囲の行動に人々の行動がおさ
まっていく自己調節機能がある。このように，人々は自然と行動場面に
規定された行動をとっている（Wicker，1979/1994）。

　この研究をみると，いかに場が人の行動に影響しているかに気付くだ
ろう。言い換えれば，ある場での人の行動を変化させるためには，場の
物理的・社会的環境を変化させることが有効という，環境からのアプ
ローチの重要性が理解できる。

（2）Kelly の生態学的原理

　Kelly et al. は，生態学の視点を人と環境の関係にも当てはめて，コミュ
ニティの諸現象を分析・説明するのに有効な相互依存・資源の循環・順
応・遷移という 4 つの原理（Kelly，1966；Mills & Kelly，1972；Trick-
ett, Kelly & Todd，1972）を提唱した。

　4 つの原理の第 1 は，相互依存（interdependence）である。環境に
おけるある部分は，必ず他の部分と関係し，相互に影響し合う。よって
環境の一部が変化すれば，必ず何かしらの影響が他の部分に及ぼされる
（Trickett，1984）。人間環境においても，会社で誰かが風邪で休めば誰
かに影響が及ぶ。誰かの変化は影響が他に及ぶのである。この原理は，
コミュニティの変化が，ポジティブにもネガティブにも，他に影響する
ことを示す。つまり，環境に介入する際には，それによって生じた変化

が，周囲にどのような影響を及ぼすかについても注意を払う必要がある。

第2は，資源の循環（cycling of resources）である。食物連鎖の例をあげるまでもなく，生態系では資源が循環している。資源の循環は，社会システムの中でどのように資源の利用，分配，保存，変化が行われているかを理解する視点である。資源には，物理的資源（場所・空間や資金，モノなど）だけでなく，個人内の資源（ある場面において課題に取り組む能力や知識，経験や強みなど），社会的資源（共有されている信念や価値，規則や規範，出来事やコミュニティ感覚など）がある。人々の繋がりの中でどのような資源が授受されているのだろうか。資源の循環を分析することで，人とコミュニティにおける潜在的な資源に気付き，循環の仕方を変化させることによる介入が発想できる。

第3に，順応（adaptation）である。これは，人と環境がお互いに応じて相互に変化することを指し，人が環境の要求や制約に応じて変化する順応と，環境が人に応じて変化する順応の 2 つのプロセスがある。新しい環境に入れば人はそれに応じて行動等を変化させるし，人員が変われば組織環境も自ずと変化する。さらに環境間においても，教育政策が変われば学校が変わるように順応が生じる。順応は，各環境にはそれに応じた行動があり，環境に応じた柔軟な対応の必要性などを示唆する。

第4に，遷移（succession）である。川の流れが周囲を侵食し，やがて地形の変化を起こすように，生態系では長い時間をかけて環境がその姿を変えていく。環境が変わればそこで繁栄する生物も変化していく。同様に人間環境においても，歴史的な要因が現在の環境や行動選択にどう影響しているか，過去にどのような介入が行われてきたのか，また，現在行っているコミュニティへの介入が将来的にどう影響するのかなど歴史的な変遷についても目を向ける必要性を示唆する。

（3）Moos の社会風土

環境が人に与える影響全般を総合的に捉えた Moos は，環境の人への影響を媒介する変数として，社会風土という概念を提唱した。

　天候や建築，人口密度，騒音など，自然現象や物理的側面も含む環境が，人間には大きく影響しており，環境のパーソナリティと呼ぶべき社会風土は，集合体としての構成員のみならず建物や組織の構造，行動場面などに影響され，またそれらに影響していると指摘した（Moos, 1976/1979）。つまり，そうした諸々の要素から構成される社会風土は，組織の総合的な特徴が構成員に与える影響を媒介するという。Moos は，こうした考え方に基づいて，多様な人間環境の社会風土を測定する質問紙を後継者とともに作成した。精神病院，矯正施設，大学寮，家庭，学級などが個々に持つ心理社会的な性格を測定する質問紙である。

　その際に Moos は，様々な人間環境を捉える際に共通する3次元からなる理論枠組みを提唱し，それら項目群を配置した（Moos, 1976/1979）。第1は，環境内の個人間の関係の性質や強さについての関係性の次元であり，凝集性や表現性，関与などが下位領域となる。第2は，個人の発達がどのような側面で生じやすくなっているかや，個人の成長がどの程度志向されているかを示す個人発達の次元である。第3は，組織の維持と変化の次元で，秩序や制御，変化への対応可能性などを含み，統制や改革，リーダーの統率などから測定できるとした。こうした3次元についてアセスメントすることで，環境の心理社会的側面を捉えられるとした。日本でも，Moos の社会風土理論を下敷きに，家族風土尺度（Family Environment Scale；FES）や学級風土質問紙（Classroom Climate Inventory；CCI，伊藤・松井，2001；伊藤・宇佐美，2017）などが作成されている。

（4）Bronfenbrenner の生態学的理解

　Bronfenbrenner は，子どもの発達研究から，環境を考慮して個人を理解することの重要性を指摘した。子どもは，教師からの直接的関わりに影響されるだけでなく，学校と家庭の関係がどうあるかにも影響され，子どもとは直接関わりのない親の雇用条件によっても影響される（Bronfenbrenner, 1979/1996）。そうしたことから Bronfenbrenner は，発達途上にある個人を，環境から一方的に影響されるのではなく，環境内に

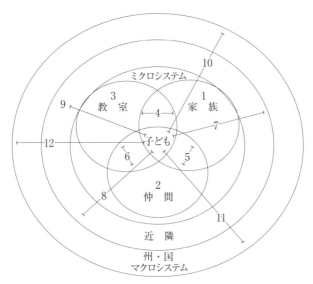

入れ籠状システムにおける要因の例
A．ミクロシステム　　　　　C．エクソシステム
　1．核家族・拡大家族　　　　　7．親の職場の上司
　2．仲間・隣人　　　　　　　　8．地域の外出禁止令
　3．教室・学校　　　　　　　　9．教育委員会
B．メゾシステム　　　　　　D．マクロシステム
　4．親―教師面談　　　　　　10．景気後退
　5．きょうだい・近所の友だち　11．差別，文化規範
　6．退学した友だち　　　　　12．義務教育法

**図3−1　Bronfenbrenner の人間発達についての生態学
的モデル**　植村（2012）p. 42 より作成

あってその再構成をはかるような存在として捉え，**図3−1**の模式図で
表されるような環境と人との関係を示した。ミクロシステムは，個人が
体験する活動や役割，対人関係のパターンなど，個人と直接関わりあう
システムである。メゾシステムは，2つ以上の行動場面の相互作用であ
り，学校と家庭の関係，遊び仲間と学校の関係などにあたる。さらにエ
クソシステムは，発達途上にある当該個人を直接含んではいないが，当
該個人を含む行動場面で生じる事柄と相互に影響しあう行動場面であ
る。Bronfenbrenner は，エクソシステムとして，両親の職場や兄弟の
学級，両親の友人のネットワーク，地域の教育委員会の活動などを例と

して挙げている（Bronfenbrenner, 1979）。またマクロシステムは，信念やライフスタイルなどに対応して「文化」のレベルで存在しうるような下位システムにおける一貫性であり，国や下位文化グループによって異なる内容を持つものとされる。

　こうした入れ子状になった環境間の移行が子どもの発達を促し，発達がまた移行をもたらし，新たな環境を構成していく。そうして，環境的な文脈の中で発達が生じることをBronfenbrennerは理論化し，発達研究における生態学的環境への考慮の重要性を主張すると同時に，生態学的システムの変革や再構成の重要性を指摘した。

2．コミュニティ心理学の介入方法

　コミュニティ心理学の理念に基づく介入方法として，危機介入やコンサルテーション，コラボレーション，パートナーシップ，プログラム評価によるプログラム作成等がある。これらについて概説する。

（1）危機介入
①　危機理論

　予防・促進や，人々の日々を支援するというコミュニティ心理学の考え方に立った時に，災害や個人的な出来事も含めて，健康な人であっても誰もが陥るかもしれない「危機」において，それを不健康な状態への契機とせず，健康を維持向上する好機とすることは重要である。Caplan（1964/1970）の危機理論（crisis theory）では，危機状態は危険をもたらし，精神的な脆弱性をもたらす反面，成長を促す好機となることを強調する。

　健康な人であっても誰もが難問にぶつかる時がある。その際には，苦痛に対して，自分がそれまでに活用してきた対処のレパートリーを試すことになるが，それらが機能しなければ対処不可能な状態となり「危機」に陥ってしまう。さらに追い打ちをかける追い込み要因（結実因子）が生じれば，なおさら深刻な危機となる。例えば，友人とのトラブルが解決できずに悩む中学生は，何かしら助言を得て解決できればよいが，解

決策が見出せない悩みのピークに，トラブル相手と隣り合う座席となり，それが追い込み要因となって学校を欠席してしまう，などである。

しかし一方で，危機には分かれ目という意味がある。不健康な状態に至る危険ばかりではなく，これまでの対処がすべて機能しないからこそ新たな対処法に目が向き，それを学んで対処の幅を広げ，より健康な平衡状態へ移行できる可能性もある。新しい対処を学べず不健康な平衡状態へ移行して問題が遷延化するか，危機を切り抜けて新たな対処法を得る成長となるかの分かれ目が危機である。一般的に危機は 1 〜 6 週間（山本，1986）ともいわれ，時宜を逃さず対応することで悪化を予防し，成長を促すことができる。

② **危機介入**

危機介入は，チャンスを逃さず，被支援者が従来から持つ強さや資源を活かす介入，心理的世界と現実的な環境の双方を視野に入れた支援が目指される。

対処が尽きて防衛が緩み，変化の転換点である危機では，新しい対処へのニーズが潜在的に高まっている。支援へのアクセスさえよければ，支援に繋がりやすい。例えば自殺の名所を訪れた人が，地域の人の声かけによって比較的容易に心のうちを語り，支援に繋がれるのも危機だからでもあるだろう（茂，2008）。日常的に学校に関わるスクールカウンセラーや，市民に開かれた相談窓口としての保健センター，アクセスのしやすい 24 時間電話相談（ホットライン）などは，タイミングを逃さず支援を提供する可能性のある支援窓口として挙げられる。

なお危機介入では，その人の持つ内的・外的な資源や，従来もっていた対処方法を確認しながら，どのように壁にぶつかっており，どのような新たな対処方法に可能性があるのか。また，新たな対処方法を本人が得るために必要な環境調整にはどのようなものがあるかを，比較的短時間で整理し，本人や周囲に働きかけていく必要がある。それによって，新たな対処・新たな健康な状態に移行できる環境を整え，本人が自らの力を活かして新たな対処や新たな健康な状態に至れるよう支援する。

危機は誰にでも訪れる。その意味で基本的に，被支援者は，危機がな

ければ健康に暮らしていた人であり，資源となる対処方法も多く有しているはずである。行き詰まりを見立て，必要に応じて外的な資源を投入することで，被支援者は新たな平衡状態に至ることができる。

　例えば，会社での昇任，配置換えで重責を感じて行き詰っている人は，そこまでに至る道のりで危機を突破するのに活用できた数々の資源を持っているはずである。落ち着きを取り戻す最低限の時間と，寄り添ってくれる現実的な支援者や理解者が得られれば，"がむしゃらに働く"というこれまでの対処方略をいったん棚上げして"自分のペースを守る""必要な休息を大切にする"などの新たな対処方法を身につけられれば，本来の"がむしゃらに働く"エネルギーや資質，"惜しみない努力"といった被支援者の資源を活かせるようになる。

　こうした危機介入は，被支援者の心の世界にじっくりと付き合い，その深い変容をめざす伝統的な心理療法とは異なり，健康な被支援者が不健康に至るのを予防し，健康状態に戻り，以前よりも成長できることを目指す予防成長促進的な支援である。本人の来談意欲・動機づけを待つよりも，タイミングよく支援に繋ぐ支援者の積極性が重要になる。もちろん，タイミングが重要といっても，支援を拒否する相手に支援を強要するということではない。まずは，周囲が危機に気づいたら支援に繋げられる体制や，支援者が出向いて迅速に支援を提供できる積極的な体制など，支援へのアクセス可能性を高める体制づくりが大切になる。

③　個人を超えた危機への対応

　さらに昨今では，個人を超えたコミュニティ全体の危機も少なくない。命にかかわる事件事故に際した学校，震災や水害などを被った地域などである。個人の資源だけでなく，周囲の環境がもつ外的資源も失われ，より大きな危機状態となる。個人とコミュニティ全体への支援を両立させるコミュニティ・アプローチが必要になる（窪田，2017）。

　そうした場合には，規模の大きさから支援もチームで行う必要が生じるし，通常1～6週間といわれる危機も，復旧そのものに長い期間を必要とする大規模な災害等では，おのずと異なる要素が加わって，危機が遷延化されるかもしれない。多職種連携も含めて優れて応用的な支援が

求められる。普段からそうした支援について学ぶことも重要である。

（2）コンサルテーション

　コンサルテーションは少数の専門家が，間接的な支援を通して多くのクライエントを支援でき，コンサルティの学びを通してコミュニティ全体の支援を増進できることから，コミュニティ心理学の重要技法である。

　山本（1986，pp.90-93）はコンサルテーションの特徴に，以下を挙げた。

①お互いの自由意志に基づいている。

②コンサルタントは局外者であり，コンサルティが属している組織の権力者や利害関係にある者ではない。

③時間制限がある。

④課題中心であり，コンサルティの性格や個人的問題，個人生活には関わらない。

⑤コンサルティの持つ力を尊重する。

　このように，コンサルティがすでに持っている知識や力量を活かす点でも，コンサルテーションはコミュニティ心理学の考え方に合った方法である。本書では教育・福祉・産業の各領域での例を第7〜9章で学ぶ。

（3）コラボレーション

　コンサルテーションでは，ケースへの責任は基本的にコンサルティにあり，コンサルタントはケースへの直接的な責任を持たない。しかし現代の複雑な社会状況では，多職種が相互に責任を分かち合うコラボレーションによってチームを組んで対応することが求められている。

　Zimmerman（2000）は，コミュニティ心理学のアプローチを，専門家やカウンセラーよりもコラボレーターやファシリテーターであり，コミュニティの資源であるとした。「専門家」という言葉は，支援をする人とされる人という2極化を生み，専門家に頼って，コミュニティ特有の資源や人々の相互援助を制限する危険を指摘した。コラボレーターとして，しかしコミュニティ心理学のアセスメントや評価の知識技能とい

う資源を持つ専門家としての活動が求められている。

　また，Mattessich et al.（2001）は，協働を成功させる 20 の要因を，環境，メンバーシップの特性，プロセスと構造，コミュニケーション，目的，資源という 6 つに分類した。Riger et al.（2004）は異文化（cross-cultural）の視点から協働を捉える重要性を指摘しているが，確かに協働は異なる背景を持つ組織や人々の接触であり他の文化を理解するこの文化的コンピテンスが必要とされる。Riger のモデルでは，知識・態度・スキル（文化接触，文化欲求，専門用語，相互尊重）と権力構造（形式的な平等主義，専門分野の管理）を意識することが重要であり，学際研究に必要なスキルは，自己内省と自己評価，多様性の尊重，力動への敏感さとした。こうした視点は実践的な示唆に富むものであろう。なお，第 10 章ではコラボレーションの詳細を，第 11～13 章で教育・医療・被災地でのコラボレーションを学ぶ。

（4）パートナーシップ

　パートナーシップは，自治体や政府組織，研究所や大学などの別の所属をもった専門家や研究者などが，あるコミュニティと提携して問題の解決にあたろうとする持続的な関係性を示している。コミュニティ研究におけるパートナーシップの原理として Dalton et al.（2006）は，①コミュニティのニーズに基づいている，②資源の交換である，③社会活動のためのツールである，④社会活動の評価は倫理的に不可欠である，⑤コミュニティに有益な成果をもたらすものである，という 5 つの原理を示した。また，Amuwo & Jenkins（2001）は，ネットワーキングから，コラボレーションを経てパートナーシップへと発展する 4 段階を指摘した。

　このようなパートナーシップにおいて，Fawcett et al.（1995）は，コミュニティの健康と発展のための協働的パートナーシップを促進するには，共同的計画，コミュニティ活動，コミュニティ変革，コミュニティ能力と結果，順応・再編・組織化という 5 つの循環的プロセスの枠組みをエンパワーメントの視点から提案している。また，パートナーシップを成功に導くための実践スキルとして，Julian（2006）は，社会資源の可

動化（mobilization），計画，実践，評価の4つを挙げ，Harper et al.（2004）は，協働的関係を構築し維持していくためには，「関係性を構築する」「既存の長所を高める」「プロジェクトへの参加感覚を高める」という3つの要素が重要であることを指摘している。また，Suarez-Barcazer et al.（2004）は，「協働的パートナーシップの10の特性」として，①信頼と相互尊重に基づいた関係を発展させる，②資源の最大化・活用・交換，③二方向の学習関係を構築する，④オープンなコミュニケーションラインを構築する，⑤多様性の尊重と歓迎，⑥組織の文化を学ぶ，⑦コミュニティのニーズに基づいた協働による研究，⑧学際的なパートナーシップの本質を理解する，⑨質的・量的研究方法の両方を用いる，⑩パートナーシップの成功や機会のアカウンタビリティを共有する，を挙げている。

　これらは，学校や企業など，コミュニティに参入しての支援を行う際に必要な留意点や態度として参考になる。コミュニティとのパートナーシップにおいては，コミュニティを尊重しながら，そこにある資源や文化を理解し，コミュニティの強みを活かしながらともに活動を計画し，成果を共有していく姿勢が求められる。

（5）プログラム評価
　学校でいじめ予防プログラムや，会社でのハラスメント防止プログラムなど，コミュニティへの介入では，臨床心理士もプログラムの作成や実施，評価に関わることが生じてくる。評価を通じて，プログラムを改善していくのがプログラム評価の技法である。これについては第14章で学ぶが，ここでは，プログラム評価の概要とそのコツについて紹介する。

①　プログラム評価における実践的モデル
　プログラムを考案する際には，何を目標とするのか，そのためには何が必要かを論理的分析的に考えるロジックモデルが必要になる。Linny & Wandersman（1991）は，そうしたロジックモデルと，実践的なプログラム開発のステップを関連づけて，プログラム評価を実践的に行うための4ステップモデル（**図3-2**）を提唱した。

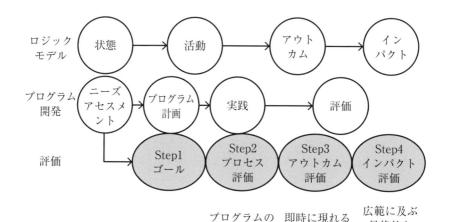

図3-2　4ステップモデル (Linny & Wandersman (1991) p.9 より作成)

　1段目は，プログラム理論としてのロジックモデルである。状態とは，プログラムが取り組むべきリスク要因やコミュニティの問題，組織の課題などを示す。活動とは，状態に対する取り組みである。アウトカムはその活動による即時的結果であり，インパクトは長期的影響を示す。

　2段目は，プログラム開発の過程である。プログラム開発では，まずコミュニティのニーズを把握し，プログラムを計画し実施し評価を行う。

　3段目は，1，2段目を関連づけたプログラム評価の実践モデルである。まずはニーズに応じたゴールを明確にし，目標・対象集団・期待する成果（アウトカム）を設定する。次に，プログラムが計画した通りに実践されたかを検証するプロセス評価，即時的効果が得られたかを検証するアウトカム評価，最終的に問題が解決されたかを検証するインパクト評価の3ステップでプログラムを評価する。それによってプログラムを改善していくことができる。スクールカウンセリングなど身近な実践においても，明確な成果が求められる時代にあって，こうしたプログラム作成と評価の手順を知っておくことは臨床心理地域援助に欠かせない。

② **プログラムを成功に導く4つの鍵**

　ところで，プログラムは初回から効果を上げるとは限らない。Wandersman (2009) は，プログラムが成功しない要因として，理論，実施，

評価，資源/システムの4つの欠陥を指摘した。言い換えれば，これらの4つの要素が効果的プログラムの鍵であり，Wandersman（2009）はこれら4要素を「成功のための4つの秘訣」と呼ぶ。

理論の欠陥は，実践内容が成果をもたらす理論的根拠が貧弱・誤りであることを指す。実施の欠陥は，理論的根拠に基づいて必要，適切と思われる具体的な取り組みが実践されないことを意味する。これは実践に要する経済的，時間的資源や実践者の能力の不足にあることが多く，結果として理論に基づく計画が適切に実施されないことに拠る。3つ目の評価の欠陥は，評価そのものの問題で，評価手法や測定用具などの不備である。成功したプログラムも見かけ上不成功になってしまう。さらには，プログラム実施者が評価そのものを好ましく思わずに評価の実施に非協力的であることで適切な評価が妨げられることもある。4つ目の資源/システムの欠陥は，実施を支える組織的な支援の不足である。プログラムは資源が必要であり，関わる人，組織，コミュニティが意欲的でなければ成功しない。プログラム評価については第14章で詳しく学ぶ。

以上，コミュニティ心理学の重要な技法について述べた。臨床心理地域援助においては，いずれも重要である。これらの存在を知り，地域援助の発想と共に理解しておくことで，新たな支援を創造する際に理論的な後ろ盾となるはずである。機会を得てさらに学習を深めてほしい。

🔋 研究課題

1. あなたが関心をもっている社会問題を1つ取り上げ，その問題の環境要因あるいは社会的要因を考えてみよう。
2. 1で取り上げた問題について，本章で学んだ生態学的視座を与える4つの理論によって説明ができるか考えてみよう。
3. 身近な危機にどのようなものがあるか考えてみよう。その際に，どのような危機介入が考えられるか。特に，誰が，どこで関われるかについて考えてみよう。

参考文献

Amuwo, S.A., & Jenkins, E. (2001). True partnership evolves over time. In M. Sullivan & J. G. Kelly (Eds.), *Collaborative research : University and community partnership* (pp. 25-43). Washington, DC : American Public Health Association.

Barker, R. G. (1968). *Ecological Psychology : Concepts and methods for studying the environment of human behavior.* Stanford University Press.

Bronfenbrenner, U. (1979). *The Ecology of Human Development : Experiments by Nature and Design.* Harvard University Press.　磯貝芳郎・福富護訳（1996）．人間発達の生態学（エコロジー）：発達心理学への挑戦．川島書店．

Caplan, G. (1964). *Princioles of Prevention Psychiatry* Basic Books　新福尚武監訳(1970) 予防精神医学．朝倉書店．

Dalton, J. H., Elias, M. J., & Wandersman, A. (2006). *Community psychology : Linking individual and communities* (2 nd. ed.). Belmont, CA : Wadsworth.

Fawcett, S. B., Pain-Andrews, A., Francisco, V. T., Schultz, J. A., Richter, K. P., Lewis, R. K., Williams, E. L., Harris, K. J., Berkley, J. Y., Fisher, J. L., & Lopez, C. M. (1995) Using empowerment theory in collaborative partnership for community health and development. *American Journal of Community Psychology, 23,* 677-697.

Harper, G. W., Bangi, A. K., Contreras, R., Pedraza, A., Tolliver, M., & Vess, L.(2004). Diverse phases of collaboration : Working together to improve community-based HIV intervention for adolescents. *American Journal of Community Psychology, 33,* 193-204.

伊藤亜矢子・松井 仁（2001）．学級風土質問紙の作成．教育心理学研究，49，449-457.

伊藤亜矢子・宇佐美慧（2017）．新版中学生用学級風土尺度（Classroom climate inventory ; CCI）の作成．教育心理学研究，65，91-105.

Julian, D. (2006). A community practice model for community psychologists and some examples of the application of community practice skills from the partnerships for success initiative in Ohio. *American Journal of Community Psychology, 37,* 77-93.

Kelly, J. G. (1966). Ecological constraints on mental health services. *American Psychologist, 21* (6), 535-539.

窪田由紀（2017）．学校コミュニティへの緊急支援の手引き第 2 版．金剛出版．

Linney, J. A., & Wandersman, A. (1991). *Prevention plus III : Assessing alcohol and other drug prevention programs at the school and community level : A four-step guide to useful program assessment.* Washington, DC : U.S. Department of Health and Human Services, Office of Substance Abuse Prevention.

56

Mattessich, P., Murray-Close, M., & Monsey, B. (2001) *Collaboration : What makes it work* (2 nd ed.). Saint Paul, MN : Fieldstone Alliance.

茂 幸雄 (2008). 自殺したらあかん！東尋坊の "ちょっと待ておじさん". 三省堂.

Mills, R. C. & Kelly, J. C. (1972). Cultural adaptation and ecological analogies. In Golann, S., & Eisdorfer, C. *Handbook of Community Mental Health*. New York : Appleton-Century-Crofts. 157-205.

Moos, R. H. (1976). *The human context : Environmental determinants of behavior*. John Willy & Sons. 望月衛訳 (1979). 環境の人間性. 朝倉書店.

Riger, S., Reyes, O., Watts, R. W., Kelly. J. G., Shinn, M., Cherniss, C., Jason, L. A., & Trickett, E. (2004). Faculty deconstructs participatory research. In L. A. Jason, C. B. Keys, Y. Suarez-Balcazar, R. R. Taylor, & M. I. Davis (Eds.), *Participatory community research : Theories and methods in action*, (pp.233-238). Washington, DC : American Psychological Association.

Stelzner, S. P., & Wielkiewicz, R. M. (2015). Understanding ecological systems. In V. C. Scott & S. M. Wolfe (Eds.), *Community psychology : Foundations for practice*. Sage Publications, Inc.

Suarez-Barcazer, Y., Davis, M. I., Ferrari, J., Nyden, P., Olson, B., Alvarez, J., Molloy, P., & Toro, P. (2004). University-community partnerships : A framework and an exemplar. In L. A. Jason, C. B. keys, Y. Suarez-Balcazar, R. R. Taylor, & M. I. Davis (Eds.), *Participatory community research : Theories and methods in action*, (pp.105-120). Washington, DC : American Psychological Association.

Trickett, E. J. (1984). Toword a distictive community psychology : An ecological metaphor for the conduct of community research and the nature of training. *American Journal of Community Psychology*, 12(3), 261-279.

Trickett, E. J., Kelly, J. G., & Todd, D. M. (1972). The social environment of the high school : Guideline for individual change and organizational redevelopment In Golann, S., & Eisdorfer, C. *Handbook of Community Mental Health*. New York : Appleton-Century-Crofts, 331-406.

植村勝彦 (2012). 現代コミュニティ心理学：理論と展開. 東京大学出版会.

Wandersman, A. (2009). Four keys to success (theory, implementation, evaluation, and resource/system support): High hopes and challenges in participation. *American Journal of Community Psychology, 43*, 3-21.

Wicker, A. W. (1979). *An Introduction to Ecological Psychology*. Wadsworth 安藤延男監訳 (1994). 生態学的心理学入門. 九州大学出版会.

山本和郎 (1986). コミュニティ心理学：地域臨床の理論と実践. 東京大学出版会.

Zimmerman, M. A. (2000). Empowerment theory : Psychological, organizational and community level of analysis. In J. Rappaport, & E. Seidman (Eds.). *Handbook of community psychology*. New York : Kluwer Academic/Plenum.

4 | ウェルビーイングと臨床心理地域援助

青木 紀久代

　臨床心理地域援助の目指すものの1つに，人々の健康に資する支援活動というものがある。ここでの健康とは，単に身体や精神の疾病や障害でないことを意味するものではない。ウェルビーイングとは，WHO憲章に示される，真の健康の状態とも呼べるものである。本章では，ウェルビーイングについて類似の概念や関連する概念と共に検討していく。そして，これらが実際の臨床心理地域援助にどのように生かされているかについても，学んでいこう。
《キーワード》 ウェルビーイング，QOL，医療モデル，SDGs

1．ウェルビーイングとは

（1）健康とウェルビーイング

　ウェルビーイング（well-being）は，1948年に発効した世界保健機関（WHO）憲章の前文で，健康に関する定義のもとに，次のように示されている。
「・・・Health is a state of complete physical, mental and social well-being and not merely the absence of disease or infirmity.・・・」（アンダーライン筆者）

　日本政府がこれを受け，1951年に条約第一号として公布した憲章邦訳では，「健康とは，完全な肉体的，精神的及び社会的福祉の状態であり，単に疾病又は病弱の存在しないことではない。」（アンダーライン筆者）とされている。

　ここでウェルビーイングは，福祉の状態と訳されているが，福利，幸福，安寧など，様々に訳されることがある。もともと複合的な意味を含む概念であるため，一言で説明しがたい用語であり，そのままカタカナ

で表記されることが多い。

　そもそも良い状態という基準は，医療モデルのような限定的な健康の概念とは異なり，様々な考え方が含まれる。それ故個人のウェルビーイングが良好な状態にあるというとき，必ずしもその人に身体的な病気がないとは限らないのである。

　臨床心理地域援助の場における，心理臨床家が目指すべきことの1つは，こうした人々のウェルビーイングの向上に資することであろう。

（2）ウェルネスとウェルビーイング

　ウェルビーイングと類似の概念に，ウェルネス（wellness）がある。先述の WHO による健康の定義を引用し，Dunn（1961）は，ウェルビーイングが，健康の「状態」を示す概念であることに対して，ウェルネスは，より良い状態を目指す「過程」を示す概念であり，自らがウェルビーイングに向かって働きかけていくものとして捉えた。すなわち，個人が置かれている状況の中で，その人が持つ潜在的な能力を可能な限り最大限に引き出すことを目指した統合的な働きかけだという。

　別な言い方をすると，ウェルネスは，より良いウェルビーイングを目指し，それを維持しようとすることであり，つまりはより良い人生を構築していくための生き方を意味している。

　Dunn は，既に半世紀以上前に，科学技術の進歩によって目まぐるしく社会や人生の価値が変わり，多くの問題が生じることを示し，人間が主体的にウェルビーイングを目指す生き方の重要性を説いたのである。

　さらに，この過程を人間の生き方という視点で見た場合，荒川（2017）が定義するように，ウェルネスは，身体の健康，精神の健康，環境の健康，社会的健康を基盤にして，豊かな人生をデザインしていく，自己実現という意味合いが強くなるだろう。

　いわゆる今日の健康産業の隆盛は，こうした幸せな人生をデザインしていくことを志向する，ウェルネスの考え方と合致する。栄養食品に始まり，フィットネス関連の製品，あるいは美容製品など，幸福はビジネスの大きなチャンスとなるキーワードでもある。現代人は，健康な幸せ

を，あたかもお金で買うことができるという錯覚に陥りかねない。私たちが今没頭するウェルネスの先に，本当にウェルビーイングが存在しているのか否か，その見極めは容易ではないが，注意を払う必要があろう。

（3）主観的ウェルビーイング（subjective well-being）

　健康に関する概念の拡張によって，特に強調されるようになったものが，個人の主観である。これを主観的ウェルビーイングと呼ぶ。

　主観的ウェルビーイングは，喜びや快楽など，ポジティブな感情を感じており，苦痛や不快感などのネガティブな感情がない状態を表すという（Diener et al., 1999）。しかしながら，苦労があったとしても，意義のある仕事に向かうことのできるやりがいや，何事かを成し得たときの充実感などは，快—不快の次元を越えて，その人の人生の価値を高めるであろう。

　主観的なウェルビーイングには，こうしたある時点から，ないしは長期的な視点から，人生を評価する意味合いがある（Diener, et al., 2003）。後者の強調は，心理的ウェルビーイングという用語で示されることがある。Deci & Ryan（2008）は，心理学においては，心理的ウェルビーイングに着目した研究が，ますます重要だと述べた。

2．QOL（Quality of Life）

（1）QOL の背景

　QOL は，ウェルビーイングと同義に用いられることが多い。特にウェルビーイングを評価・測定していくための概念として広く活用されている。ただし，2つの概念は，本来は独立に成り立ってきたものである。

　QOL 概念は，古くは 19 世紀イギリスの産業革命時代に，炭鉱労働者の劣悪な労働環境や生活環境から「生活の質」の改善意識が高まったことから始まった。

　そして 20 世紀になり，医療・保健分野で「延命」の目標がある程度達成されたところで，「生命の量」から「生命の質」への転換が起こり，慢性疾患や老人性疾患を抱えて人生を全うするリハビリテーション分

野，ターミナルケアが重視される現代に入って，いよいよ「人生の質」
が取り上げられてくるようになった。このように，QOL 概念の発展は，
主に保健医療分野が推進してきたものである。

　また先進国では，科学技術の進歩による生産性の向上に伴い，物質的
豊さが確保されてくると，生活の豊かさに対する評価を GDP などに代
表される生産性を示す量的指標のみで測定していくことの是非が議論さ
れるようになった。つまり政治・経済分野においても，国民の幸福度を
質的指標で評価することに関心が高まってきたのである（小野，2010）。

　このように Quality of Life の Life は，「生活（社会）」，「生命（身体）」，
「人生（心理）」と，それぞれの意味と価値を持つ複合的な概念である。

　WHO は，Quality of Life を個人が生活する文化や価値観の中で，目
標や期待，基準または関心に関連した自分自身の人生の状況に対する認
識と定義している。これは，先述の WHO の健康の定義に通じている。
従って QOL 概念の強調する生活の質は，単にその人の収入や財産など
の経済的な指標で測られる生活水準とイコールではない。

（2）QOL を測る

　上記の歴史的経緯の中で，QOL は，ウェルビーイングを評価・測定
するための概念として，測定尺度の開発研究が進み，70 年代後半から
相当数に上っている。このように QOL を多側面に渡ってとらえる発想
が，医療，福祉，教育など様々な分野で人の生活の質を向上させるため
の共通目標として存在することを可能にしているとも言えるだろう。

　心理学分野で開発される尺度は，比較的個人の主観的な体験の側面を
取り上げようとしており，心理的な援助や，メンタルヘルスプロモーショ
ン活動を行った場合の実践評価としては，様々な側面での心理的な評価
を取り上げているとも言える。

　表 4-1 は，WHO が提示した QOL 尺度である。1996 年には短縮版
WHOQOL - breve も開発されており，日本語版も WHOQOL - 26 とし
て開発されている。また，異なる年齢層で使用可能な尺度も多く開発さ
れており，**表 4-1** にその一例を示しておく。

表 4 - 1　児童・生徒を対象とした日本版 QOL 尺度

尺度名	WHOQOL 100	WHOQOL 児童版	小学生・中学生用 生活の満足度	小学生版 QOL 尺度
作者	WHO	松田宣子	中村伸枝ら (2002)	柴田玲子ら (2003)
出典	WHO（1995）	小児保健研究 (1999)	小児保健研究 (2002)	日本小児科学会 雑誌（2003）
対象	成人	中学生	小・中学生	小学生
領域と下位尺度	1．身体的側面 　　痛みと不快 　　活力と徒労 　　睡眠と休養	身体的領域 ―自分自身の満足度	全体的な健康の満足	身体的健康
	2．心理的側面 　　肯定的感情 　思考，学習，記憶，集中力 　　自己評価 　　容姿（ボディイメージ） 　　否定的感情	心理的領域 ―心理的な満足度	不安や悩みがない	情動的ウェルビーイング
			体力と勤勉性，自尊感情	自尊感情
	3．自立のレベル 　　移動能力 　　日常生活動作 　医療品や医療機器への依存 　　仕事能力	自立のレベル ―薬や医者への満足度	家と家族の満足	家族
	4．社会的関係 　　人間関係 　　実際的な支え 　　性行為	社会的関係 ―社会生活への満足度	友達の満足	友達
	5．生活環境 　　安全と治安 　　居住環境 　　仕事の満足 　　金銭関係 医療社会福祉サービス：利便性と質 新しい情報・技術獲得の機会 　　生活圏の環境 　　交通手段	生活環境 ―環境・住居への満足度	学校と先生の満足	学校生活
	6．精神性，宗教，信念			
領域数	6 領域	5 領域	6 領域	6 領域
項目数	100 項目	70 項目	37 項目	24 項目

（3）QOL 尺度と心理的ウェルビーイング

　確かに，WHOQOL にみる 100 項目は，暮らしの中のかなりの体験を
カバーするものであろうと思われる。それにもかかわらず，実際に，我
が事としてみると，この 100 項目全問に回答してもなお，自分の人生や
生活の質の評価としてどこかしっくりこないものが残るかもしれない。

　その理由の 1 つは，個人が「幸せだ」と感じるかどうかを自問すると
き，現在の生活だけに必ずしも焦点を当ててはいないということだ。自
己点検することに留まってはいないだろう。すなわち，私たちは自分の
「今」を，これまで生きてきた過去の振り返りと，そしてこれからの将
来というように，時間的展望という文脈の中に置いて考え始めるに違い
ない（青木ら，2008）。

　こうしたことから，自分の人生をある一時点のものとして，あらゆる
側面を評価したとしても，自分の中の全体性が崩れたり，連続性が途切
れたりするように感じられるところがあるのではないだろうか。

　さらに本来 QOL は，個人の主観的な満足感を重視することに意味が
あるものの，一人ひとりの満足感や幸福感は無数にある。客観的な指標
として外側から判定できるような生活の自立や生活環境でさえ，個人の
主観的な体験からみたとき，予想される満足感とならない場合もある。

　もちろん目に見える生活の質の向上に貢献する地域づくりに，多分野
協働で取り組むことが，行政を中心とする福祉の使命である。その中で
心理臨床家が参与する臨床心理地域援助において，特に重視する視点の
一つが，このような心理的ウェルビーイングであり，一人ひとりの主観
的幸福感と言えるだろう。

3．臨床心理地域援助においてウェルビーイングの向上 を目指すために必要な理論的枠組み

（1）ポジティブ心理学

　臨床心理地域援助にとって，従来の個人心理療法に関する様々な理論
に加えて補強されてきた重要なものは，コミュニティ心理学の諸理論で
あった。コミュニティ心理学は，1960 年代から発展してきたものであ

り，他の心理学の主要な理論よりも比較的新しいものとされている。

その後30年を経て，ポジティブ心理学が台頭し，実証主義的立場から人々のウェルビーイングの向上に貢献する領域として発展を見せている。ポジティブ心理学という言葉は，Maslow（1954）が述べているが，心理学の学問領域として確立したのは，Seligmann（1998：2000）によるところが大きい。ポジティブ心理学は，人間の弱いところばかりでなく，良いところや強みを明らかにして，本来のポジティブな機能を促進していくことを目指している。

これまで心理学は，いわゆる病理モデルが主であり，ややもすると，人生で最悪なことの修復にばかり関心が向いていたことへの反省がある（Seligman & Csikszentmihalyi, 2000）。この反省は，臨床心理学においても同様なことが言える。個人心理療法に関する，いわばパーソナリティの治療に役立つ理論と技法の研究に，長らく専門家の関心が置かれていた。

どの様な治療対象であれ，逆境にあればあるほど，その人の長所が促進されるような援助が重要となる。このようなことから，ストレングスモデルや，リカバリーモデルなども関連してくる。

図4-1は，ポジティブ心理学においてSeligmanが主観的ウェルビーイングの主な要素5つを示したものであり，頭文字をとってPERMAと呼ばれる。

これらの5つの要素が，人々が充実感，幸福，意味のある人生に向けて働くのに役立つと考えられている。

まず，P（Positive emotion）は，ポジティブな感情のことであり，喜び，快楽，感謝，感動，希望など様々なものがあろう。

E（Engagement）は，エンゲージメント，すなわち物事への積極的な関わりや，時間を忘れるほど何事かに夢中になり，没頭している状態である。

R（Relationship）は，関係性，特に他者との良好な関係を構築し維持していることである。

M（Meaning）は，意味，すなわち人生の意味や意義を感じられ，自覚できることである。

図4-1 主観的ウェルビーイングの５つの要素
PERMA

　A（Accomplishment）は，達成，すなわち何かをやり遂げたときに得られる満足感と言える。

　このように，ポジティブ心理学が扱うのは，個人の心理的な面だけではなく，個人と他者との関係性，さらに仕事などに没頭できるようなやりがいのある組織や環境も視野に入っている。「PERMA」の向上は，個人内のみならず，組織，地域社会，ひいては国家政策のレベルにおいても，それぞれの水準における心理的な繁栄（flourish）に至ることを目指している。

　実証主義的アプローチを好むポジティブ心理学を，最も多く取り入れている心理臨床技法は，認知行動療法である。つまり，ポジティブ心理学の臨床心理学分野における貢献の１つとして，新しい個人療法の応用的展開があげられる。

　それに加えて重要なのは，心理的ウェルビーイングとのつながりである。これまで述べてきたように，人間の強みに着目して心理的ウェルビーイングの向上を目指す考え方は，地域の環境づくりや様々な関係性援助を核とする臨床心理地域援助にとっても，大変馴染みやすく，実践に役

立つものであろう。

　本来，PERMA の向上は，個人内の感じ方や認知を変えることだけで達成するものではない。むしろ，個人の PERMA を全体的調和の方向へ導くための方略を，多分野協働で模索していくのだと考えると，地域援助の新たな展開が期待できるのではないだろうか。例えば，社会的な資源の活用が得意なソーシャルワーカーと心理職が協働する際にも，大いに生かされるはずである。

（2）SDGs

　ここまで臨床心理地域援助における，ウェルビーイングを主とする関連概念について説明してきた。ここでもう 1 つ新たに，今日の社会的動向として重要な事柄を挙げておこう。

　持続可能な開発目標（Sustainable Development Goals：SDGs）とは，2001 年に策定されたミレニアム開発目標（MDGs）の後継として，2015年 9 月の国連サミットで採択された「持続可能な開発のための 2030 アジェンダ」にて記載された，2030 年までに持続可能でよりよい世界を目指す国際目標である。

　表 4 - 2 の 17 の目標のもと，169 のターゲットから構成され，地球上の「誰一人取り残さない（leave no one behind）」ことを誓うものである。17 の目標が一目でわかる世界共通のアイコンが作成されており，各国の言葉に翻訳されている。

　SDGs は発展途上国のみならず，先進国自身が取り組むユニバーサル（普遍的）なものであり，日本でも積極的に取り組まれている。

　SDGs の最も基本的なところは，世界の人々が平等に（例えば目標 10及び 16），生存権（例えば目標 1 ， 2 ， 3 ）を有するという理念である。

　これに付随する多くの目的を遂行するための支援の要素（インフラ）（例えば目標 9 ， 11 ， 12 ， 17 ）が用意されている。

　これらの目標に，世界が協働して取り組まねばならないのは，地球環境や社会というものは，人類の公共財産すなわちグローバル・コモンズだという理念に基づいたものである（安藤，2019）。一部の集団の利益

表 4 - 2　SDGsの 17 目標

目標 17 アイコン	目標の概要
1　貧困をなくそう	あらゆる場所のあらゆる形態の貧困を終わらせる。
2　飢餓をゼロに	飢餓を終わらせ食料安全保障。栄養改善を実現し，持続可能な農業を促進する。
3　すべての人に健康と福祉を	あらゆる年齢のすべての人々の健康的な生活を確保し，福祉を促進する。
4　質の高い教育をみんなに	すべての人に公正な質の良い教育を確保する。
5　ジェンダー平等を実現しよう	先進国，開発途上国ともにジェンダー平等を達成する。
6　安全な水とトイレを世界中に	すべての人々への衛生的な水の供給，持続可能な水の管理。
7　エネルギーをみんなにそしてクリーンに	すべての人々へ質の良い持続可能なエネルギーを供給する。
8　働きがいも経済成長も	適正な経済成長。雇用の促進，確保，働く喜びをもたらす。
9　産業と技術革新の基盤をつくろう	イノベーションの推進，産業化の促進，開発途上国へのサポート。
10　人や国の不平等をなくそう	各国間，各国内での不平等の是正，必要なサポート。
11　住み続けられるまちづくりを	持続可能な居住，さようならスラム地域。
12　つくる責任使う責任	持続可能な生産・消費。廃棄の極少化。
13　気候変動に具体的な対策を	気候変動とそれに対する緊急対策。
14　海の豊かさを守ろう	持続可能な海洋，海洋資源の保全。
15　陸の豊かさも守ろう	持続可能な陸域，森林の保全，生物多様性の維持。
16　平和と公正をすべての人に	持続可能な開発に向けての，平和な，治安のよい社会の維持・確保。
17　パートナーシップで目標を達成しよう	SDGsの展開，実施手段の強化。グローバルパートナーシップの推進・展開＝サポートとオーケストレーション。

のために，これらが侵されることがあってはならない。

　こうした地球規模の理念や倫理が必要とされることは，SDGsが策定されるずっと以前から，指摘されていた。すなわち，1970年代には，国連環境会議（ストックホルム会議）において，人間環境宣言がなされた。その中では，自然のままの環境と人によって作られた環境は，共に人間の福祉，基本的人権，ひいては生存権そのものの享受のために重要であることが明記されている。

　ここにおいて，SDGsの人間の健康や福祉（目標3）や，基本的人権，生存権と環境と資源の利用が，修復・再生産されるよう守っていくこと

が全て有機的につながっているものとして認識されているのだと理解できるであろう。

　そして，現在及び将来の世代のために人間環境を擁護し，向上させることは，人類にとって至上の目標，すなわち平和と，世界的な経済社会発展の基本的かつ確立した目標と相並び，かつ調和を保って追求されるべき目標となったと述べられている。ここでの人間環境とは，自然などの地球資源である。地球の資源は無限でないこと，このまま放置すれば，地球や人類社会の破壊を進めていくことになることを警告している。

　QOL の歴史に述べたように，世界は技術と経済の発展によって，生活の水準を格段に進化させてきたが，一方で格差を大きくしてきた。豊かな生活は，確かにウェルビーイングに必要だが，その豊かさとは何かを，私たちは再考し続ける必要がある。次世代へそれをいかにつなげていくか，それが問われている。

　以上を鑑みると，臨床心理地域援助は，地域社会とのつながり，あるいはコミュニティ感覚を重視した，心理的ウェルビーイングの向上を支援する特徴的なスタンスにおいても，SDGs と無縁ではなかろう。

　これまで，人間と環境との相互作用をベースに考えるエコロジカルモデルには，ともすると対人関係やコミュニティの風土といったものが強調されがちだったが，次世代性や自然環境などにも注意を払いながら，人々のウェルビーイングの向上に資する実践を模索し続ける必要があるだろう。

4. まとめ

　以上のように，本章では，臨床心理地域援助において重要な概念を学んできた。伝統的医学における健康概念から，WHO や国連などの世界規模で，人間の目指すべき良好な状態を捉える包括的な概念が生まれてきた。

　身体的な健康のみならず，ウェルビーイングを最良の状態として目指す考え方は，医療，福祉，教育，経済，産業などあらゆる分野で共有されており，心理臨床家が地域援助に関与する際に必須となろう。

　心理学においては，人のポジティブな強みに着目した援助のあり方の志向も強まっている。逆境にある人々への心理的援助を考える上でも，

重要な視点であろう。

　最後に，ウェルビーイングの向上を目指した，これからの多面的で多水準に渡る援助は，持続可能なものであるべきだと指摘した。SDGs の営みとして，臨床心理地域援助がますます発展することを願いたい。

🎸 **研究課題** ────────────────────────────

1．ウェルビーイングや QOL を用いた心理臨床的な研究を調べてみよう。
2．ポジティブ心理学の活用は，地域や社会でどのようになされているか，調べてみよう。
3．SDGs の 17 の目標は，各地域でどのような街づくりとして生かされているのか，調べてみよう。自治体のホームページなどでこれらがどの様に説明されているだろうか。
4．3 で見つけた地域における取り組みの中で，臨床心理地域援助として，どのような専門的な活動があるか調べたり，可能性を討議したりしてみよう。

引用文献 ▌

青木紀久代・壺井尚子・朝日香栄 (2008)．食育と心の教育：QOL の評価を巡って．家庭教育研究所紀要．30, 85-93.
安藤　顯 (2019)．SDGs とは何か？：世界を変える 17 の SDGs 目標．三和書籍.
荒川雅志 (2017)．ウェルネスツーリズム：サードプレイスへの旅．フレグランスジャーナル社.
Deci, E.I., & Ryan, R.M. (2008). Hedonia, Eudimonia and well-being : An introduction. *Journal of Happiness Studies*, 9, 1-11.
Diener, E. (2000). Subjective Well-Being. *American Psychologist*, 55(1), 34-43.
Diener, E., Suh, E., Lucas, R.E. and Smith H. L., (1999). Subjective Well-being : Three decades of progress. *Psychological Bulletin*, 125, 276-302.
Diener, E., Oishi, S. & Lucas, R.E. (2003). Personality, culture, and subjective well-

being : Emotional and cognitive evaluation of life. *Annual Review of Psychology*, 54, 403-425.

Dunn, H.L. (1961). *High-level wellness*. Arlington, VA : R.W. Beatty Press.

古谷野亘（2004）．社会老年学における QOL 研究の現状と課題．保健医療科学．53, 204-208．

外務省（n.d.）JAPAN SDGs Action Platform https : //www.mofa.go.jp/mofaj/gaiko/oda/sdgs/about/index.htm

Maslow, A. H. 1954 *Motivation and personality*. New York : Harper & Row, Publishers.

松田宣子（1999）．児童 QOL 評価の開発に関する研究：WHOQOL 100（成人版）に基づき作成した児童版評価を用いて　小児保健研究 58, 350-356．

中村伸枝・兼松百合子・遠藤巴子・佐藤浩一・宮本茂樹・野田弘昌・大西尚志・今田進・佐々木望（2002）．小学校高学年から中学生の生活の満足度（QOL）質問紙の検討．小児保健研究，61, 806-813．

小野伸一（2010）．幸福度の測定をめぐる国際的な動向について：新たな指標策定の試み．立法と調査．300, 178-195．

世界保健機関憲章　https : //www.mofa.go.jp/mofaj/files/000026609. pdf

Seligman, M.E.P. (1998). Building human Strength : sychology's forgotten mission. APA Monitor，29(1), 2.

Seligman, M.E.P., & Csikszentmihalyi, M. (2000). PositivePsychology. An Introduction. *American Psychologist*, 55(1), 5-14.

Sell, P. & Nagpal, L.R., (1992). Assessment of subjective well being : The subjective well being Inventory (SUBI), Regional health paper, SEARO, New Delhi : WHO Regional office for South East Asia.

柴田玲子・根本芳子・松嵜くみ子・田中大介・川口毅・神田晃・古荘純一・奥山真紀子・飯倉洋治（2003）．日本における Kid-KINDL^R Questionnaire（小学生版 QOL 尺度）の検討．日本小児科学会雑誌，107, 1514-1520．

田崎美弥子・中根允文（1997）．WHO/QOL−26 手引．金子書房．

国連人間環境会議（1972）．人間環境宣言．(https : //www.env.go.jp/council/21kankyo-k/y 210-02/ref_03.pdf)

WHO (1948) pps.who.int/gb/bd/PDF/bd 47/EN/constitution-en.pdf?ua=1

WHO (1995) WHOQOL-100 : Facet definitions and questions, (MNH/PSF/95.1.B. Rev.1, 1995)

参考文献

橋本公雄・藤塚千秋・府内勇希（編著）（2018）．アクティブな生活をとおした"幸福を求める生き方"：ライフ・ウェルネスの構築を目指して　ミライカナイ．

山本和郎（1986）．コミュニティ心理学：地域臨床の理論と実際．東京大学出版会．

5 | ソーシャルサポートと臨床心理地域援助

丸山　広人

　人々は，コミュニティの中で様々な対人ネットワークを張りめぐらしており，そのつながりの中で助けたり助けられたりしながら生活している。この相互の助け合いのことをソーシャルサポートという。臨床心理地域援助は，コミュニティで生活する人々のサポーティブなつながりを見つけ出して活性化させたり，つながりを新たに作り出したりしながら援助していくことが求められる。本章では，ストレスを緩和させるソーシャルサポートの働きや，ソーシャルサポートの多様な機能を理解し，相互に助け合うために集まるセルフヘルプ・グループの援助機能について考えてみよう。
《**キーワード**》　ストレス，ソーシャルサポート，援助要請行動，セルフヘルプ・グループ

1. ストレスとソーシャルサポート

（1）3つのストレッサー

　日常生活を送る上では，様々なストレスを感じるものである。このストレスを感じさせるものをストレッサーというが，何がストレッサーになるかは人それぞれである。ストレッサーは，日常の中に潜在的に埋め込まれており，それが顕在化して我々は対処を余儀なくされる。このストレッサーには大きく分けて3つあるとされている。

　1つ目は日常のこまごまとした雑事（daily hassles）である。家事や育児，学業や仕事，人間関係のトラブルや急な予定の変更，介護などに伴うストレスなど，日常生活の中で対処せねばならない雑事である。

　2つ目は，入学試験や就職活動，結婚や新居での生活，出産による生活の変化，引っ越し，子どもの巣立ち，配偶者との別れなど，人生において想定される生活上の出来事（life events）である。人生を歩んでい

れば多くの人が遭遇する出来事であり，新しい出来事によって生活が変化し，そこへの適応が求められる際のストレッサーである。

　3つ目は，戦争や紛争，地震や津波，土砂災害や河川の氾濫など，突然やってくる破局的な惨事（catastrophe）である。これらのストレッサーは，積み重なることによって心身への影響をもたらすことになる。

（2）知覚されたソーシャルサポート

　人はそれぞれ，自分の人間関係のネットワークを持っており，ストレッサーにさらされたときには，このネットワークに支えられて対処している。話を聞いてもらう，一緒に遊びに行って気分転換する，困っていることに関する有益な情報をもらって難を逃れるなど，様々なサポートをこのネットワークから得ている。このように対人ネットワークが人を支える機能をソーシャルサポート（social support）という。臨床心理地域援助では，心理職がクライエントを直接支援するというよりも，非専門家のもつ力を見つけ出し，そこにクライエントを繋げていくことによって支援するといった間接支援もしばしば行われる。箕口（2011）はそれを，既存のネットワークからサポートを引き出す，新しいサポート源をクライエントに繋ぐ，新しいサポート源を作る，サポートネットワークを調整するの4つに分類している。このような間接支援では，クライエントの対人ネットワークで働くソーシャルサポートの機能を理解しておく必要がある。

　ソーシャルサポートは，与える側から見るのか，与えられる側から見るのかによって見え方が異なっている。例えば，就職先がなかなか決まらず落ち込んでいる人，学業が伸びず悩んでいる人，大切な人を失って悲しんでいる人がいるとしよう。このような人々に対してどのようなことがソーシャルサポートになるのだろうか。

　叱咤激励されることが大いに役立つ人もいれば，反対にそれこそがさらなるストレッサーとして体験される人もいる。ただ一緒にいてくれるだけで慰められることもあれば，何もしてくれず事態は変わらないままなので，それがさらなるストレッサーとなるかもしれない。このように

何が効果的なソーシャルサポートになるのかについては，ストレスを抱えて困難に陥っている人が決めるという側面があり，サポートを受ける人がサポートとして知覚できたものがサポートになる。これを知覚されたソーシャルサポートという。したがって，「このサポートが万人に対して有効です」というものはなく，被支援者がどのような状況の中でどのような困難を抱えているのかを，丁寧に理解していくプロセスが大切となる。

　本章では，クライエントを支援するという実践的観点から，ソーシャルサポートの機能を考えていくこととする。

（3）Lazarus のモデルにおけるソーシャルサポート

　Lazarus et al.（1984/1991）は，ストレッサーがストレス反応を引き起こす過程において，認知的評価が果たす役割の重要性を指摘している（図5-1）。

　我々の生活は，適応を必要とする様々な変化に見舞われ，環境からの圧力を受けている。様々な潜在的ストレッサーにさらされているといえるが，そのどれもがストレス反応を引き起こすわけではない。自分の能力や経験を超えるとは感じられず，対処可能と判断できる場合にはストレス反応を引き起こすことはない。

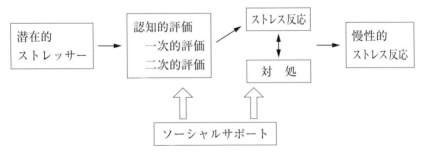

図5-1　心理学的ストレス過程とソーシャルサポートの関連

　しかし，出来事や環境の変化が自分のもつ個人的資質や対処するための有効な資源（対処資源）を超える可能性があるものとして捉えられた場合には，さらに詳細にストレッサーを評価する認知的評価が行われる。

まずは，そのストレッサーが自分にとってどの程度有害で脅威なのかの程度を評価する（一次的評価）。そして，それが有害刺激であると評価されると，次に，自分はその有害刺激に対処する有効な対処資源を持っているかの程度を評価する（二次的評価）。ここでいう対処資源とは，社会的スキル，お金などの物質的資源，心身の健康やエネルギー，ポジティブな信念や問題解決策などである。こういった対処資源では足りず，有害刺激に対して有効に対処できないと評価した場合に，ストレス反応が引き起こされる。それと同時に，ストレス反応に対処（coping）するプロセスも引き起こされる。この対処がうまくいって，ストレッサーを減じることができれば，ストレス反応はなくなるわけだが，うまくいかないと慢性的なストレス反応を引き起こすこととなる。

　この一連のプロセスの中で，ソーシャルサポートは，認知的評価過程および対処過程に影響を与えていると考えられている。様々な種類のソーシャルサポートを持っていると判断できる人は，サポーターたちの知恵や助けを得られると判断できるため，ストレス反応は緩和される。もし，二次的評価過程において，対処資源を超えると判断されたならば，ストレス反応が引き起こされるが，その時には，実際にソーシャルサポートが実行に移されるため，この働きによってストレスが緩和される可能性もある。ソーシャルサポートを多く持っている人は，有害刺激にさらされたとしても，それを緩和する可能性が高いということになる。

（4）ソーシャルサポートの緩衝効果

　Lazarus et al.（1984/1991）のモデルによると，同じストレッサーにさらされた場合，ソーシャルサポートを豊富に得られると評価できる人は，乏しいサポートしか得られないと評価する人よりも，ストレス反応を引き起こす可能性は低くなる。また，実際にソーシャルサポートが豊富に機能する人の方が，乏しい人よりもストレス反応は弱められる。つまり，ストレッサーにさらされた時に，ソーシャルサポートがそれを緩和する役割を果たすことになるが，これをソーシャルサポートの緩衝効果という（**図5-2 左**）。緩衝効果は，ストレッサーが小さいときには効果を

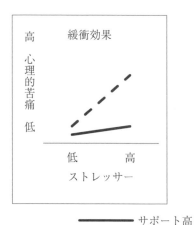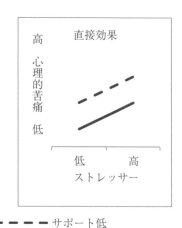

━━━━━━ サポート高　　━ ━ ━ ━ サポート低

図 5-2　ソーシャルサポートの緩衝効果（左）と直接効果（右）（福岡，
　　　　2006，p.109）

発揮しないが，ストレッサーが高まってくると，そのストレッサーを弱
めるように効果を発揮すると考えられている。有害刺激にさらされてい
ると，思考や判断がその刺激にばかり焦点づけられ，小さく限定された
範囲での対処を模索しがちになるが，そのようなときに，心理職が身の
回りにある対処資源を一緒に探したり，対処資源の量と質を増やしたり
することが支援になるであろう。

（5）ソーシャルサポートの直接効果

　先のモデルは，ソーシャルサポートが緩衝効果を持つと考えられたが，
もう1つの効果として直接効果も考えられている（図5-2右）。これは，
潜在的ストレスフルイベントとストレッサーそのものにソーシャルサ
ポートが影響していると考えるモデルである。ソーシャルサポート量が
多い人は少ない人よりも，ストレッサーを顕在化させないため，ストレ
スを感じなくてすみ精神的健康度は高い（心理的苦痛は低い）。反対に，
ソーシャルサポートが少ない人は多い人よりも，潜在的なストレッサー
をすぐに顕在化しやすいため，ストレスを感じやすく精神的健康度は低
い（心理的苦痛は高い）。有害刺激が大きくなればなるほど，ソーシャ
ルサポートが多い人も少ない人も心理的苦痛は高まり，精神的健康度は

低下するが，その低下量は，ソーシャルサポートが多い人は少なくてすむ。反対に，ソーシャルサポート量が少ない人の精神的健康度は，ずっと低下する傾向にある。

　直接効果は，ソーシャルサポートがあればそもそもストレッサーを感じにくいと考える一方，緩衝効果は，ストレッサーにさらされた後に効果を発揮すると考え，その前の潜在的ストレッサーには効果を発揮してないと考える（浦，1992）。臨床場面においては，ストレス反応を軽減する支援だけでなく，潜在的ストレッサーをそのまま潜在的なものにしておく予防的支援の両方が重要であるため，両方の効果があることを理解することが重要である。

（6）Dohrenwend の心理社会的ストレスモデル

　Dohrenwend（1978）は，ストレスの経過とストレスに関連する要因，そして介入のポイントと介入内容をも含みこんだ，心理社会的ストレスモデルを示している（**図5-3**）。認知的側面を重視した Lazarus et al. のモデルに対して，コミュニティ心理学の立場から取り上げられるモデルであり，臨床心理地域援助を考える上で示唆に富む内容となっている。

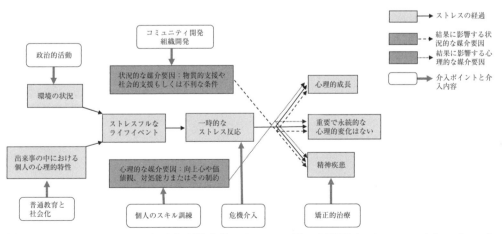

図 5-3　Dohrenwend による心理社会的ストレスモデルの説明（Dohrenwend（1978）p. 2）

　Dohrenwend（1978）のモデルでは，環境の状況と個人の心理的特性が
ストレスフルなライフイベントを生み出し，一時的なストレス反応を引
き起こすと考える。例えば，解雇というストレスフルなライフイベント
に遭遇したとする。これが勤務している工場や事務所の閉鎖によって引
き起こされた場合，環境に原因がある解雇と考えられるが，顧客とのト
ラブルが多く，失敗が続くことによって引き起こされた解雇である場合
は，個人の心理的特性に原因があると考えられよう。これらがストレス
反応を引き起こし，精神疾患と似たような症状を見せることになるが，
このモデルでは，そのストレス反応はあくまでも一時的なものと考える。
そして，そうであるからこそ危機介入による素早い介入が求められる。
　この一時的なストレス反応は，物質的支援やソーシャルサポートと
いった状況要因があるかないか，あるいは，向上心や価値観，対処する
能力といった心理的要因があるかないかに媒介されて，3つの結果を生
み出すとされている。1つ目は心理的な成長，2つ目はストレス以前の
状態に戻るだけで大した変化はない，3つ目が精神疾患に陥るというも
のである。ストレスは，何かを達成したりチャレンジする際には必ずつ
いてくるものであり，それへの対処によって新しいスキルを獲得したり，
思いがけない進路が開けたりという側面もある。心理援助を考える際に
は，ストレスが個人の成長可能性を高めたり，そのきっかけになったり
するという側面にも目を向けておきたい。
　このモデルでは，6つの介入ポイントを見出すことができる。政治的
活動は，貧困や差別などの不利な条件にさらされている人への支援であ
る。これにはコミュニティ心理学の中でも様々な立場があるが，Dohren-
wend（1978）は，精神疾患を患って心理療法を提供しなければならない
事態より，ずっと前からできることをすることであるとしている。普通
教育と社会化というのは，人生の中で出会う困難などをあらかじめ教え
ておくといったものであり，学校を例にとるならば，SNSの使い方や
注意点を教えてトラブルを防いだり，困ったときには援助を求めるよう
に教えるといった活動なども考えられるだろう。一次予防的な活動とし
て理解できる。コミュニティ開発や組織開発は，後述するセルフヘルプ・

グループ活動への支援や，立ち上げの手伝いなどが考えられ，個人のスキル訓練は，問題を抱えやすい人を対象に，ソーシャルスキルトレーニングを提供するといった活動が考えられる。矯正的治療という言葉は今ではほとんど使われないが，いわゆる心理療法が想定されている。

2．ソーシャルサポートの多様な機能

（1）ソーシャルサポートの種類

　ソーシャルサポートには様々な働きが見出されている（Scileppi et al., 2000/2005；橋本，2005）。困難に陥っている人は，余裕を失っていることが多く，自分の身の回りではどのようなサポート機能が働いているか，といったことにまで目を向けて，自らの状況や打開策を考えられない場合がある。そのため，どのようなサポートが機能しているのかについて心理職は目を配り，見出していくことも有効な支援となる。ここでは，ソーシャルサポートが果たす機能的側面について考えてみる。

　ソーシャルサポートの種類は，社会情緒的サポートと道具的サポートの2つに分けられることが多い（浦，1992）。ここでは，何がソーシャルサポートになるのかを見出す目をきめ細やかにするために，Scileppi et al.（2000/2005），橋本（2005）などを参考にしながらこの2種類をさらに詳細に検討してみよう。

・**情緒的サポート**：信頼や共感などが与えられることによるサポート。他者が自分の幸福を気にかけてくれていると信じさせてもらえるようなサポートであり，お互いが思いやっているであるとか，信頼できる人から共感されるということは，それだけで大きな支えとなる。

・**道具的サポート**：困難に陥っている人に対して，物やサービスを提供することによる直接的な支援。病気にかかった友人のためにご飯を作って届ける，忙しい母親のためにその子どもの送迎を請け負う，友人のお金を立て替えるといったことなどが道具的サポートとなる。

・**評価的サポート**：自らのふるまいを評価しそれでよいと肯定してくれたり，どこどこが悪いと指摘してくれたりというように，適切に評価を与えられることがサポートとなる。個人の行動や認知の適切さに関する

「リアリティチェック」となり，不適切な行為の修正や適切な振る舞いを継続するにために必要な支援となる。

・**情報へのアクセス**：ソーシャルネットワーク内のメンバーによって用いられている対処方略や，交換されている役立つヒントのような，情報へのアクセスをしやすくする働きもサポートとなる。

・**所属的サポート**：大学で授業を受けたり，職場で働いたりといったように，どこかに所属して日常生活を送るだけであっても，ある程度の心身の健康が保たれる。反対にそれがなくなると，孤独感が強まったり不安が高まったりする。

・**危機動員**：危機に陥った人への支援のために素早くはせ参じること。危機と関係しているストレスや問題を最小限にするように，その人の周りにある資源を総動員した支援。

　以上のように，ソーシャルサポートは様々な機能的側面を持ち，それが発揮されることは適応にとって有利に働くことが多い。しかし，サポートの送り手側には気をつけるべき課題があることも指摘されている。

（2）ソーシャルサポートの留意点

　ソーシャルサポートにはよい面がある一方，課題もあるといわれている。ソーシャルサポートにおける留意点について，Duffy & Wong（1996/1999）は次のようにまとめている。

・**参加者の問題**：ソーシャルサポートが機能するための条件として，提供する側に余裕が求められる。提供する側が自分も危機の中にいるときにはサポートを提供しにくい。だれしもがサポーターになれるわけではなく，いつでもなれるわけでもない。

・**バーンアウトの危険性**：サポートを提供する側が，自らの心身の状態を省みることなく，献身的に支援を行うことによって，燃え尽き症候群のようになってしまうこともある。長期的・継続的な支援が必要な場合は，被支援者との適切な距離感を考えながら支援することも求められる。

・**優劣関係**：サポートを提供する側，受ける側が明確な場合などは，その関係が上下関係のように受け取られることもある。このような関係が

築かれてしまうと，サポートを受ける側は劣等感を感じサポートを受けにくくなるだろう。サポートを提供する側が弱い人を助けることによって，自らの存在証明を得ようとしたり，優越感に浸ったりという関係に陥る危険性もある。

・**返礼の期待**：サポートを与える側が返礼を期待してしまうこともある。これだけ支援してあげたのだからという気持ちになると，返礼のないことに不満を募らせかねない。サポートの受け手には，相手のことを考える余裕がない場合があるということも理解しておきたい。

・**タイミングの問題**：サポートを提供する場合，最初はよいサポートになっていたかもしれないが，受け手が回復してきたにもかかわらず，同じ量のサポートを続けると，いつまでも相手を被支援者の立場に立たせてしまうことになる。そうすると，いつか受け手がサポートを拒否するとことにもなりかねない。いつサポートを引き上げるかというタイミングの問題も出てくる。

・**対人依存性による効果**：福岡（2006）は，心理的苦痛（抑うつ）に対するサポートの効果は，対人依存性の低い人のみに認められて，依存性の高い人では認められなかったことを報告している。他人に頼りたいという欲求を強く持っている人は，得られるサポート以上のことを求めがちになるため，その関係に満足できず，サポートを受けた効果を感じにくい傾向にあるという。

　以上のように，ソーシャルサポート自体には効果が期待できるが，実際のサポート関係においては細やかな配慮が求められる。

(3)　援助要請行動

　ソーシャルサポートが有効であることは研究で明らかになっているが，その機能を発揮しやすくするためには，困難に陥っている人が援助を求めることが有効である。逆に言うと，困難に陥っている人がサポートを求めないかぎり，周りのサポート機能は発揮されにくいという側面がある。困っているときに助けを求めることは当たり前であるようだが，そこでは複雑な心理が働くものであり，それが援助を求める行動（援助

要請行動，help-seeking behavior）を妨げることもある。

　例えばカウンセリングを受ける場合の抵抗感について考えてみよう。カウンセリングを受けるとなると，他人から心が弱い人，社会に適応できない人と見られているような気になるかもしれない。知らない人に自分の個人的な問題を話したとしても，理解してもらえないかもしれないと恐れることもあるだろう。自分の問題は自分で解決すべきだという信念が強い場合には，カウンセリングを受けること自体が屈辱となり，ますます悩みがこじれていくかもしれない。自らの感情をあるがままに感じることへの恐れや人間への不信感も考えられる（以上，古宮，2007）。このような心理が強い場合は，援助を求めるよりも求めない方がましと考えてしまい，援助要請を避けてしまう可能性がある。

　先に，サポートを与える側が返礼を期待してしまう点を指摘したが，援助を受ける側にも返礼しなければならないという心理が働くこともある。援助を与えてくれた相手に対して，申し訳ないという気持ちであるとか，相手に負担をかけてしまったという罪悪感を抱いた場合など，心理的な負債を感じるようなときである（松浦，1992）。我々の人間関係は，お互いが助け合いながら営まれているが，受け取るサポート量と提供するサポート量が一致している，互恵的関係の時に心身の健康が最も促進される（谷口，2006）。援助要請が妨げられるのは，否定的な結果を予測するからではなく，肯定的な結果が得られるということを十分に認識できてないからという指摘もあるので（永井，2017），援助要請をするとどのような良い結果に結びつくかを示す必要もあるだろう。

　援助要請行動やソーシャルサポートにおいては，サポートの関係性が上下関係になったり，サポートを提供する側と受ける側が一方的になったりする場合もあり，その時，うまく機能しなくなるという側面がある。このような関係性の課題を乗り越える活動として知られているのが，セルフヘルプ・グループ活動である。

3．セルフヘルプ・グループと援助機能

（1）体験的知識の活用

　不登校の子どもを持つ保護者や精神疾患を患っている人と話していると，自分と似たような経験を持っているクライエントの話を聞かせてほしいと頼まれることがある。困難を乗り越えた人の話には，専門家では語れない苦労や工夫があるだろうし，それこそは，わらにもすがりたい気持ちの人にとっては，貴重な参考意見になるからだろう。専門家が持つ科学的知識のように，生活場面から離れた細分化された知識ではなく，ある困難な体験に見舞われ，しかも，その体験の中を生き抜く過程を通じて獲得された知識は，包括的で実践的なものである。Borkman（1976）は，当事者が持つ知識を体験的知識（experiential knowledge）と呼んでいる。臨床心理地域援助においては，このような体験的知識の集積という視点も重要なものとなり，それを活用したのがセルフヘルプ・グループである。

（2）セルフヘルプ・グループ

　セルフヘルプ・グループ（self-help groups）とは，ある共通の問題に見舞われた個人あるいはその家族が，自分一人では解決できそうにない問題の解決，あるいは，その問題と共に生きていく力を得ていくために，自発的かつ意図的に組織化したグループであり（三島，2007），不登校親の会，自閉症児親の会，アルコール依存症者匿名協会などが知られている。これらは専門職からは独立した組織であり，持続的に定期的活動を行っている。

　従来のヒューマン・サービスは，暗々裏ではあるが，ニーズを持つ人やハンディキャップを持つ人を標準化することや保護することを目指してきたといえる。このような関係性においては，専門職が助けてくれる存在であり，私（被援助者）は助けられる存在であるというように，いつまでも受け身的で依存的立場に固定されることとなっていた。そうすると，医療関係者の指示を優先して，生活が固定化される結果になって

いったが，セルフヘルプ・グループは，これを反省し，自らの人生に統制感を回復しようという考えで営まれている。

（3）多様なメンバーの集合による効果

セルフヘルプ・グループは，当事者メンバーによって構成されているため，専門家との治療関係にはない柔軟な関係が認められる。皆が困難を抱え，体験的知識を持っているため，場面に応じて相手の抱える問題の解決に役立つ援助者になるときもあれば，逆に被援助者になるときもある。この関係は，援助を与えるだけではなく受けることも前提されるため，援助を受けることによる心理的負債感を弱めることにもなる。援助の受け手と与え手が共通の問題を抱えており，同じ境遇であるからこそ，深いレベルで実感を伴う共感と内的理解が得られやすい。

体験的知識を持っているメンバーが多く集まることによって，当然，役に立つ実用的な知識を多量に共有し財産化することができる（三島，2007）。あの施設ではこのような活動をしているであるとか，そのような問題は市役所の何課にいけばよいといったように，地域の有益な情報へのアクセスもしやすくなる。同じ困難でもそれぞれ個別性が高いということも分かることになり，個人的・個別的な状況をより明確に理解できることにつながる。同じ状況の人と比較した自分の個別的な状況を理解し，自分の長所・短所を把握することもできるだろう。被援助者は，いつまでこの苦しみが続くのかという先の見えない不安を抱えることが多いが，グループの中に困難を克服した人や，克服しつつある人がいる場合には，それらの人の話を聞くことによって，先の見通しがたちやすくなり，この不安を減じることに寄与するだろう。

以上のような効果によって，みんなそれぞれが困難を抱えており，それは自分だけではないということで孤立感や孤独感を減じられ，そのような人々が集まることによって，不当な偏見からも守られるという守りの効果も期待される。

セルフヘルプ・グループは，専門家とは独立して運営されるといっても，それを立ち上げる時や維持する際には，専門家の力が求められるこ

とも少なくない。また，そのような会に参加することは，恥ずかしさを感じたり，自分のことも話さなければならないのではないかと恐れを感じるがゆえに，足が向かない人もいる。そのような人は，個別に対応しつつも，折を見て参加を促すということをしていくうちに，あるタイミングで動機づけが高まることもあるので，たとえ参加を断られたとしても，時機をみてセルフヘルプ・グループへの参加を働きかけることも，臨床心理地域援助の1つとして考えることができる。

4．おわりに

　臨床心理地域援助においては，クライエントへの直接支援だけでなく，その地域でなされているサポート活動をクライエントと一緒に見出し，そこへの接続を考えていくといった，非専門家の力に期待した間接支援も求められる。その際にはソーシャルサポートが重要な鍵概念になるため，ソーシャルサポートがクライエントに果たす役割を理解し，また，非専門家同士のサポート関係であるがゆえの課題もあることを知った上で，支援することが重要である。

■ 研究課題

1．あなたの身近なストレッサーを取り上げて，それに対するソーシャルサポートの果たしている役割について具体的に考えてみよう。
2．援助要請を妨げる要因をいくつか挙げて，その対応策について考えてみよう。
3．セルフヘルプ・グループの利点と課題について考えてみよう。

引用文献

Borkman, T. (1976). Experiential Knowledge : A new concept for the analysis of self-help Groups. *Social Service Review*, 50 (3), 445-456.

Dohrenwend, B.S. (1978). Social Stress and Community Psychology. *American Journal of Community psychology*, 6 (1), 1-14.

Duffy, K.G., & Wong, F.Y. (1996). *Community Psychology*. Boston : Allyn and Bacon. 植村勝彦 (監訳) (1999). コミュニティ心理学：社会問題への理解と援助. ナカニシヤ出版.

福岡欣治 (2006). ソーシャル・サポート研究の基礎と応用：よりよい対人関係を求めて　谷口弘一・福岡欣治 (編著) 対人関係と適応の心理学：ストレス対処の理論と実践. 北大路書房. pp. 97-115.

橋本剛 (2005). ストレスと対人関係. ナカニシヤ出版.

小宮昇 (2007). 人はなぜカウンセリングを受けたがらないか　水野治久・谷口弘一・福岡欣治・小宮昇 (編) カウンセリングとソーシャルサポート―つながり支えあう心理学. ナカニシヤ出版. pp. 162-186.

Lazarus, R.S., & Folkman, S. (1984). *Stress, Appraisal, and Coping*. New York : Springer Publishing Company. 本明寛・春木豊・織田正美 (監訳) (1991). ストレスの心理学：認知的評価と対処の研究. 実務教育出版.

松浦均 (1992). 援助者との関係性が被援助者の返報行動に及ぼす影響　名古屋大學教育學部紀要　教育心理学科, 39, 23-32.

三島一郎 (2007). セルフヘルプ・グループ. 日本コミュニティ心理学会 (編) コミュニティ心理学ハンドブック. 東京大学出版会. pp. 218-235.

箕口雅博 (2011). 改訂版　臨床心理地域援助特論. 放送大学教育振興会.

永井智 (2017). これまでの援助要請・被援助志向性研究. 水野治久 (監修) 永井智・本田真大・飯田敏晴・木村真人 (編) 援助要請と被援助志向性の心理学：困っていても助けを求められない人の理解と援助. 金子書房. pp. 14-22.

Scileppi, J. A., Teed, E. L. and Torres, R. D. (2000). *Community Psychology* : A Common Sense Approach to Mental Health. New Jersey : Prentice-Hall. 植村勝彦 (訳) (2005). コミュニティ心理学. ミネルヴァ書房.

谷口弘一 (2006). ソーシャル・サポートの互恵性と適応：個人内および個人間発達の影響　谷口弘一・福岡欣治 (編著) 対人関係と適応の心理学：ストレス対処の理論と実践. 北大路書房. pp. 117-134.

浦光博 (1992). 支えあう人と人：ソーシャル・サポートの社会心理学　サイエンス社.

6 │ エンパワーメントと臨床心理地域援助

│ 平野　直己

　臨床心理地域援助において，重要な概念の1つにエンパワーメントがある。最初に，この概念の持つ意味の多義性とともにカヴァーする次元の広さを検討する。次に臨床心理地域援助としてエンパワーメントの実践に取り組む際に，個に対する視点を常に持ち続けることの重要性を強調した上で，もう1つの鍵概念であるストレングスについて紹介する。以上を踏まえた実践例として，筆者が行ってきた居場所づくりの取り組みを紹介し，エンパワーメントの実践の展開とそこから生まれた学びとアイデアについて論じる。
《**キーワード**》　エンパワーメント，ストレングス，居場所づくり

1. エンパワーメントとは

（1）はじめに

　自分は何をしたってうまくいくわけがないし，評価されないだろう。自分たちが声をあげたところで，誰も耳を傾けてくれるわけがない。自分が何かアクションをしても，私たちのまわりや社会は変わりはしないに決まっている。そんなことで諦めてしまっている人はいないだろうか。また，こんな感じで諦めてしまっていることが，あなたにはないだろうか。

　私たちのまわりには，偏見や差別を受けることで，安心や自由や権利を脅かされて，生きる意欲を失いそうになっている人がいる。あるいは病気や障害に関する周囲の無理解に苦しんでいる人がいる。

　こうした諦めや生きにくさを抱える人たちが，本来の力や主体性を取り戻して，さらには自分の周囲で起こっている問題を自分たちの力で解決していこうと立ち上がるために，私たち心理専門職にできることはないだろうか。

　エンパワーメントは，こうした問題意識の中から生まれた支援の概念

である。臨床心理地域援助の理論的な支えであるコミュニティ心理学では，中核をなす価値の１つとなっている。

（2）エンパワーメントの定義をめぐって

では，エンパワーメントとは何か。つまりエンパワーメントの定義を示そうとすると，途端に深みにはまってしまう。

この深みを共有してもらうために，**表6-1**に，様々なエンパワーメントの定義を挙げておくことにしよう。

表6-1　エンパワーメントの様々な定義

> ・人々，組織，コミュニティが自分たちに関係する諸問題を克服する１つのプロセス。(Rappaport，1987)
> ・人間が自らの問題を自らで解決し，自らの生活をコントロールする力を得て，生活に意味を発見するプロセス。(生島，2004)
> ・私たちがそれに向かって努力する目的。人々が自分のニードを満たす力を持っており，他者たちと力を合わせて共同の目標に向けて前進すべく活動できる力を持っている状況。(Prilleltensky et al. 2001)
> ・人が自分のまわりの環境に影響を及ぼす能力と権利を有するという感覚を持っていること。(Lee，1999/2005)
> ・コミュニティの中で，自分の人生，社会政治的環境への決定的な気づき，民主的な参加に対するより大きな統制を持つに至るメカニズム。(Perkins & Zimmerman，1995)
> ・自らの内なる力に自ら気付いてそれを引き出していくこと，その力が個人・グループ・コミュニティの3層で展開していくこと。端的に言えば，能力の顕在化・活用・社会化。(三島，2007)

ある者はエンパワーメントを「プロセス」とみなし，別の者は「目的」と定義し，エンパワーメントを「感覚」や「メカニズム」や「状態」と考えている者がいることがわかるであろう。また，エンパワーメントがなされる対象も，個人であったり，人々，集団，組織，コミュニティで

あったりする。さらに，そこでのパワー（力）についても，自己肯定感
の向上や無力感の軽減・消失といった心理的な面に焦点を当てている者
もいれば，例えば外部に訴える，市民活動に参加するというような具体
的なアクションに注目する者もいる。

　こうしたことは，心理療法をはじめとした様々な臨床心理学に基づく
援助で有用とされる概念において，しばしば生じることである。とりわ
け，個人だけでなく，家族や学校・職場といった環境や組織，そしてそ
れらの環境を抱える地域，さらには行政・制度・法律・政策にまで至る
様々な次元を視野に入れながら実践を行うコミュニティ・アプローチに
おいては，その地域やシステム内の人間関係などといった文脈によって，
異なるニュアンスで同じ概念が用いられるので，概念を定義することは
一筋縄ではいかないのである。

　したがって，エンパワーメントを論じるにあたっては，ある有力な研
究者の定義（とその変遷）を紹介することがしばしば行われる。例えば，
三島（2007）は Rappaport のエンパワーメントの定義の変遷・展開を
丁寧に紹介している。本章の末尾（100ページ）に掲載した池田による
コラムでは，Zimmerman によるエンパワーメントを個人・組織・コ
ミュニティという3つのシステム区分（分析レベル）と，過程か結果か
という区分から整理するアプローチについて紹介している。

（3）エンパワーメントの次元

　エンパワーメントの実践は，個人から組織や地域にとどまらず，さら
には制度や政策に至るまでの広がりを持った次元で取り組まれる可能性
を持つものである。Cox & Parsons（1994/1997）は，その介入の焦点
を個人的次元，対人関係的次元，環境的及び組織的な次元，社会政治的
次元の4つの次元に分類している。これを参考にエンパワーメント実践
をまとめると次のようになるだろう。

①　個人の次元

　対象者が自己に対する信頼を回復するような方向で，あるいは自分自
身と向き合い，自分が価値ある信頼できる存在であることを感じられる

方向での支援を行うものである。

　具体的な取り組みとしては，カウンセリング的なアプローチを挙げることができる。しかし，エンパワーメントの実践におけるカウンセリングのフォーカスは，対象者の問題，課題，病理，障害などに向かうのではなく，対象者の持つストレングスに向けられるのが特徴である。このストレングスについては，後に触れることにする。

②　対人関係の次元

　同じ問題意識や困難，苦しみを抱えた人々との出会いや語らいを通して，つながり，連帯することで，互いに支え合う関係を育む取り組みである。具体的には，セルフヘルプグループ（自助グループ）を挙げることができる。

③　環境・組織の次元

　自分の置かれている環境を見渡してみたり，自分と組織や地域との関係を検討してみたり，今までよりも地域に能動的に関わってみる中で，自分の権利に気づき，自分の権利を適切な方法で主張する方向性をもった支援の取り組みである。具体的には，セルフ・アドボカシーと呼ばれる，自分の権利を主張する力をサポートする活動を挙げることができる。

④　社会・政治の次元

　対象者（たち）が市民の意識を喚起する活動をしたり，制度や法律，さらには政策に向けて提言をしたり，新たに社会資源を作り出す活動に参加をしたりするなど，自分たちの訴えを運動として組織化する方向での支援の取り組みである。具体的にはソーシャルアクションと呼ばれるようなコミュニティの組織化をサポートする活動を挙げることができるだろう。

2．エンパワーメントの地域実践に向けて

（1）"臨床心理的"地域実践とエンパワーメント

　先にあげた4つの次元を，個人→対人関係→環境・組織→社会・政治と進んでいく「段階」や「ステップ」とみなすこともできる。しかし，私たち心理専門職の専門性は，"その人の心"に置かれているとするな

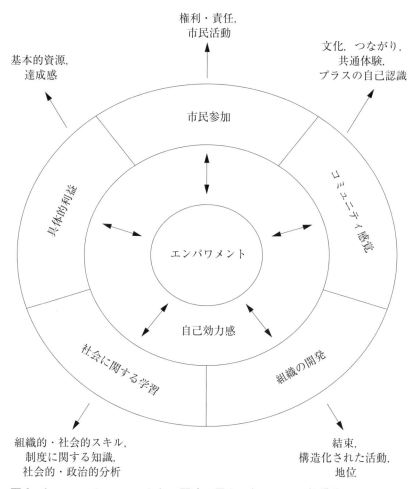

図6-1　エンパワーメントとの関連で見たコミュニティ組織化の目的
（Lee（1999）武田・五味（訳）p.70）

　らば，個人への焦点づけを常に忘れてはならないと筆者は考える。した
がって，心理臨床における地域実践という文脈で考えるならば，その人
（たち）が自分の心にある想いをまわりの環境に働きかけることで，そ
の想いに関心を持ち，応答する人がいることを知り，その地域で生活す
ることを楽しむことができることからエンパワーメントの実践をはじめ
たい。そして，自分は無力ではなく，影響を及ぼす能力と権利を持つ存
在であることへの気づきを促すことに向かっていく取り組みをどのよう

に創造するかが，臨床心理地域援助の醍醐味だと言えるだろう。

　Lee（1999/2005）は，「ある目的のもとに人々が集い，そのグループの人たちの生活になんらかの変化や発展をもたらそうと努力を重ねること」をコミュニティの組織化と呼び，この組織化に取り組む実践をコミュニティワークと呼んでいる。エンパワーメントは，このコミュニティワークを手段として目指すものの１つであり，支援者がエンパワーメントに向けて取り組むことによってコミュニティに生じる具体的なターゲットとして①市民参加，②コミュニティ感覚，③組織の開発，④具体的利益，⑤社会に関する学習の５つを挙げている（図６−１参照）。

（2）エンパワーメントとストレングス

　コミュニティ心理学ないしはコミュニティへの心理臨床的アプローチの成立背景として，病理や障害や欠陥に注目し，その治療・改善・矯正を目指す支援アプローチに対する批判がある。山本（1986）は伝統的心理療法家との対比で，コミュニティ心理学の発想を持った心理臨床家の特徴を論じる中で，伝統的な心理療法家が弱い側面の変革，つまり病理や障害といった対象者の"弱さ"とされる部分を治療・改善することを重視するのに対して，その対象者の強い側面の活用と強化，ならびに資源の利用を重視することがコミュニティ心理学的心理臨床家を特徴づけると主張した。

　エンパワーメントに焦点づけたコミュニティでの実践においても，対象者の持つ能力，成長可能性，自然治癒力，経験や知恵，希望，夢といった"強さ"に焦点を当てる。これをストレングス視点と呼ぶ。

　Saleebey（1996）は，ストレングスの具体的な内容として，次のものを挙げている。①人々が苦しみに対処する中で学んできたこと，②個人の資質，特性，長所（ユーモア，思いやり，創造性，忠実さ，洞察力，自立性など），③生活経験を通して学んできたこと，④個人の才能や潜在的な才能（楽器演奏，料理，物書きなどの好きなこと，得意なこと），⑤人から人への語りや言い伝え，⑥プライド，特に「サバイバー・プライド」，⑦コミュニティにある物理的，対人関係的，制度的な豊さ，⑧

自己成長とつながるスピリチュアリティ。

　確かにこのリストはその者の長所やほめどころのようなものを検索する上で役に立つ。しかし，ストレングスの視点を持つことの強みは，欠点や短所，症状や問題とされているものの中にこそ，ストレングスがあるという観点を持つことだと筆者は考える。この点は，この後の実践例のところで取り上げることとしたい。

3．居場所づくりの実践からみたエンパワーメント

（1）居場所づくりの端緒

　心理専門職として，私たちはこの地域の力に資する活動をどのように展開してきているかを知ってもらうために，筆者自身が関与した人口8万人ほどの町での居場所づくりの実践を紹介したい（平野, 2006；2007；2020）。

　筆者は東京で子どもの心理療法，プレイセラピーの実践と訓練を経て，北海道の大学に勤めることになった。大学では地域住民対象の心理教育相談室を開設し，子どもへの心理療法とその子を支える保護者や教師のガイダンスを行っていた。

　心理専門職としての支援の目標の1つは，その個人が主体的に生きていくことを応援することである。プレイセラピーを通して，安全で安心な場所を提供するとともに，その子どもがこの空間を安全で安心な場所であると実感しはじめると，だんだんその子らしさをいろいろな形で表現しはじめることを私たち心理専門職は知っている。例えば「ギターを弾けるようになりたい」「写真を撮りたい」「野球をやりたい」などと言いはじめることがしばしば生じるのである。こうした子どもの訴えに，心理専門職として応援をするのが，プレイセラピストの役割でもある。そのおかげで，筆者もそれに応えようとギターを練習して弾けるようになってみたり，テレビに出てくるキャラクターの絵をかけるようになったりしたこともあった。

　ある日のことである。ある女の子がセラピーの中で回復していく過程の中で，「ヒップホップを踊りたい」と筆者に打ち明けた。当時の筆者

はそもそもヒップホップとは何かさえ知らなかった。地域のある集まりで地域の青年会議所の人たちにヒップホップをこの地域で教えてくれる人はいないかと尋ねてみたところ，「それだったらどこどこに教室があるよ」と紹介してくれた。そしてその子はその教室に熱心に通い，そこで出会った仲間たちと意気投合して遊ぶようになっていった。私一人だったらできることは少ないけれども，こうして地域を見回すと応援してくれる人たちが意外といるのではないかと考えたのが，居場所づくりのきっかけであった。

　筆者の仕事である子どもの心理療法をはじめとする心理支援は，子どもたちの「思いを形にしていくこと」ということができる。そして，8万人ほどの小さな町でも，そんな子どもたちを応援してくれる人たちがいる。地域に応援してもらえると，子どもはその地域を愛するし，ここでやっていこうという気持ちになっていくだろう。

　さらに考えていくと，思いを形にするという発想は，子どもだけではなく大人にとっても必要としているものではないか。これまでは心理療法ということで面接室にとどまっていたが，北海道のこの地域にはまだ心理療法やカウンセリングという地盤や文化が育っているとは言いがたく，むしろ地域の絆が強く，その強いネットワークに支えられている面が多くある。都市部とは異なるネットワークの強みをメンタルヘルスのためにうまく活用することはできないだろうか。そこで，地域の人たちと一緒に勤務先の大学近くに一軒家を借りて，自由な交流の場であるフリースペースを作ることにしたのである。

（2）フリースペースが目指す2つの課題

　このフリースペースをはじめるにあたり，2つの機能を醸成することを課題に設定した。第1の課題は，その人たちが主体的に動いてみる，行ってみる，やってみる気持ちになれる雰囲気を作ることである。つまり，主体的にモノが言える場を目指すのである。これをセキュアベース機能と名付けた。具体的な取組みとしては，この場所にいるスタッフたちがリラックスしていること，楽しく過ごせることであった。

　これだけでは思いを表すことはできても，「形にする」ことがうまくいかない。そこでもう1つ大事なことは，「言ってみたい，やってみたい気持ちを応援する」機能である。これをポテンシャルスペース機能と名付けた。これは主体的な思いに応答して，応援する懐の深さをどう作るかということである。誰かの言ってみたい・やってみたい気持ちに応答してくれる地域のリソースをどう発見し発掘するかが具体的な取組みとなるのである。

（3）フリースペース・ユリーカ

　フリースペースの名前である「ユリーカ」とは，アルキメデスが比重の概念を発見した折に叫んだ言葉として知られており，ギリシャ語で，何かを見つけたり，思いついたりしたときに発する歓喜を意味する。「年齢や性別や立場などを越えて様々な人たちが自由に集まり，語らい，交流する場を用意して，そこでの出会いや関わりを通して，"こんなことをしてみたい，こんな風になりたい"などの思いを形にしていくこと」を基本的な理念として，2001年4月に民家を改装し，フリースペースをはじめ，筆者が転勤となる2008年まで続いた。開室時間は月曜から金曜の10時から15時。主宰である筆者は大学教員として働いているので，部屋を管理してくれる人（主（ヌシ））を募り，交代制で開室した。主（ヌシ）としてボランティアスタッフになった人たちは，筆者の勤務する大学の学生や大学院生，主婦，おじいちゃん・おばあちゃん世代の方のほか，生命保険の外交員や会社の経営者の方も協力してくれた。また，就職先でつまずいてしまい医療機関などで治療を受けて回復はしたものの，社会に向けて再チャレンジする一歩手前で戸惑っている若者もこの場所を利用するようになり，その中から主（ヌシ）として協力する人も出た。

　開室後ほどなく，様々な事情で学校に通うことに戸惑いや困難を感じている子どもたちとその親がユリーカを「居場所」として用いるようになった。そして，この場所に来ていることを学校や教育委員会に認めてもらいたいという子どもたちの声を受けて，その町と北海道の教育委員

会に働きかけを行い，フリースクールとして認められることになった。このような形で，利用する人たちの声に基づいて活動は展開していった。主要な柱である３つの活動を紹介する。

① フリースクール部門

フリースクールの活動は，基本的に毎日一緒に大皿料理を作って，お昼ご飯を一緒に食べることだけが決まっていた。あとは，そのときの主（ヌシ）や来室する子どもたちの得意とすることや趣味を活かして，様々なイベントを企画した。例えば，町の施設である茶室を借りて，茶道を習っている中学生からお茶の立て方を教わる「お茶会」や，近くの原生林に散歩に出かけたり，大学の体育館を借りてサッカー部の大学生たちとフットサルをしたりというように，である。

毎月，学校や教育委員会に子どもたち一人ひとりの活動の様子を報告書の形にまとめて届けるうちに，ある小学校は校長の裁量で学期末の通知表に「欠席○日，ユリーカ○日」と書いてくれるなど，ユリーカへの通室を認めてくれるようになった。このように学校からの理解が少しずつ得られるようになると，ユリーカには，登校に疲れた時や，楽しみなイベントがある時にユリーカの活動に参加する子どもが多くなった。

② 語らいの集い

フリースクールがセキュアベース機能に重きをおいた活動であるのに対して，「語らいの集い」はポテンシャルスペース機能を育む活動である。具体的な中身は，月１回金曜日の夜に飲食物を持ち寄って開催される交流会である。毎回，地域でユニークな活動をしている人たちを，「肴（サカナ）」と呼ばれるゲストスピーカーとして招き，講話をしてもらうことで，"ユリーカ"のサポーターに加わってもらった。これはポテンシャルスペース機能を高める上で効果的であった。金曜日の夜なので，子どもたちも家族も参加ができた。参加者は，学生や学校の教員の他に，農家の経営者，ラーメン店主や，建築会社や印刷会社の社員，市役所職員，新聞記者，青年会議所のメンバー，主婦，会社員，詩人，市議会議員，フリーターなど実に多様な面々が参加してくれた。

この集まりの中で，例えば「虫が苦手なシングルマザーの家庭に育つ

昆虫大好きな男の子の虫取りに付き合ってくれる人はどこかにいない
か？」などと投げかけると「近くに若い昆虫学者がいるから，この次の
集いに誘うよ」と応答があったりする。夏休みに子ども対象のキャンプ
を運営している大学生たちが肴（サカナ）として話をした折には，その
夏のキャンプはあいにくの悪天候だったため，メインのイベントとして
計画していた巨大オムレツが作れなかったと報告した。すると，参加し
ていた大人たちがその場で資金提供を申し出て，週末に巨大オムレツづ
くりを実施することになるなど，この集いは「思いを形にする」懐の深
さとして機能した。

　③　**広報活動**

　ユリーカの活動に参加や支援をした人たちには，ユリーカのメーリン
グリストへの参加を呼びかけ，活動の報告や地域や大学で行われる各種
イベントの紹介を行った。メーリングリストには200名以上が登録され
ており，不登校や引きこもりの当事者と家族の方々も多くいて，今まで
応答のなかった若者からイベント参加の連絡が届くこともしばしばあっ
た。

　また，広報活動として，ホームページやブログを作成し，フリースクー
ルの活動や語らいの集いの報告を更新する他に，ユリーカの運営を資金
面で支える賛助会員も募集した。会員にはニューズレター「ユリーカ通
信」を配布した。

（4）　実践に見られるエンパワーメント

　では，このフリースペースにおいて，具体的にどんなことが起こるの
か。いくつかの具体事例を挙げることにしたい。自分が思いを語ること
が保障される場所で，自発的な活動が生じ，そこに地域のメンバーが懐
の深さを発揮して力を提供するというエンパワーメントのプロセスに注
目してもらいたい。また，前述の「エンパワーメントの次元」のどこに
これらの事例のエピソードが位置づけられるか，それぞれ考えてみても
らいたい。

ヴィネット1：中学3年生の女子グループ

　毎年2学期も終わりに近くなると、高校進学を控えてなお不登校状態にある中学3年生の来室が多くなる。この年も、中学3年生の女子がいくつかの中学校から来室し、いつしかグループを作り、2階の1室を占領してアイドルの音楽を流しながら、コソコソとおしゃべりをする毎日が続いていた。

　ある日、そのグループの一人が2階から降りてきて、筆者に「先生を面接のプロと見込んで頼みがあるのだけど…」と相談をしてきた。高校を受験することにしたので、面接の練習をしたいのだという。筆者は採用面接については全くの素人である。そこで語らいの集いとメーリングリストを通じて、面接指導の協力者の募集を行ったところ、ある中学教諭が手をあげてくれた。筆者は早速X中学校のヤマダ先生が協力してくれることになったことを女子グループに伝えると、教師への不信から不登校になったヨウコは戸惑いを示したが、他の仲間の働きかけで模擬面接に参加することになった。

　このヤマダ先生はヨウコたちに対して熱心に丁寧に面接指導をしてくれた。その指導の中でヤマダ先生は、受験面接では長期欠席の理由を尋ねられることがあるけれども、どう答えるかを考えるためにも、まずは本当のところを聞かせてもらえないかとヨウコたちに率直に問いかけた。ヨウコは中1の時に担任教諭に裏切られたと体験するような出来事があって以来、先生たちに対して強い不信感を持っていることをヤマダ先生に打ち明けた。それぞれに自分たちなりの不登校の理由を打ち明けた後で、ヨウコたちは、どのように答えたら学校に良い印象を与えられるかとヤマダ先生に尋ねた。彼は「むしろ今日自分に打ち明けてくれたことをそのまま伝えてみたらどうだろうか。反対に高校の方がそれに対してどんな気持ちで受け止めてくれるかを君たちの方で確認したらいい。」と答えた。

　このような面接練習の成果もあって、全員が希望した高校に合格した。ヨウコは通信制の高校に入り、充実した高校生活を送ることができている。おそらくヨウコにとってヤマダ先生との関わりが教師に対する修正

体験となったのだろう。

ヴィネット2：夏祭りでの販売体験

　ユリーカをはじめて3年以上経つと，中学卒業後も通室する子どもたちが徐々に増えてきた。彼らは「アルバイトをしたくても，通信制や定時制に通う高校生や，高校中退者では雇ってもらえない」「笑顔で『いらっしゃいませ』と言えない自分には働く機会が得られない」と訴え，何か職業体験のチャンスが欲しいと訴えてきた。

　そこで筆者は語らいの集いやメーリングリストを通じて，職業体験や職業訓練の場所はないかと地域の大人たちに声をかけた。手をあげてくれたのは，造園業を営むウメちゃんだった。彼の提案は，自分の仕事を手伝わせてもきっとつらくなって逃げ出してしまうだろうから，お祭りの出店を一緒にやらないか，というものだった。早速ユリーカのメンバーにお祭りでの販売体験を知らせると，中学卒業後のメンバーばかりではなく，小学低学年の子どもまで15名以上も参加したいということになった。この中には，限られた人や家庭以外の社会的な場所では，極端に緊張し，話せなくなる場面緘黙（かんもく）の中学生・ジュンもいた。

　お祭り当日。最初のうちこそ「いらっしゃい」の声を出せない，仕事も指示待ちで身動き取れないメンバーたちだったが，時間と回数を重ねるごとに誰が指示するわけでもないのにせっせと店の準備をし，小学生の子どもたちは「いらっしゃーい！」とかわいい声でお客を呼び込み，大人とかかわるのが得意な女子たちは出前の注文を取りはじめ，人前に出るのが苦手なメンバーは裏方として働くというように，それぞれに自分の仕事を見つけ出していた。ジュンは金庫の前にどっかと座り，緊張で身体をこわばらせながらもお金の出し入れのたびに金庫を開閉するボタンを押す役割を担当した。

　お祭りの終わりに，ウメちゃんは，皆の働きぶりにとても感動したと子どもたちに話してくれた。彼がお祭りの出店をやり始めたのは，家業を継ぐにあたって，恥ずかしがりの自分の性格を克服したいという気持ちからだった。その最初のお祭りで自分は「いらっしゃい」と声を出す

ことすらできなかったのに，ユリーカのメンバーが自分で自分の役割を見つけて元気に働く姿を目の当たりにして，不登校児についての脆弱で否定的なイメージが変わったと告白してくれたのだった。

　ウメちゃんはその後，地域の子どもたちを対象としたイベントを積極的に企画運営するようになっていった。

（5）ユリーカの活動からのスピルオーバー効果

　主体的な思いに協力していこうとするユリーカの活動は，他領域の様々な活動と結びつきやすいことから，さらに広がりを生むに至った。このように，ある活動が本来の目的外の他の活動に意図せず影響を与えることを，スピルオーバー効果（spillover effect）と呼ぶ。

　例えば，総合型地域スポーツクラブを作ろうという体育学の大学教員の発案に筆者と養護学校教諭が協力する形で，週末に大学の体育館を開放して地域の家族や子どもたちが色々なスポーツを楽しんだ。そこにはユリーカの子どもたちも積極的に参加していた。

　また，地元の高校を卒業しそれぞれに異なる大学に通う学生たちを中心として結成されたボランティア集団が立ち上げられ，彼らの高校時代の担任教諭と地元の精神科医とともに筆者も顧問として協力をすることとなった。彼らは，ユリーカのメンバーの子どもたちの学習をサポートしてくれたり，筆者が運営する大学内にある心理教育相談室に通う子どもたちのメンタル・フレンドとして，遊びに連れ出してくれたり，スキーや水泳の指導をしてくれた。

　もう1つ，ユリーカの主（ヌシ）として手伝ってくれていた大学生の中から，キャンプを中心とした野外活動や冒険教育などに関心を持つグループが生まれ，児童生徒やPTAを対象とした講演や研修会に筆者とともに講師として参加し，体験活動を実施した。その後彼らは自分たちでキャンプを主催し，地域の子どもたちに野外体験プログラムを提供した。

　さらに学校との関係においても，異なるからこそ協力しあえるというユリーカのスタンスが受け入れられるところで，ユニークな協働関係が

成立した。例えば，中学進学を控えた春休みに中学校探検ツアーという
タイトルで学校見学をユリーカで企画し，入学予定のメンバーや興味を
示した他の小中学校に所属するメンバーが，校長をはじめとした学校ス
タッフから歓迎を受ける機会が生まれた。また，収穫祭や体育大会など
の学校行事にユリーカのメンバーを招待してくれるということも生まれ
るようになった。

4．おわりに：自分の弱さや課題にあるつながる力

　結局のところ，地域援助の現場が目指すことは，人と人とのネットワー
クづくりである。エンパワーメントは人が社会とつながる勇気を育てる
ことなのである。

　では，人と人とがつながる上で重要な資質とはなんだろうか。それは，
自分ができないことや苦手なところ，不完全であったり，不器用なとこ
ろにその可能性が隠されているのである。こうした側面を持つことで，
人は地域の人々の協力を生み出すことができるからである。また，人生
でつまずいたり，傷ついたり，疲れ果ててどうしようもなくなってしまっ
た機会にこそ，目が開かれ，今まで出会うことのなかった人の存在に気
づけたり，同じ痛みや傷を持つ人たちの存在に気づけたりするのである。

　こう考えると，私たちが否定的に考える特性や事態もまた，その人の
ストレングスになる可能性を持っていると言うことができないだろう
か。

　それぞれの不完全さや不器用さを支え合い，補い合うことで生まれる
ネットワークこそ，地域実践の強みと力なのである。

コラム　コミュニティ心理学におけるエンパワーメント

池田　琴恵

　エンパワーメントとは,何らかの社会変革を目指すコミュニティや組織,人々の力（power）に注目した，非常に包括的かつダイナミックな概念である。エンパワーメントという言葉は心理学に限らず多くの分野で注目されており，その歴史的背景となった人権運動・ジェンダーにとどまらず，国際協力（国際開発）・地域開発・組織論や経営学・ソーシャルワーク・教育・保健医療・健康教育など多岐にわたっている。

　エンパワーメント研究では，コミュニティ心理学者である Rappaport や Zimmerman が大きく貢献した。コミュニティ心理学におけるエンパワーメントの定義をみると，Rappaport（1987）は，「人々や組織，コミュニティが自分たちの問題をコントロールする力を獲得するプロセスもしくはそのメカニズム（p.122）」と定義している。日本でのコミュニティ心理学の発展を牽引した山本（1997）は，「エンパワーメントの概念は自治の精神にもとづいて，受動的な存在でなく自分たちの問題を自分たちで能動的に変えていこうとし，しかも変化させていくための資源を周りから引き出すために，自発的に参加し自己決定していくという発想をもっている」とし，「環境との適切な折り合いをつけるために，環境側に積極的に働きかけ，環境から個人に適切な影響を受けるよう，環境側の変化を求める力を個人が獲得することにある」と述べている。

　このエンパワーメント概念においては，（1）プロセス（empowering processes）とアウトカム（empowered outcomes）に区分すべきとする考え方，（2）個人，組織，コミュニティという分析レベルに分けるべきとする考え方がある。

　Zimmerman（2000）はこれらの2つの主張を整理し，個人・組織・コミュニティという分析レベルを縦軸に，プロセス（過程）とアウトカム（結果）を横軸とする表のマトリックスを提案している。

表6-2　分析レベルごとのエンパワーしていくプロセスとエンパワーされた結果の比較（Zimmerman, 2000, p.47）

分析レベル	過程（エンパワーする）	結果（エンパワーした）
個人	意思決定スキルの学習 資源の活用 他者と共に働く	統制感 クリティカルな気づき 参加行動
組織	意思決定への参加の機会 責任の共有 リーダーシップの共有	資源獲得のための効果的な挑戦 他の組織とのネットワーク 政策や方針への影響力
コミュニティ	資源へのアクセス 政府組織の開放 多様性への寛容性	組織的同盟 多元的リーダーシップ 住民の参加スキル

　Zimmerman（2000）によれば，エンパワーしていく過程（empowering process）とは「人々がコントロールを獲得し，必要な資源を手にいれ，自らの社会的環境をクリティカルに理解しようとする試み」であり，エンパワーした結果（empowered outcomes）とは，「自らのコミュニティにおいてより大きなコントロールを獲得する当事者の試みの結果や，参加者をエンパワーしようと計画された介入の効果として研究することが可能な，エンパワーメントの操作的概念（Zimmerman, 2000 p.46）」である。

　個人のエンパワーする過程に必要な要素をみると，意思決定スキルの学習，資源の活用，他者と共に働くという 3 つが挙げられている。パワーを奪われた状態にある人は，自らの生活に対する自己決定の機会を奪われているが，これは裏を返せば，結果的に自らが望まない方向に進むとはいえ，自己決定をしなくてもよい状態に置かれ続けているともいえる。つまりディスパワーされている状態とは，自己決定能力を得る機会も奪われている状態である。そのためエンパワーメントを進める過程として，自分の生活をよりよいものとすることができるように情報を分析し，適切な意思決定を行う能力の向上が必要となる。また，自らの決定に基づく行動を実現するために，資源を活用すること，さらに自らの置かれている状況に対して他者がどのように行動しているかを見聞きする機会をもつ，他者と共に働くことも有効であると考えられている。

研究課題

1．表6-1に挙げられていない研究者の文献からエンパワーメントの定義を探してみよう。
2．セルフヘルプ（自助）グループにはどんなものがあるのかを探して，そこではどんな構造や内容でグループ活動をしているかを調べてみよう。
3．あなたの家族のメンバー，あるいは友人などを思い描き，その人のストレングスを挙げてみよう。
4．あなたが不登校の子どもとその家族にとってのエンパワーメントにつながる場所を作るとしたら，どのような構造・仕組みや内容をその場所に与えるだろうか考えてみよう。

引用文献

Cox, E., & Parsons, R. (1994). Empowerment-Oriented Social Work Practice with the Elderly. Brooks/Cole Publishing Company.　小松源助（監訳）（1997）．高齢者エンパワーメントの基礎―ソーシャルワーク実践の発展を目指して　相川書房.

平野直己（2006）．地域と大学のポテンシャリティを活かす実践活動：フリースペースの試み．中田行重・串崎真志（編著）地域実践心理学［実践編］. 76-73, ナカニシヤ出版.

平野直己（2007）．Think Globally, Act Locally!：臨床心理学における地域実践の方法論に向けて．渡邉芳之編　朝倉心理学講座 1　心理学方法論. 朝倉書店. 139-157.

平野直己（2020）．地域における心理専門職の役割．吉川眞理・平野直己（編）心理職の専門性：公認心理師の職責．放送大学教育振興会. 206-222.

Lee, B. (1999). Pragmatics of Community Organization.　武田信子・五味幸子訳（2005）．実践コミュニティワーク．学文社.

三島一郎（2007）．エンパワーメント．日本コミュニティ心理学会（編）コミュニティ心理学ハンドブック．東京大学出版会. 70-83.

Perkins, D. & Zimmerman, M. (1995). Empowerment Theory, Research, and Application: An Introduction to Special Issue. American Journal of Community Psychology, 23, 569-579.

Prilleltensky, I., Nelson, G., & Peirson, I. (2001). The Role of Power and Control in Children's Lives: An Ecological Analysis of Pathways toward Wellness, Resilience and Problems. Journal of Community and Applied Social Psychology, 11, 143-158.

Rappaport, J. (1987). Terms of Empowerment/Examplars of Prevention: Toward a Theory for Community Psychology. American Journal of Community Psychology, 15, 121-143.

Saleebey, D. (1996). The Strengths Perspective in Social Work Practice: Extensions and Cautions, Social Work, 41(3), 296-305.

生島 浩 (2004). 社会支援，地域支援. 氏原寛ら（編）心理臨床学事典. 培風館. pp. 1133-1135.

山本和郎 (1986). コミュニティ心理学：地域臨床の理論と実践. 東京大学出版会.

Zimmerman, M. A. (2000). Empowerment theory: Psychological, organizational and community level of analysis. In J. Rappaport, & E. Seidman (Eds.). *Handbook of community psychology*. New York: Kluwer Academic/Plenum.

参考文献

山本和郎 (1997). エンパワーメントの概念について. コミュニティ心理学研究, 9 (2), 149-163.

Zimmerman, M. A. (1995). Psychological empowerment: Issues and illustrations. *American Journal of Community Psychology, 23*, 581-600.

7 | 教育分野でのコンサルテーション

伊藤　亜矢子

　学校では日々の支援を学校全体で行うことができる。ここでは教師と協働するスクールカウンセラーの役割と，その主な活動であるコンサルテーションについてとりあげ，学級・学校全体を視野に入れたコンサルテーションについてや，コンサルテーションの進め方などについて学ぶ。
《**キーワード**》　コンサルテーション，スクールカウンセリング，学級風土

1. スクールカウンセラーの役割とコンサルテーション

（1）スクールカウンセラーの役割とコンサルテーションの必要性

　教育領域のコンサルテーションで代表的なものは，スクールカウンセラー（以下 SC）による教師コンサルテーションである。

　SC は，平成 7 年（1995 年）の公立学校における SC 活用調査研究委託事業から公立学校への導入が試行された。SC 活動では必然的に，学校コミュニティへの支援，健康な子どもを対象とした教育の場での教師と協働した支援，が求められる。そのため SC 導入当初から，コミュニティ心理学や地域援助の考え方が SC 活動には重要とされてきた（学校臨床心理士ワーキンググループ，1997）。

　しかし，第 1 章で述べたような，羅列的と誤解されやすいコミュニティ心理学の特徴や，コミュニティ心理学自体が臨床心理学とは独立の方向へ進んだこと，SC 各自がそれぞれの臨床理論で活動し，臨床心理地域援助を専門としない SC も多かったことなどから，SC 活動における臨床心理地域援助の考え方は，現場で十分に活用されない面もあった。

　そうした中でも教師コンサルテーションは，SC の短い勤務時間の中で，日々の教師の教育活動を支援し，それを通して子どもを支えること

ができる技法として，SC 活動に定着してきた。

　SC については，平成 28 年（2016 年）に閣議決定された「ニッポン一億総活躍プラン」において，若者の雇用待遇安定に関連した不登校中途退学による格差防止等から，2019 年度までの全公立小中学校への SC 配置と，2020 年度以降の SC 勤務時間の充実等の学校における専門職としてふさわしい配置条件の実現が表明された。平成 25 年（2013 年）のいじめ防止対策推進法や平成 27 年（2015 年）の中央教育審議会の「チーム学校答申」においても，学校内のいじめ対策会議に心理の専門職等を含めることや，SC も含めた多職種による学校づくりの方向性が明確に示された。これらを受けて，平成 29 年（2017 年）には，学校教育法施行規則が改正され，SC が学校において児童・生徒の心理に関する支援に従事することが法律上はじめて規定された。SC 活用調査研究委託事業という事業から始まった SC が，教育の中に明確に位置づけられてきた。

　こうした流れの中で，平成 29 年の教育相談のあり方に関する報告（文部科学省教育相談等に関する調査研究協力者会議，2017）では，SC の職務内容として，次のように記載された。

　SC は，心理に関する高度な専門的知見を有する者として，
　①不登校，いじめや暴力行為等問題行動，子どもの貧困，児童虐待等の未然防止，早期発見及び支援・対応等，②学習面や行動面で何らかの困難を示す児童生徒，障害のある児童生徒・保護者への支援に係る助言・援助等，③災害等が発生した場合等，において，児童生徒，その保護者，教職員に対して，カウンセリング，情報収集・見立て（アセスメント）や助言・援助（コンサルテーション）を行い，全ての児童生徒が安心した学校生活を送ることができる環境づくり等を行う。

　さらには，「SC は個々の児童生徒のみならず学校全体を視野に入れ，心理学的側面から学校アセスメントを行い，個から集団・組織にいたる様々なニーズを把握し，学校コミュニティを支援する視点を持つ必要がある」とされ，SC の臨床心理地域援助／コミュニティ・アプローチの

必要性が明確化された（同書，p. 6）。

　個人への関わりだけでなく，個人と環境の相互作用を前提に，個から集団・組織に至る多層的な支援を行い，対処的な支援に留まらず，予防成長促進的な支援を行う臨床心理地域援助の理念が，SC 活動の方向性として明確化された。

　例えば，不登校の児童・生徒への個別カウンセリングを，単に SC の対処的支援として行うなら，それは，クリニックや相談室の学校への「出前」に留まってしまうかもしれない。

　しかし，臨床心理地域援助の発想を活かして，教師コンサルテーションを行い，日々の学級経営や指導の工夫を通して教師から子どもへの支援を増進できれば，SC 自身の勤務は週 1 回であっても，手厚い支援を行うことができる。また，教師の子ども理解や学級全体への支援が進展すれば，当事者はもちろん周囲の子どもにとっても，理解的な安心できる環境づくりに繋がっていく。教師や保護者，子ども達，あるいは教育センターや教育委員会といった様々な援助資源が，コンサルテーションによって，より一層適切に支援を担えることも期待できる。

　コンサルテーションおよび第 11 章で述べるコラボレーションは，学校コミュニティで支援を行う SC 活動の基幹となる技法である。

（2）教育領域でのコンサルテーションとその特徴

　ところで，教育領域におけるコンサルテーションには，① Caplan（1970）のメンタルヘルス・コンサルテーションを基礎とするもの，②行動理論による行動コンサルテーション，③それらを統合したもの，④システムズ・アプローチによるもの，などがあるが，基本となるのは，Caplan のメンタルヘルス・コンサルテーションであろう。

　メンタルヘルス・コンサルテーションは，専門家同士が対等な立場でクライエントについての見立てを話し合い，クライエントへの理解を深めることで，コンサルティの仕事の範囲で可能な具体的支援方策を見出す過程である。教師と SC がそれぞれの視点から児童・生徒への見立てを話し合い，児童・生徒についての理解を深めることで，教師としての

具体的な支援策を見出すのが教師コンサルテーションとなる。

　コンサルテーションでは，専門家の知識や技能がコンサルティによって活用されるが，それによって，後に続く類似の事例についても，コンサルティが新たに獲得した知識や技能を活用して，より良い支援を行うことができる。つまり，直接的な支援に比べ，コンサルティを通して，専門的な知識や技能が，その後の多くの事例に活用され，コンサルティの学びや成長にもなる。

　また Caplan は，コンサルテーションについて次のように述べた。①コンサルテーションは，専門家同士の相互作用であること，②コンサルタントはクライエントへの直接の介入責任を持たず，クライエントへの介入責任はコンサルテーション前と同様に，コンサルティにあること。③コンサルタントは，支援に役立つ明確化や見立て（diagnostic formulations），治療への助言を行うが，コンサルティは，それらを受け入れるのも拒否するのも自由であること（Caplan, 1970, p.20）。つまり，コンサルタントはコンサルティに対して，いかなる管理も権威の遂行もせず，コンサルティが彼の処方を完全に実施しない限り，コンサルタントはクライエントに関する結果に対して責任を負わない。

　このように，コンサルテーションは，コンサルティの専門性を信頼し，コンサルティの自主的な動きに拠るものという特徴がある。

（3）教育の場でのコンサルテーションの広がりとコラボレーション

　なお，コンサルテーションとコラボレーションは共通点が多いとも言われる（Dougherty, 2009）。特に校内では，教師自身が支援を行うだけでなく，SC も保護者や子どもと校内で関わりを持つ機会をつくりやすい。その意味では，コンサルテーションだけでなく，SC も支援を分担するコラボレーションが，チームでの支援を前提とする今後の SC 活動に求められているといえる。校内では，立ち話的なインフォーマルなコンサルテーション（光岡, 1995）も多いことから，コンサルテーションから始まった支援が，コラボレーションへと展開することも実際には多いと考えられる。そうした，コンサルテーションからコラボレーショ

ンへ展開する過程を考えても，まずは，コンサルテーションを確実に行って，教師との信頼関係を深めることは，SC活動の基本となる。

2. 教育領域のコンサルテーションの具体例：学級風土コンサルテーション

（1）教育の場でのコンサルテーションのプロセス

コンサルテーションは，上記のようにコンサルティを通した間接的な支援であり，心理の視点からの見立てをいかに的確にコンサルティに伝えるかが重要になる。その際，見立てが的確であることが大切になるが，心理職だけが見立てを行って一方的に伝える，ということではなく，SCと教師がそれぞれに見立てと根拠となる情報を提供し合う中で，コンサルタントとコンサルティが共に見立てについて考え，事例への理解を深めることで，適切な支援方策を見出すことが基本となる。

例えば不登校や特別な配慮を要する児童・生徒への対応でも，教師にとっては，欠席や教師の常識と異なる行動が，不可解で理解しがたい，ということも少なくない。多くの子ども達が当然のように登校し，集団行動をしている中で，特定の子どもだけが欠席したり，集団行動で期待される行動を行えなかったりすれば，教師から見て不可解ともなりやすい。

そうした場合にもSCは，コンサルテーションを通して，教師に子ども理解の新たな切り口を提供したり，一緒に理解を深めたり，といったことができる。教師は，学校での具体的な行動や仲間関係など，理解に必要な多くの情報を持っている。SCは，そうした情報の代わりに，臨床心理学の知識経験を持つ。両者が情報や知識を持ち寄ることで，適切な見立てが可能になる。子どものこれまでの心理的成長における発達課題の積み残しや，発達障害による行動特性など，子どもの心理的な行き詰まりにコンサルテーションを通して気づくことができるかもしれない。

それによって，教師が新たな理解に至れば，子どもへのまなざしや関わりも自然と変化して，学校・学級環境を構成する教師と子どもとの関係が変化する。環境と人とは相互に影響し合うので，学校・学級環境が

変化すれば，子どもの行動や思いも変化する。こうした変化を教師と SC の間で，あるいは，SC と保護者の間でも重ねることで，子どもの成長が間接的に促され，不登校や授業中の問題行動などの解消に繋がるのがコンサルテーションの利点である。

　例えば，自閉傾向のために教師の言葉の背後にある意味合いを理解できず，教師に指導されても曖昧な態度をとる生徒がいたとしよう。その態度を教師が，自分への反発から来る指導を受け入れない生意気な態度，と受け止めていたら，教師の叱責ばかりが強くなり，実際にその子の反発を招いて，教師─生徒関係は悪化していってしまう。しかしコンサルテーションで，そうした反発とも受け取れる曖昧な態度が，反発ではなく自閉傾向による特性から来ると理解できれば，教師のその生徒への見方は，「反抗的な子・指導を受け入れない態度の悪い子」から「大事なことが理解できずに戸惑い困っている子」に変化するかもしれない。そうすれば，戸惑いが理解され，特性に配慮した指導が試みられることで，教師─生徒関係は少しずつ好転するのではないだろうか。

　このように，教師の理解がより適切なものとなることは，指導を変化させ，人間関係を変化させて，支援のある環境づくりへと繋がる。

　こうしたコンサルテーションは，個人を支援対象としたものだけでなく，学級への指導を検討するコンサルテーションもある。ここではコンサルテーションの具体例として，学級全体への指導を教師と考える学級風土コンサルテーションの例を挙げる。

（2）学級風土コンサルテーション

　学級風土とは，学級の心理社会的な性質であり，いわば学級集団の「性格」といえる。伊藤（2003；2009 a；2009 b；2013；2014）は，学級風土を捉える学級風土質問紙 CCI（伊藤・松井，2001；伊藤・宇佐美，2017）を用いて，コンサルテーションを行った。学級環境を児童・生徒がどのように感じているかを質問紙でアセスメントし，教師とそれを検討することで，学級と子どもたちの現状への理解を深め，教師が学級への指導を工夫することを支援するものである。

110

コンサルテーションは，課題となる事例への理解を深めることが出発点であるが，学級風土コンサルテーションにおいても，学級について子ども達がどう感じているかをCCIの結果から知ることで，学級の現状と，なぜそのような状況となっているかについて，子ども達の実感という新たな角度から理解を深めることができる。CCIは，中学生版約60項目，小学生版約30項目で，「この学級は…」など学級についての質問に子ども達が回答する。項目内容は，中学校用が新版は伊藤・宇佐美（2017），旧版が伊藤・松井（2001）に，小学生用が伊藤（2009c）に掲載されている。CCIでは，各下位尺度・項目の学級平均値を算出し，尺度得点を標準得点化したものを**図7-1**のように図示して，子ども達が感じている学級風土を「見える化」する。中学生用の旧版では，行事などへの取り組みを問う＜学級活動への関与＞，子ども同士の個々の親しさを問う＜学級内の親しさ＞，学級としてのもめごとの有無を問う＜学級内の不和＞，学級への愛着や楽しさを問う＜学級への満足感＞，お互いに気持ちを自然に表現できるかの＜自然な自己開示＞，の5尺度で学級の人間関係を問う。これらに加え，集団の目標志向性として＜学習への志向性＞，組織の維持や変化の側面として学級の秩序を問う＜規律正しさ＞，意思決定の平等さを問う＜学級内の公平さ＞がある。新版では，これら旧版の各尺度を基本として，例えば＜自然な自己開示＞について，＜教師への自己開示＞と＜級友への自己開示＞に分割するなど，下位尺度を細分化することで，より詳細にプロフィールを描けるようになっている。

（3）学級風土コンサルテーションの実際

伊藤（2013；2014）では，中学校2年生のA学級を対象とした次のようなコンサルテーション事例を取り上げている。

ある中学校で2学年3学級をアセスメントした結果，若手男性教師Aが担任するA学級で，**図7-1**のような結果が得られた。男女差が特徴で，＜関与＞や＜親しさ＞＜満足感＞など，いずれも男子の方が肯定的である。比べて女子は，＜関与＞や＜親しさ＞などは平均的だが，＜不

和＞は男子より高く，下位項目を見ても，生徒間のもめごとを多いと感じているなど，学級に不満を持っている傾向が感じとれた。

アセスメント以前から，A教諭は，潜在する女子の不満が，A学級の状態を危くする危険をベテランの学年主任から指摘されていた。しかしA教諭は，元気よく盛り上がるA学級に問題はないと感じていた。

CCI結果を基に学年会でコンサルテーションが行われ，CCI結果をコンサルタントから説明しながら，先生方の感じる学級像とCCI結果との一致不一致やその理由を協議していった。コンサルテーションにおける事例理解の深化のステップである。

A教諭は，**図7-1**の男女差に注目し，「確かに行事でも中心は男子ですね。女子も盛り上がっていると思っていたけれど…」と，学級の様子に考えを巡らせた。すると他の教師が，「女子も楽しそうだけれど，A先生と話すのは男子が多いよね」と指摘した。「確かに男子は何かと話しかけてきますね。女子も来るけど…来る子は決まっているかな」とA教諭は述べた。このような会話が続きながら，CCI結果を項目レベルで詳細に見ると，女子から先生を拒絶する雰囲気はないが，女子同士の関係に微妙な葛藤があるように読み取れ，同時に，グループの対立を感じている子とそうでない子など，女子間で意見が不一致な面があることが読み取れた。そのことをコンサルタントから伝えると，A教諭は「女子はグループを超えて話しているのを見かけませんね」「女子は＜不和＞

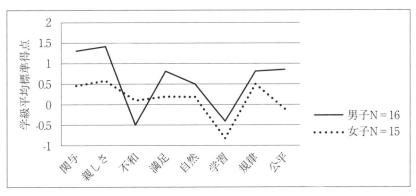

図 7-1　A中学校A学級の男女別学級風土（伊藤（2013）p.107 より作成）

全体が男子より高いし，僕が気づいていなかったことがあるかもしれないので，気を付けて学級の様子を見てみます」と発言した。

　このような話し合いが続き，コンサルタントは，CCI データを示し，先生方の発言を明確化しながら，今後の方策について出席者全員での協議が行われた。A先生は，行事や学級づくりに女子の意見を取り入れる配慮をし，個人面談で女子から学級について意見を聴くという具体策を決めた。フォローアップの約4ヶ月後再度 CCI コンサルテーションを行ったところ，A教諭からの女子への関わりを強めたA組では，前回よりも風土認知の男女差が縮まり，女子の学級への思いが好転したことが示された。

　このように，この事例では，学年主任の指摘を受けても気づけなかったA学級の女子の状況に，コンサルタントからの CCI データに基づく指摘や，コンサルテーションの協議が進む中で，A教諭は新たな気づきを得て，学級への関わりを変化させることができた。

　このようにコンサルテーションでは，コンサルタントが指導や助言をするのではなく，コンサルタントの専門性（ここでは CCI に基づく見立てなど）を元に，コンサルタントの視点からの事例理解を伝え，参加者の理解の深まりを促す対話の促進を行うことによって，コンサルティが，自らの専門性と役割の中で実行可能な具体策を見出す。

　指導や助言と異なり，お互いに平等な立場で専門性を提供し合うことで，コミュニティの成員であるコンサルティの力が引き出され，問題解決に至ることがコンサルテーションの特徴である。

（4）学級について検討することの意味

　例えばいじめであっても，学級内の人間関係が密であって良好であれば，加害者にも被害者にも声をかける友人がいるだろうし，そもそも加害者もいじめという手段を使わなくても，満足いく人間関係を得ていれば，いじめをする必要性もないのではないだろうか。不登校でも，本人が個人的に抱える成長の壁があるにせよ，学校・学級に，かけがえのない居場所があり，やりがいのある事柄があれば，学校に来ることを選ぶ

子どもも多い。人間と環境の相互作用という臨床心理地域援助の基本的な考え方が示すように，学校・学級環境によって，いじめや不登校を防ぐこともあり得る。特にいじめは，加害者・被害者だけの問題というより，学校・学級の問題が背景にあることが多い。いじめは良くないという規範意識が高い学級ではいじめが少ない（大西，2015）ように，基本的に人間関係が良好な学級では，いじめが生じにくい。さらに，人間関係のよい学級では学業成績も高くなることが多くの研究で知られている。

　このように，学校・学級環境を良好なものにしていくことは，教育分野での臨床心理地域援助で見逃したくない視点である。CCIを使用しなくても，授業や休み時間，給食場面などの観察や，掲示物の量や内容などから学級を見立てることは可能である（伊藤，2018）。個々の子どもをクライエントとしたコンサルテーションの際に，学級の状況を教師からききとって，学級にも視点を向けることもできる。個人と同時に学級や部活など学校環境についても検討することで，臨床心理地域援助の考え方を活かしたコンサルテーションが行える。

3．コンサルテーションの進め方

　最後に，コンサルテーションの具体的な進め方について考えたい。

　コンサルテーションは，簡略にいえば，「見立てを共有して新たな解決策を考える」という簡潔なプロセスである。こうした簡潔な表現や，カウンセリングに比べて一時点ともいえる短い関わりであることから，コンサルテーションはカウンセリングに比べて容易な方法と想像する人もいるかもしれない。しかし，簡潔な関わりで，カウンセリングと同様の効果を出すと考えれば，それだけ濃縮したプロセスであることも想像できるであろう。

　カウンセリングも，「クライエントの話をカウンセラーが聴いて理解することで，クライエントが自己理解を深めて問題の解決を見出すプロセス」と表現すれば，それは単なる話し合いであって，難しくはないと，門外漢には思えるかもしれない。しかし，実際には話を聴くことだけで

も非常に難しいことを，カウンセリングの訓練を受ければ実感する。

　コンサルテーションも，それと同様に，言葉で説明するのはたやすくとも実際に行うことには難しさも伴う。最後に，コンサルテーションの過程にそって，難しさや留意点・工夫などに触れてまとめとする。

（1）問題の見立て

　コンサルテーションでは，コンサルティに新たな問題理解の視点を提供できるかが課題となる。問題が臨床心理学の視点から，どう理解できるのか。教師とは異なる専門性に基づく見立てを提示できるかどうかが大きなポイントとなる。

　「臨床心理学の視点からの見立て」とはどのようなものだろうか。臨床心理学の特徴は，いうまでもなく，クライエントをその内側，その人の視点から理解することにある。クライエント独自の心の世界に近づき，それを，概念化し，クライエントやクライエント以外の人にも理解できる，より一般的な言葉でいかにリアリティを持って表現するかが，臨床心理学の視点からの見立てで重要になる。教育の専門家である教師は，教室や学校内で可能な支援の工夫を豊かに持っている。また，教育者として多くの子どもと関わってきた経験から，教師としての優れた見立ても行える。しかし教師は，臨床心理学の専門的な訓練を受けた職種ではない。子どもを内側から理解する訓練を受けた臨床心理の専門職とは異なり，行動の背後にある子どもにとっての心理的な意味を考えたり，諸々の情報を統合して，子どもの主観的な世界を推察したり，ということには不慣れである。

　教室や学校内で，どう子どもを支援すればよいかを熟知している教師と，それらには不慣れでも，子どもの行動の背後にあるものを理解し，子どもを内側から理解して言語化する心理職。それぞれの専門性がコンサルテーションで合わせられることで，より効果的な教室・学校内での関わりの工夫が生まれる。

　言い換えれば，コンサルテーションでの見立てでは，教師にとっては思い描きにくい，子どもの行動の背後にある心理的な状況や子どもに

とっての意味を，いかに適切に捉え，平易な言葉にできるか，が問われている。学校でのコンサルタントの仕事が「通訳」（山本，1989）とも言われる所以である。

　そうした見立てを行うには，行動や状況の持つ心理的な意味について，臨床心理学の諸理論はもちろん，事例等で，より的確な理解を行える知識基礎を持つこと，教師からの情報に加えて観察や掲示物など，様々な情報を統合して見立てを行う力を養うことが必須になる。加えて，コンサルテーションでは，回を重ねてクライエントのペースで理解を深められるカウンセリングとは異なり，その場で本質的な事柄を教師と共有する必要がある。それだけ濃縮した過程を進めるために，それだけ明確な見立てを行える力が必要になる。

　臨床心理の専門職といっても，人はそれぞれに物事の感じ方も考え方も異なっている。臨床心理学の知識基礎に立った上で，子どもの世界を実感できるよう，スーパーバイズなどで，自分の感性と優れた感性の持ち主のそれとを照合しながら，見立ての力を養うこと。また，それをより適切な言葉で表現できるようにすることが，コンサルテーションでは必須である。

（2）コンサルティへの理解

　次に，コンサルテーションでは，事例への理解だけでなく，コンサルティへの理解が必要になる。クライエントへの間接的支援がコンサルティへの直接的関わりによって行われるという二重構造が，コンサルテーションの特徴である。そのためコンサルテーションは，クライエント支援とコンサルティの対処力の増加，という2つの目的を持つとされる（Gutkin & Reynolds, 1999）。いわば，2つの立場の異なる支援の対象が同時並行に生じる状態である。それだけにコンサルタントは，事例だけでなく，コンサルティを理解することが必要になる。

　コンサルティがどのように問題を捉えているのか，その背景には，どのような事実があり，どのようなコンサルティの考え方があるのか。

　特に，多くの子ども達を集団としてもリードしていかなければいけな

い教師は，理想の学級像や子ども像，独自の教育観など，様々な信念を持っている。そうした教育についての信念や一般的な物事の捉え方，これまでの教育現場での経験など，様々な事柄が教師の認知を特徴づけている。そうした個々の教師の持つ考え方や認識の枠組みを理解することで，教師自身が子どもに対してどのような見立てをしているかについて適切に理解することができる。

（3）コンサルティとのコミュニケーション

　コンサルテーションでは，相互に見立てを話し合うことで事例理解を深めることが，中核となる。そのためには，いかに相互理解を進めるか，そのためのコミュニケーションの質が課題となる。コンサルテーションでもコラボレーションでも，コンサルタントとコンサルティの人間関係が成否を決める（Dougherty, 2009）といわれるほど，コンサルタントとコンサルティのコミュニケーションを含む関係の良好さは極めて重要な意味を持つ。教師の理解の枠組みに合致した理解しやすい言葉や，たとえを用いて，どれだけリアリティをもってクライエントの心理的な状況を伝えられるかが，コンサルテーションの成否を決める。伝える内容，すなわち見立てが不適当なものであることは論外であるが，伝えたい内容が妥当なものであっても，教師にとって理解しがたいものであれば，事例理解を深めることはできず，コンサルテーションの意味をなさない。

　良好なコミュニケーションの基本は，やはり良好な関係づくりと，教師の見立てへの尊敬，尊重である。教師の見立てには，相応の妥当性と価値がある。そこに学びながら，教師の見立てを尊重しながら，それと異なる見立てであっても，その教師に理解しやすい形で，教師の見立てが深まり明確になるように，臨床心理学の視点を加えた見立てを提供することがコンサルテーションの要である。

（4）一緒に考えること

　コミュニケーションが主に情報の伝達とすれば，次に，お互いの考えを聴き合い，考えを協働で練り上げていくプロセスがコンサルテーショ

ンにはある。もちろんその場では，情報のやりとりに終始し，一緒に考える時間はないかもしれない。しかし SC であれば，次回の勤務の時に，その間に変化した考えを教師から聞いたり，考えるプロセスを何回かにわけて行ったりすることも可能である。

　いずれにしても，相互に考える過程が必要であり，それは，カウンセリングでクライエントとカウンセラーが行う相互作用にも似ている。

　カウンセリングで，カウンセラーがクライエントをリードするのではなく，むしろクライエントの洞察についていくように，コンサルテーションでも，洞察や，工夫の発見を教師にゆだねながらも，教師と共に状況理解の適切さを確認し，支援の有効性を臨床心理学の視点から検討することが必要になる。支援のクライエントにとっての心理的な意味を教師と共に考えることになる。そこでは，学校で可能な支援のバリエーションや，年齢に応じた子どもたちの動きなど，学校での臨床実践に必要な基礎知識が必要になる。

（5）SC 以外の教育現場でのコンサルテーション

　このように，コンサルテーションでは，その過程ごとに必要な事柄がある。クライエントとコンサルティという 2 つの関わりを重層的に行う過程には，個人の見立てや 1 対 1 の心理面接を丁寧に行う力量が，濃縮した形で求められる。

　また，こうしたコンサルテーションは，教育分野において，SC と教師だけでなく，特別支援に関する巡回相談員と教師や SC，教育センターの教育相談員と教師や SC，など，多様に展開される。SC による保護者面接も，保護者への心理面接というよりも，子どもへの関わりをめぐる保護者をコンサルティとするコンサルテーションになる場合も少なくない。

　あるいは大学や予備校などの，学生相談等では，心理職と教員あるいは学務課・学生課などの学生支援を担当する事務担当者の間でのコンサルテーションもしばしば行われる。

　いずれにおいても重要なのは，個人をとりまく環境も含んだかたちで

118

の個人の見立てによって，個人への理解を深め，本人と環境の持つ資源を発見して，具体的な手立ての発見へと繋げていくことである。まずは，１対１の心理面接の力量を養いながら，常に，周囲の資源にも目配りして個人と環境の双方を見立てる視点を持つことが重要である。

🎸 研究課題

1. コンサルテーションとカウンセリングの違いを考えてみよう。
2. 不登校の事例を読んで，そのケースの見立てを，あなたなら，どのような言葉で教師および心理学を知らないあなたの家族や知人に伝えるか，どのように伝えたらわかりよいか，考えてみよう。
3. スクールカウンセリングの事例を読んで，学校独自の事象や特徴があらわれている箇所を探してみよう。

引用文献

Caplan, G. (1970). *The theory and practice of mental health consultation*. New York : Basic Books

Dougherty, A. M. (2009). *Psychological consultation and collaboration in school and community settings : 5. ed*., Belmont, Calif : Brooks/Cole, Cengage Learning.

学校臨床心理士ワーキンググループ（1997）．学校臨床心理士の活動と展開．学校臨床心理士ワーキンググループ発行．

Gutkin, T. B., Reynolds, C. R. (1999). *The Handbook of school psychology*. 3rd ed. New York : J. Wiley & Sons.

伊藤亜矢子（2003）．スクールカウンセリングにおける学級風土アセスメントの利用：学級風土質問紙を用いたコンサルテーションの試み．心理臨床学研究, 21, 179-190.

伊藤亜矢子（2009a）．学校臨床心理学：学校という場を活かした支援．北樹出版．

伊藤亜矢子（2009b）．学校・学級組織へのコンサルテーション．教育心理学年報, 48, 192-202.

伊藤亜矢子（2009c）．小学生版学級風土質問紙の作成と活用．コミュニティ心理学

研究，9，155-169.

伊藤亜矢子（2013）．学級コンサルテーション『臨床心理学増刊』5．金剛出版.
pp.106-110.

伊藤亜矢子（2014）．学級風土質問紙 CCI（Classroom Climate Inventory）『国際比
較による東アジア型スクールカウンセラーの全校支援モデルとツールの構築
（ツール集）平成 23〜25 年度科学研究費補助金基盤研究(C)　課題番号 23530891』

伊藤亜矢子（2018）．学校で見立てる，学校を見立てる：援助職のための学校アセ
スメント総論『子どもの心と学校臨床』18．遠見書房．pp.3-10.

伊藤亜矢子・松井　仁（2001）．学級風土質問紙の作成．教育心理学研究，49，449-
457.

伊藤亜矢子・宇佐美　慧（2017）．新版中学生用学級風土尺度（Classroom climate in-
ventory；CCI）の作成．　教育心理学研究，65，91-105.

光岡征夫（1995）．学校教師とコンサルテーション．村山正治・山本和郎（編著）ス
クールカウンセラー　その理論と展望．ミネルヴァ書房．119-129.

文部科学省教育相談等に関する調査研究協力者会議（2017）教育相談等に関する調
査研究協力者会議（平成 27 年 12 月 4 日〜）報告
https：//www.mext.go.jp/b_menu/shingi/chousa/shotou/066/gaiyou/1381049.
htm

大西彩子（2015）．いじめ加害者の心理学：学校でいじめが起こるメカニズムの研
究．ナカニシヤ出版.

山本和郎（1986）．コミュニティ心理学：地域臨床の理論と実践．東京大学出版会.

8 ｜ 福祉分野でのコンサルテーション

青木　紀久代

　福祉分野の心理臨床における臨床心理地域援助の方略について概説する。はじめに福祉分野での心理職の活動を考える前提として，社会福祉の現況について整理する。次に，福祉分野での心理臨床と，臨床心理地域援助の関係について検討していこう。

　その上で，心理臨床のイメージを掴んでもらうために，ここでは，児童福祉分野，特に保育や子育て支援領域を取り上げ，そこでのコンサルテーションの特徴について学ぶ。臨床心理地域援助の技法の中でも，特にコンサルテーションは，この分野の心理臨床において主役となる技法である。どのような対象に，どの様にそれを行っているかを紹介していこう。

《キーワード》　コンサルテーション，子育て支援，保育臨床，支援者支援，省察

1. 福祉分野における臨床心理地域援助

（1）様々な社会福祉事業

　日本の社会福祉は，憲法13条にある幸福追求権すなわち，「すべて国民は，個人として尊重される。生命，自由及び幸福追求に対する国民の権利については，公共の福祉に反しない限り，立法その他の国政の上で，最大の尊重を必要とする。」という，生命，自由及び幸福追求に対する国民の権利として示される。

　加えて，憲法25条にある生存権すなわち「すべて国民は，健康で文化的な最低限度の生活を営む権利を有する。」「国は，すべての生活部面について，社会福祉，社会保障及び公衆衛生の向上及び増進に努めなければならない。」等の理念に基づき，国の法整備や具体的な施策を推進してきた。

　社会福祉に関連する主な法律は，社会福祉事業法に定める，①生活保護法，②児童福祉法，③母子及び父子並びに寡婦福祉法，④老人福祉法，⑤身体障害者福祉法，⑥知的障害者福祉法の社会福祉六法が主なものであった。

　その後社会福祉法（2000）として，2種類の社会福祉事業が，関連の法律を系として整備され，現在に至っている。**表8−1**はその概略を示したものである。

表8−1　各種の社会福祉事業

第一種社会福祉事業（17）

〈生活保護法〉◆救護施設　◆更生施設　◆宿所提供施設
　　　　　　　◆生計困難者に対して助葬を行う事業

〈児童福祉法〉◆乳児院　◆母子生活支援施設　◆児童養護施設　◆障害児入所施設
　　　　　　　◆情緒障害児短期治療施設　◆児童自立支援施設

〈老人福祉法〉◆養護老人ホーム　◆特別養護老人ホーム　◆軽費老人ホーム

〈障害者の日常生活及び社会生活を総合的に支援するための法律〉◆障害者支援施設

〈売春防止法〉◆売春防止法に規定する婦人保護施設を経営する事業

◆援産施設を経営する事業

◆生計困難者に対して無利子又は低利で資金を融通する事業

第二種社会福祉事業（55）

◆生活必需品等を与える事業　◆生活に関する相談に応ずる事業

◆障害児通所支援事業　◆障害児相談支援事業　◆児童自立生活援助事業

◆放課後児童健全育成事業　◆子育て短期支援事業　◆乳児家庭全戸訪問事業

◆養育支援訪問事業　◆地域子育て支援拠点事業　◆一時預かり事業

◆小規模住居型児童養育事業　◆助産施設　◆保育所　◆児童厚生施設　◆児童家庭支援センター

◆児童の福祉の増進について相談に応ずる事業　◆母子家庭等日常生活支援事業

　第一種社会福祉事業は，主として入所型施設などの利用者への影響が大きく，公的規制により，利用者保護が必要なものである。①生活保護

法，②児童福祉法，③老人福祉法，④障害者の日常生活及び社会生活を総合的に支援するための法律，⑤売春防止法に規定される各事業と授産施設等であり，17の事業があげられる。

第二種社会福祉事業は，在宅サービスを主とするものであり，利用者への影響が比較的小さく，第一種よりも公的規制の必要性が低い事業とされるものであり，各法律に関連して55の事業があげられている。

たとえば，児童福祉法に関連する社会福祉事業として，第一種社会福祉事業では，乳児院，母子生活支援施設，児童養護施設，障害児入所施設，情緒障害児短期治療施設，児童自立支援施設がある。

同じ児童福祉法に関連する第二種社会福祉事業には，障害児通所支援事業，障害児相談支援事業，児童自立生活援助事業，放課後児童健全育成事業，子育て短期支援事業，乳児家庭全戸訪問事業，養育支援訪問事業，地域子育て支援拠点事業，一時預かり事業，小規模住居型児童養育事業，助産施設，保育所，児童厚生施設，児童家庭支援センター，児童の福祉の増進について相談に応ずる事業などがある。

第二種の事業は，地域の暮らしに密着しており，利用者数も多いものであり，運営組織も社会福祉法人などに限らない。

各事業の中に心理職が設置されているものもあるし，そうでないものもある。しかし，心理臨床の場は，病院や学校といった限定的なものではない。表内の事業の多くは，身近な地域の福祉現場で行われており，人々の幸福の追求に資する多分野の専門家と協働して働く姿が見えてくるであろう。

（2）多職種の協働

表8-2は，厚生労働省による社会福祉施設等調査結果の一部で，各施設数の現況を示したものである。多くの社会福祉事業が，各地で運営されており，一年で4000施設以上の増加が見られている。特に施設の種類別に施設数をみると，「保育所等」は27,951施設であり，前年に比べ814施設，3.0％増加している。また，「有料老人ホーム（サービス付き高齢者向け住宅以外）」は14,454施設であり，前年に比べ929施

設，6.9% 増加している。

　こうしたことは，日々の報道などで私たちが身近に触れる話題とつながってくる。ここに参画する専門職として，現在心理職は少数派と言わざるを得ない。もちろん児童相談所や，社会的養護，あるいは児童家庭支援センター，障害者支援施設等，活躍の場は多くあるのだが，その職場には心理職は 1 名だけということも少なくない。

表 8-2　施設の種類別にみた施設数（各年 10 月 1 日現在）

	平成30年 (2018)	平成29年 (2017)	対前年	
			増減数	増減率（%）
総数	77,040	72,887	4,153	5.7
保護施設	286	291	△ 5	△ 1.7
老人福祉施設	5,251	5,293	△ 42	△ 0.8
障害者支援施設等	5,619	5,734	△ 115	△ 2.0
身体障害者社会参加支援施設	317	314	3	1.0
婦人保護施設	46	46	－	－
児童福祉施設等	43,203	40,137	3,066	7.6
（再掲）保育所等[1]	27,951	27,137	814	3.0
母子・父子福祉施設	56	56	－	－
その他の社会福祉施設等	22,262	21,016	1,246	5.9
（再掲）有料老人ホーム（サービス 　　付き高齢者向け住宅以外）	14,454	13,525	929	6.9

1 ）保育所等は，幼保連携型認定こども園，保育所型認定こども園及び保育所である。（厚生労働省平成 30 年社会福祉施設等調査の概況，p.3 より作成）

　それでも，社会福祉の目標は，全ての人のウェルビーイングの向上に資することであり，臨床心理地域援助の目指すものと一致しており，地域での心理臨床は，これからますますニーズが高まるであろう。

　同調査結果では，施設の常勤換算従事者の総数は 1,079,497 人となっている。これを施設の種類別，職種別にみると，保育所等の「保育士」は 375,312 人，「保育教諭」は 85,290 人（うち保育士資格保有者は 77,672人）となっている。また，有料老人ホーム（サービス付き高齢者向け住宅以外）の「介護職員」は 120,444 人，障害者支援施設等の「生活指導・支援員等」は 62,253 人となっている。

　社会福祉施設全体から見れば，保育と介護の専門家で約半数を占めている。この他に，保健師・助産師・看護師が 49,367 人，医師は，3,548人であった。

　心理職は，今後その数は増加すると考えらえるが，そもそも，心理職のみで行える社会福祉施設というものは存在しない。それ故，福祉分野で仕事をするということは，他の専門職がメインで運営される職場に，チームの一員として加わり，多分野協働の強みを生かす臨床心理地域援助を実践することに他ならない。

（3）支援者支援としてのコンサルテーション

　多分野の専門家が1つのチームとなり，各人が主体的にいろいろな活動に参加して，全体としてそのコミュニティの課題が解決したり，コミュニティの中に変革が起こったりするのが協働，すなわちコラボレーションである。

　多分野協働のチームに加わり，心理職が臨床心理地域援助を実践するとなると，実に多彩な活動を展開していくことになる。すなわち，問題や課題のニーズを探るアセスメント，課題解決に向けた活動の計画，実行に際しての具体的な役割を担うこと，あるいは実践過程における様々な事柄に対して，心理学的な立場から助言すること，そして実践内容の評価などである。実践が続く限り，いわゆる PDCA が循環的になされていくことになり，心理職には，そのどの段階にも参与できる専門性がある。

　コンサルテーションは，このコラボレーションを行うための1つの技法ともいえる。コンサルテーションは，自分とは異なる専門的背景を持った他の専門家に，自らの専門的背景から，特定の問題に対して助言する行為である。また誰が，どの様な内容について助言を求めるかは，無数に可能性がある。どんな状況であれ，コンサルテーションは，相手に依頼されて初めて始めることができる。その場合にも，上下や優劣，一方的な指導といった関係になってしまうことは望ましくない。あくまでも，同じ問題を解決しようと力を尽くす，対等な関係として意見を述べることが求められているのである。

　たとえば，次で示す保育臨床において，保育の場は，あくまでも保育者が主役である。心理職が，保育者の代わりに保育をすることはできな

い。保育をしていて，子どもの発達が気がかりであり，臨床心理の専門家から助言を得ることで，より良い保育の実践に結びつくかもしれない。保育者のこうした相談を心理職が受け，助言をすることがコンサルテーションである。この時，保育者からの相談を依頼される側の心理職をコンサルタント，相談をする側の保育者を，コンサルティと呼ぶ。

2．保育・子育て支援での心理臨床の現在

（1）子育て支援と心理臨床

　子育て支援は，心理職の行う臨床心理地域援助の代表的な領域の 1 つである。ただし「地域」は，必ずしも地域性に限定されない（たとえばインターネットのバーチャル・コミュニティなどへの介入）。ここではこれらを含めて，「コミュニティ」と呼び，その援助方略の総称をコミュニティ・アプローチとする（青木，2011）。

　もともと子育て支援という言葉は，臨床心理学の中にあったものではない。むしろ平成の始まりから盛んになった，少子化対策に始まるところが大きい。その後も男女共同参画社会の推進と絡み合い，次々と施策が打ち出された。上がらぬ出生率はそのままに，女性のM字型就労曲線の凹みを持ち上げるべく，労働環境を整える様々な改革があり，平成の終わりには，いわゆる待機児童対策が各地で繰り広げられた。

　すなわち子ども・子育て支援法によって，「すべての子ども・子育て家庭」を対象にした支援制度の充実がはかられているところだが，その最たる課題は，待機児童解消であった。各自治体の「子ども・子育て支援会議」では，多くが待機児童解消策について議論することに時間を費やした。いわゆる 1 号から 3 号認定の支援は，子どもを家庭から預かって保育・教育を行うものであり，誕生から小学校入学までの 6 年間，子どもが暮らす家庭以外の居場所づくりとも言える。これ以外に，0，1，2 歳児を家庭が中心となって養育している層には，地域の子育て支援拠点が機能することになる。

　続く令和は，幼児教育・保育の無償化から始まった。これまで，子育て支援というと，働く母親にばかり支援が手厚いという不公平感もあっ

たが，幼稚園の無償化によって子育てをする全ての家庭にという色合いも徐々に見えてきた。子育て支援の施策は，常に賛否両論の評価が巻き起こり，しかしはからずも，それを原動力としながら，確かに支援の対象を拡大し，提供するサービスを多様化させつつ，新しい時代に入ったと言える。少なくとも，子育て中の当事者たちが，不満や支援のニーズがあるとき，それを世間に訴えやすくなったことは，子育ての悩みに苛まれる母親の問題や育児不安が注目された昭和の時代とは，隔世の感がある。

　もっとも，できる限り速やかに保育施設を増やすという，この課題の直接的な解決に，心理職が貢献できるはずもない。もちろん，保育所の経営者が心理職だ，あるいは子育て支援のNPOを心理職が立ち上げた，というなら話は別だが，ほとんどの場合は，なにがしかの子育て支援を行う集団の「もっと支援の質を高めたい」というニーズから，心理職が呼ばれる機会が出てくる。あるいは，各種支援の利用者の苦情やトラブルなど，現場が対人的な対応に困難を抱えたときにも，そうした機会が増える。事実，保育所などでは，保育者が，保護者への対応に苦慮するケースも少なくなく，それによって離職に至る場合もあり，心理職の支援者支援が求められている（青木，2012）。

　ところで，具体的な子育て支援の場となると，0から18歳までの子どもと関わる全ての場が対象となり，非常に幅広く，その全てを，本章で扱うことは困難である。そのため，今回は，0〜6歳までの子どもを対象としたものを取り上げることとする。

（2）保育臨床とは

　保育臨床という用語は，大場（1989）が，保育における臨床性を取り上げたところに始まる。ここでは，そもそも保育という実践の営みそのものが臨床性を包含しているのだと考えられている。大場は，もともと心理職として，保育現場を巡回して保育者の相談を受けてきた。彼はこの中で，保育の持つ臨床性に着目し，単なる心理学や社会学といった隣接の学問の応用分野としてではなく，保育学における保育臨床という分

野の可能性を示唆していた。保育現場で，心理臨床を行うことだけを保育臨床と呼ぶのではない，というところに，注意する必要がある。

　臨床心理地域援助という観点からすると，心理職が保育現場に出向き，保育者と問題解決に向けて真摯に協働していくと，関係者との間に必ず新たな子ども理解の深化と呼べるものが現れてくるであろう。協働の産物として，新たな保育の学びであったり，心理臨床の学びであったり，というように双方の互恵的関係が成立するとき，両者はまさに保育臨床の世界の内側に共存することができる。

　さらに，心理学に限らず，児童学，社会学，医学，保健学，栄養学，工学など，多分野の研究者が保育現場を研究フィールドにしているのが現状である。つまり今日保育臨床は，保育者だけが行う限定的な実践でも研究でもなく，この領域に心理職も協働し得るものであるし，学問的にも学際的な一領域であると言えるであろう。

　このような保育臨床の中で行われる，心理職のコンサルテーションを，ここでは，保育コンサルテーションとして，その実際を次に示していこう。

3．保育コンサルテーションの実際

（1）保育コンサルテーションの内容
　図8-1は，保育コンサルテーションの主な内容をまとめたものである。ここでのコンサルティは，保育者である。ただし，質の向上や保育環境面でのコンサルティは，園長などの管理職の場合も多い。
①　子どもに関する相談：
　子どもに関する主な相談の内容は，発達的な問題と虐待を含む関係性の問題に大別される。発達的な事柄は，巡回発達相談（巡回相談支援ともいう）などの制度が運用される地域も多い。保育の中で発達が気になる子どもについて，保護者の同意を得た上で自治体から依頼を受け，保育園に出向く。保育場面での行動観察や発達検査を行い，保育者に問題のアセスメントと対応策についてフィードバックする。また，必要に応じて保育士が加配されたり，継続的な発達の専門相談を受けられるようになったりというように，この支援制度の活用は自治体ごとになされて

いる。相談員は，心理職と限られてはいないが，保育コンサルテーションの大きな柱の１つである。

子ども	保護者	質の向上
• 発達の問題 • 関係性の問題 （虐待等を含む）	• 保護者支援 • 苦情対応等	• 保育環境 • 職員研修 • 事業評価等

図8-1　心理職が行う保育におけるコンサルテーションの主な内容

　もう１つは，昨今の児童虐待等に関する家庭支援の視点から行われる保育コンサルテーションである。保育の入所時から，要保護児童対策が必要な場合もあるし，保育現場からの発信もある。他にも，様々な子どものメンタルヘルスに関わる症状について相談を受けることも多い。

　保育場面に参与観察しながら，子どもの様子をとらえ，保育者とカンファレンスを開き，子どもの理解を伝え，対応を助言していく。

②　保護者に関するコンサルテーション

　保育者は，様々な個人的相談を保護者から受けることがある。たとえば，家族内の暴力（ドメスティックバイオレンス）の問題や，保護者のメンタルヘルスなどである。保育者が場合によっては対応しきれない時もあり，継続的に心理職が入って，個別の保護者面談を行う場合もある。

　特に，子どもの保育について不満や苦情を強く寄せる保護者の対応などは，担任の保育者の方が強いダメージを受けてしまい，保育に混乱を与えてしまうリスクもある。あるいは，児童虐待等の対応として，保護者に対する危機介入を要する場合もある。

③　保育の質の向上に関するコンサルテーション

　クラスがどうも落ち着かない，あるいは，特定の子どもへの対応が重すぎて，保育が止まってしまうといった問題の相談は多い。子どもへの適切なアセスメントをもとに，具体的な保育環境づくりを助言することができる。

　また，保育の質の向上のための園内研修の企画について助言を求めら

れることもある。カンファレンスなどを園内で実施できると，子どもの
理解と対応の仕方に共通理解ができ，結果的に職員の保育力の向上につ
ながる。

　さらに，各保育所が主体的に保育の質の向上を目指したプロジェクト
の事業評価をしたり，利用者のニーズを探ったりなど，日々の実践の中
でどういうふうにそれを調べたらよいかについて，相談されることもあ
る。これらは，まさに臨床心理地域援助の専門性が求められる事柄の 1
つである。

（2） 危機介入と持続性のあるコンサルテーションを組み合わせる

　図 8 - 2 は，心理職が保育現場で行っている活動を緊急性と持続性を
考慮して総合的に示したものである。

　保育コンサルテーションは，あくまでも他の専門家に対等な関係で，
依頼された相談内容に対して意見を述べるのが原則だが，危機的な状況

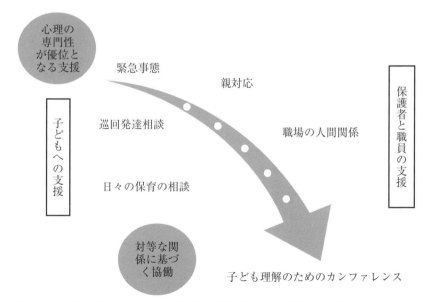

図 8 - 2　保育臨床における心理職の危機介入と持続的コンサルテーション

においては，心理職がいったんその専門性を前面に打ち出して，介入し
なければならないこともある。

　事態が危機的であればあるほどそれが強くなる。大きな災害に見舞わ
れた場合も，これにあたる。一般に危機介入は，一時的なものであり，
保育者との関係がこのようなまま長期に渡ることは，望ましくない。そ
のような心理職の介入は，保育の主体性や自律性を侵害することにつな
がりかねないからである。

　一方で，心理職が保育に持続的に関わることができると，保育全体の
質の向上につながる利点がある。実際にコンサルテーションの依頼を受
けて保育現場に入ると，心理職はすぐに取り組まなくてはならない具体
的な課題が山積みなので，とりあえず既存の知識やスキルを使って，実
践を始めることになる。実践上の課題というものは，尽きることはなく，
一度現場で心理職が活動を始めると，ステークホルダーとの継続的な関
係に発展することが多くなるであろう。ステークホルダーというのは，
コンサルテーションを直接行う保育者だけでなく，管理職や，園医，看
護師，地域の保健師，子ども家庭支援センター，あるいは児童相談所，
地域の保育・子育て支援課など，保育所に関わる様々な組織や人々が含
まれる。当該の事柄に関する関係者と言ってもよいかもしれない。

　心理職が現場に出向いて実践活動を営むとき，他の職種，特に保育者
をはじめとする対人援助職の活動にも多くのヒントや気づきを与えるこ
ととなる。これによって，自らの主体性や自信の回復が促され，個人や
組織の様々なところでエンパワーメントが生じるのが常である。

　また，心理職が得意とする専門的な思考過程の１つに，クライエント
の主観的な現実を中心にする特徴がある。つまり，相談をしてくるコン
サルティの視点，ひいては子どもの視点から事態を見極めていこうとし
つづける一貫した態度を大切にしているのである。この様な姿勢で実践
された保育コンサルテーションは，しばしば，世間一般の常識や慣習，
あるいは問題の慢性化によって，それまでパターン化しがちだった子ど
もへの見方を変容させる力を発揮するようになる。関係者にとっても，
大きな気づきを得る体験となり，主体的な関わりの変化を促し，結果的

に問題の大きな改善へと至るのである。

　こうなると，その心理職は，1ケースの相談から，やがてその組織全体のマネジメントを頼まれたり，他機関と連携を拡大したりといった，最初は予期しなかった水準の仕事を依頼されることも出てくるであろう。その仕事を引きうけるために新しい契約や雇用のされ方を見直す必要もでてくるかもしれない。このように，心理職の支援すべき子育て支援者のニーズは，実践の状況によって様々な側面と水準で刻々と変化していくものだと言える。

　先述の危機介入時のそれとは異なり，心理職が保育者の主体性や自律性を脅かす存在にはならない。心理職と保育者との関係性は，その後も継続的に発展していくことになろう。コンサルテーションが1つの協働的関係を生み出しているともいえるだろう。

（3）保育相談支援との関係

　保育相談支援とは，保育所保育指針解説書でいうところの，保育指導にあたる。つまり，子どもの保育の専門性を有する保育士が，保育に関する専門的知識・技術を背景としながら，保護者が支援を求めている子育ての問題や課題に対して，保護者の気持ちを受け止めつつ，安定した親子関係や養育力の向上をめざして行う子どもの養育（保育）に関する相談，助言，行動見本の提示その他の援助業務の総体を指している。

　指導というと，未熟な保護者を教育するといった誤解を与えるかもしれないが，そのようなものではなく，むしろ保護者の子育てを承認し，支持していくことが大前提の関わりで，保育者の専門性を生かした子どもの発達や関わり方の解説や情報提供，あるいは具体的に見本を示す様なところまで広く含まれている。

　ここでいう保育者の専門性とは，知識と技術をもとに，保育所保育指針解説書の総則にみてとれる。たとえば，子どもの発達と生活の援助，保育環境の構成，遊び，子どもや保護者との関係構築，相談や助言，といった領域での専門性が謳われている。このすべてを活用して相談支援にあたるということになる。

このため保育相談支援は，多様な形態が考えられる。1つの問題を解決するために，心のケアから，生活の具体的な援助まで，様々な水準の支援が包括的に行われる。これらは，ソーシャルワークの活動イメージに近い。橋本（2010）は，保育者の専門的な技術を，発達援助の技術，生活援助技術，関係構築の技術，環境構成の技術，遊びを展開する技術の5つとして，これらを保育相談支援に生かすために，支持，承認，助言，情報提供，行動見本の提示などの技術と組み合わせて活用することを提案している。どういった組み合わせが具体的に有効なのかは，事例によって異なるという。

図8-3は，保育相談支援の主な内容と取り組みについてまとめたものである。保育者が直接目指すものが，保護者への支援だとしても，保育相談支援の始まりの多くは，子どもへの関わりである。これは，保育者が最も専門性を発揮できるところでもあり，保護者への具体的で強力な支援であることに間違いない。

たとえば，保育者は，最初に保育場面における子どもの様子の変化を気がかりとしてとらえるかもしれない。通常なら，家庭と連絡を取り合い，問題を共有していくことが，適切な保育をしていく上で求められる

図8-3　保育相談支援の内容（青木，2015）

であろう。しかし，子どもの様子がおかしいので家庭に何かあったので
はと，保護者にいきなりぶつけては，望ましい信頼関係は維持できない。
働きかけのタイミングや話題の仕方にも，保育者は大きく悩むところで
ある。また，保護者が疲れているな，と思うときでも，信頼関係がしっ
かりとできていないところで，いきなり親に近づいてしまうことは，か
えって侵入的にとらえられてしまうリスクもある。

　図8-3にあるように，相談の方略には，いくつかのタイプがある。まず
保護者に対して，心理的な悩みの相談のほかに，生活上の困難があった場
合，それについて相談に乗ることがある。家族の看病や介護，あるいは，
経済的なことも含まれる。次に子どもに対しては，保育の中でできる重要
な支援である。発達的な問題，心理的な問題双方に直接対応が可能である。

　これらは互いに連動しており，現実的に行いやすい1つの援助の切り
口から，他の支援へと進み，最終的に親子関係がより良い方向へ向かう
包括的な支援が構築されていくのが，実際の相談支援のプロセスとなろ
う。保育の日常的な構造を守りながら，必要な支援全部を同時に行えな
くても，自分の得意とする切り口から支援を始めれば良いのである。た
とえ保護者とコミュニケーションを取ることが苦手な保育者であって
も，このような支援のイメージを持って実践していくことができれば，
必ず道は，開けてくるものだと思う。

　以上が，保育者が行う相談支援のあらましであるが，心理職がそうで
あるように，保育者は，子どもと親との関係をつなぐために，自分が子
どもや親と関わりを持たねば支援ができない。一人で抱え込みすぎると，
冷静な判断がしにくくなるリスクもある。心理職が行う保育コンサル
テーションは，まさにこのような問題に対して貢献できるのである。心
理職は，どんな相談であれ，保育者の強みを十分認識した上で，最善の
支援の方略を共に模索することとなる。

4．コンサルテーションの質を高めるために

（1）省察的実践家モデルと心理職
　臨床心理地域援助を始めた心理職の多くは，自分たちが活用できる独

自の専門的理論が少ないと感じる壁にぶつかる。心理臨床の基本は，臨床心理面接に関するものであり，複雑な状況を整理していくための面接構造が整った中で，有効性が確かめられてきた。しかし，自分たちの臨床のフィールドは，複数の人々が複雑な文脈で行き交い，絶えず変化するようなそれとは，対極的な世界である。その上，自分はチームの一人としてその場に参与しており，確かに実践は継続され，発展しているように感じられるけれど，自分の専門性の何を根拠にこのような変化がもたらされたと言えるのか，そこをうまく語ることがなかなかできないジレンマを抱えることが多いのだ。

　一歩踏み込んで述べると，既存の理論を求めるだけでなく，広大な福祉分野のフィールドでの実践から，理論を構築していく，心理臨床学的な発想を生かしながら，自らの実践に創意工夫のできることが理想であろう。このような時，Schön（1983/2007）の実践における理論は大いに参考になる。たとえば，先の子育て支援において，心理職が実践に入るまさに「そのとき」，「行為の中の省察（reflection in action）」がなされるという。すなわち，実践における認識論として，他分野の様々な専門家にも重視されるものであり，心理職の多様な活動を担う専門性の一部としても，共有できるものである。

　Schön（1983/2007）は，いわゆる実証主義による「技術的合理性」に「行為の中の省察」を対比させ，両者のジレンマについて述べている。すなわち，専門性に分化し，特化していくこと，厳密性を守ることをもって専門性を維持しようとすると，複雑な問題と状況への取り組みに対して結局は回避的な立場をとらざるを得なくなってしまう。けれども，複雑きわまりない問題に，学問的方法への省察を欠いたまま向かえば，やはり方法の危うさや，根拠のなさから信頼できる成果は生まれてこない。「行為の中の省察」とは，いわば，実践の文脈における研究者であり，既存の科学と技術を適用して問題に解答を与える存在ではなく，複雑に入り組んだ状況の中で実践を通して新しい理論を構築するものである，という。

　心理職の専門教育にとって，半ば自明のような文脈なのだが，単純な科学者―実践家モデルとは，異なっていることに着目したい。さらに

Schön は，優れた実践家が「行為の中の省察」を駆使して，卓抜した実践を成功させたとしても，それだけでは，実践家のゴールとは言えないと考えている。つまり，このままだと，「できる（優れている）人は，できる」という話に終わってしまい，「なぜできるのか」について，合理的な説明が何らなされていないというのである。

　要するに，多くの優秀な実践家の問題は，「『行為の中の省察』について省察すること（reflection on reflection-in-action）」が，ほとんどなされないまま終わってしまうことにあると指摘する。

　自らの思考や行為について省察し，それを言葉で伝えることができなければ，他者に教えることができないのは当然である。結局せっかくの実践が，一人の「名人芸」として謎のままとなり，それを学ぼうとする後進者たちは，わけもわからず受動的にその人に従っていく状態に陥ってしまうことになるという。

　以上の論考は，職種の違う様々な専門家の実践場面の事例分析からなされている。たとえば，都市計画に携わる専門家の実践事例と，精神科医による心理療法のスーパーバイズの実践事例という，全く異なる水準の実践から，専門職と呼ばれる人々の認識論が展開されていく。特に心理療法のスーパーバイズでは，研修医がクライエントとのやりとりを振り返り，省察が進むよう，思慮深い工夫が様々なされる一方で，スーパーバイザー自身が解釈過程を示すと，研修医にとっては，熟練者の秘技としてしか理解できず，理由もわからぬままにその解釈を鵜呑みにしていく問題についてフォーカスが当たっている。

　これはつまり，心理コンサルテーションの落とし穴と言っても良いだろう。たとえば，保育者の理解が深まるよう，丁寧な説明を意識しながら，一方では無自覚に，あたかも自分の考えをそのまま保育者が鵜呑みにして動いていくことを，方向づけるようなコミュニケーションを取っていることがある。コンサルテーションとは，第三者が見て正しい事実や知識を，いつも同じように伝えればよい，というものではない。これでは結局のところ，優秀な心理職と，無力で無能な保育者という構図を保育者自身が感じてしまい，助言を受けながら常に自己卑下的な言動を

繰り返し，ついには，心理職を避けるようになるかもしれない。「あの
先生の言っていることは正しいかもしれないが，自分が否定され続けて
いるようで相談を受けるのがつらい」ということになってしまったら，
全てが台無しである。

　一般に，心理職の訓練において，クライエントとセラピストの関係と
同質の関係性が，スーパーバイザーとの間で同時的に展開しやすくなる
ことが知られている。それ自体をスーパーバイザーが取り上げ，理解す
ることによって，実際のクライエントとセラピストの臨床場面の理解を
促進するのである。一人でケースを抱えて闇雲に話し合いを続けていて
もさっぱり気づけなかったことに，クライエントのことをスーパーバイ
ザーに語り，共有することによってわかるようになる。つまり，スーパー
ビジョンでの教育訓練を通して，このような省察の視点を多くの心理職
が体得していくものであろう。いわば，間主観的な文脈における省察力
が，他の職種より，よく訓練されており，それを活用した他職種への質
の高いコンサルテーションが可能となることにあらためて着目したい。

　省察の視点を増やす環境は，カンファレンスを行うことも1つの手立
てである。福祉分野における多職種の合同カンファレンスに心理職が参
加するとき，上記のような強みが発揮できれば，問題に対する新たな気
付きを増やし，その改善・解決に向けた実りある討議に貢献していくこ
とができるであろう。

🔋 研究課題

1．たとえば，ひきこもり，高齢社会における問題など，社会福祉分野
　での諸問題を調べ，心理職がどの様な取り組みを行っているかを調べ
　てみよう。
2．福祉分野における他の領域において，心理職のコンサルテーション
　の事例を文献などで集めて，保育コンサルテーションと比較検討して
　みよう。

引用文献

青木紀久代（2011）．コミュニティ援助の発想．日本心理臨床学会（編）．心理臨床学事典．丸善出版．pp.480-481．

青木紀久代（2012）．保育園における苦情対応：対応困難事例とワーク　社会福祉法人東京都社会福祉協議会．

青木紀久代（2015）．保育相談支援　みらい．

厚生労働省（2020）．平成30年社会福祉施設等調査の概況．
　https://www.mhlw.go.jp/toukei/saikin/hw/fukushi/18/index.htm

厚生労働省（2018）．保育所保育指針解説書．

橋本真紀（2010）．保育指導の展開過程と基本的技術．柏女霊峰・橋本真紀　増補版保育者の保護者支援．フレーベル館．pp.203-209．

大場幸夫（1989）．「保育臨床」の成立と課題（小講演）．日本教育心理学会第31回総会発表論文集．L 11．

Schön, D. A.（1983）. *The reflective practitioner : How professionals think in action*. New York : Basic Books．柳沢昌一・三輪健二監訳（2007）．省察的実践とは何か：プロフェッショナルの行為と思考．鳳書房．

参考文献

大場幸夫（2007）．こどもの傍らに在ることの意味：保育臨床論考．萌文書林．

大場幸夫（1992）．シンポジウム「保育臨床の視点から園生活を考える」を終えて　幼児の教育．91(10)，32-39，日本幼稚園協会．

増沢高・青木紀久代（2008）．生活臨床と社会的養護．福村出版．

長田浩志・青木紀久代（2014）．子ども・子育て支援新制度．子育て支援と心理臨床，8，76-84．

9 | 産業分野とコミュニティ

押江　隆

　産業分野におけるカウンセリングのセッション内外で起こってくるコミュニティの動きについて検討する。これは，「臨床とは何か」，「専門家とは何か」という問いを改めて我々に投げかけるものである。以上をふまえ，コミュニティメンバーとともに支援のあり方を創っていく「共創アプローチ」について議論する。
《**キーワード**》　コミュニティ臨床，共創アプローチ

1. 産業分野における心理臨床

　我が国の厳しい労働環境が指摘されるようになって久しい。厚生労働省（2018）の労働安全衛生調査（実態調査）によると，現在の仕事や職業生活に関することで強いストレスとなっていると感じる事柄がある労働者の割合は58.0％にも上る。また過労死等防止対策白書（厚生労働省，2019）によれば，2018年の勤務問題を原因・動機の1つとする自殺者の数は2,018人であり，自殺者数総数に対する割合は9.7％にもなっている。その勤務問題の内訳は「仕事疲れ」が28.1％，「職場の人間関係」が24.0％，「仕事の失敗」が16.3％，「職場環境の変化」が13.9％となっている。

　このような厳しい現状を改善するべく，労働安全衛生法が改正され，2015年12月から，労働者が50人以上いる事業所ではストレスチェックを実施することが義務づけられた。2018年8月にはストレスチェック実施者に必要な研修を修了した公認心理師が追加されたことは記憶に新しく，産業領域における心理臨床家への期待はますます大きくなっているといえるだろう。

　本章では産業領域における，労働者のメンタルヘルス向上にかかわる心理臨床について扱う。岩崎（2010）によれば，産業領域における心理臨床家の役割には以下の5つがある。

　1．精神的疾患を対象とする個人療法のカウンセリング。

　2．精神的不健康を主とする個別心理相談のカウンセリング。

　3．キャリアの問題にかかわる個別職業相談。

　4．クライエントが所属する職場の関係者（直属の上司，人事・労務担当者，産業保健スタッフ，労働組合責任者等）を対象とするコンサルテーション。

　5．メンタルヘルス不調の予防管理を主とする従業員，管理監督者に対するメンタルヘルス教育。

　これらの業務に，産業カウンセラーや臨床心理士，公認心理師などの資格を有した心理臨床家があたり，労働者のメンタルヘルス向上に貢献してきている。

2．コミュニティと産業臨床

　ところで，産業分野における心理臨床にはコミュニティの視点が欠かせないと筆者は考えている。「労働者を対象に心理臨床の仕事をするのになぜコミュニティを意識する必要があるのか？」と疑問に思う読者もいるかもしれないが，その疑問に答える前にまずは次の"事例"に目を通してほしい。これは筆者が大学院生の頃，産業カウンセラーとして勤務していた際に体験した事例である（押江，2010）。

（1）企業コミュニティへの参入事例

　筆者はある企業の健康管理室にてカウンセラーを務め，隔週に1回のペースでカウンセリングルームを開室していた。人事部より「メンタルヘルス上の問題はあまり生じていないが，その一歩手前の社員はいると思うので，カウンセリングでケアしてほしい」などの要望があった。

　ところが開室しても，利用者はほとんど現れなかった。開室日に利用者が一人も現れないこともしばしばであった。ときどき来室するクライ

エントも，多忙などを理由にカウンセリングの継続実施を希望する者は皆無であった。

利用者が少ないのであれば，カウンセリングにはニーズがないと判断し，カウンセリングルームを閉室するとの話も何度かあった。その度に心理テストや自律訓練法の実施を呼びかけたり，「カウンセリング通信」という広報紙を発行したりと，様々な工夫を重ねた。しかしそれでも利用者はなかなか現れなかった。筆者は次第に追いつめられていった。筆者は自らのカウンセリングの能力が低いためにこのような事態を招いているのではないか，そもそもこの会社にはカウンセリングのニーズがなく，何もせずただ待っているだけの自分はほとんど給料泥棒なのではないか，など様々な疑念が自分の中に渦巻いていた。

ある時，あるクライエントが当ルームを訪れた。このクライエントが当ルームへ来るのは2回目であり，心理テストの受検を希望した。テストやフィードバックなどのセッションが全て終了した時点で，筆者はクライエントに「利用者が少なくて困っている。この会社にはカウンセリングのニーズがあるのか。自分が本当に役に立っているか自信がなくなってきている」などの旨を伝えた。するとそのクライエントは「少なくとも自分には役に立っている。自分にとってカウンセリングとは『ふと立ち止まって自分を振り返る場』である。病気になるほど深刻な状況にある人は確かに少ないかもしれないが，そのような場が役に立つ人はたくさんいるはずだ。カウンセリングとはどのようなものかをイメージしづらく，つい身構えてしまうことが問題で，どのようなものかうまく伝われば利用者は少しずつ来るようになるのではないか」と答えた。さらに，「どのようにすればカウンセリングについて広く伝えることができるだろうか」と尋ねると，「僕がカウンセリングの体験談を書くので，それを使ってほしい」，「体験談の掲載の際は実名と顔写真も是非出してほしい。その方が効果的だと思うから」と答え，後日実際に体験談と顔写真を送ってくれたのである。

筆者は感激するとともに，戸惑いを感じた。カウンセリングには守秘義務があり，いくら広報のためとはいえ体験談や実名，顔写真まで出し

てよいものかどうかずいぶん考えた。スーパーバイザーとも相談した結果，クライエント本人がよいと言ってくれているので，掲載することに決めた。この一連のやりとりは，追いつめられていた筆者をずいぶん励ましてくれた。また，この企業でカウンセリングについての説明を求められた場合は「ふと立ち止まって自分を振り返る場」という言葉を用いることにした。

　カウンセリング通信に体験談を載せた後も，利用者はなかなか現れなかった。利用者数の低迷から，カウンセリングルームの継続が危ぶまれる場面が何度も訪れた。そこで筆者はカウンセリング通信に，利用者数が少ないためカウンセリングルームの運営そのものが難しくなってきたこと，カウンセリングに対する社員のニーズを調査したいことなどを書き，後日「カウンセリングのニーズに関するアンケート調査」を全社員対象に実施した。この調査は，この会社でのカウンセリングルームの認知度を知ること，カウンセラーに対する社員のニーズを知ること，適切な開室時刻を知ること，カウンセリングの利用率を高めるためのアイデアを広く社員から募集することの4点を目的に実施した。その結果，認知度は約80%と高く，約90%の社員が何らかのかたちでカウンセリングルームを利用したいと答えていた。このことから，カウンセリングに対するニーズは潜在的にかなりあるが，利用したくてもなかなか利用できない現状が明らかとなった。また，利用してみたい取り組みについて，筆者が実施可能な方法を列挙し選択形式で回答を求めたところ，すでに実施済みのカウンセリング，心理テスト，自律訓練法だけでなく，アサーショントレーニングや傾聴訓練にも高い期待が寄せられていた。開室時刻については，上司や同僚の目を気にして就業時間内にカウンセリングを受けに行きにくいので，業務時間外に開室してほしいとの声が多く寄せられた。「その他，カウンセリングルームに対するご要望や，『こうすれば利用しやすくなる』などのアイデアがあれば，どんなことでも結構ですのでお寄せください」との項目には，業務時間外の開室，定期健康診断の要領での呼び出し実施，複数人で参加できるセミナーの開催，メールカウンセリング，カウンセリングの当日告知など，実に多くのアイデ

アが寄せられた。

　筆者はこの結果をもとに，保健師や人事部とも相談しながら，実施時刻を就業時間外に変更すること，複数人で参加できるアサーショントレーニングや傾聴訓練などのセミナーを実施すること，開室当日にメールで案内を送ることなどを決めた。カウンセリングの呼び出し実施やメールカウンセリングは，筆者の技量ではできないことと判断し，保健師や人事部にも率直に伝えた上で，新たな取り組みには盛り込まなかった。これらの取り組みを始めてから，利用者が徐々に集まりだし，継続実施を希望する者も現れるようになった。筆者は調査の結果に励まされる思いをするとともに，もっと早くこのような調査を行うべきであったと感じていた。

（2）心理臨床家は投薬の夢を見るか？

　さて，本事例を読んで，読者はどのように感じただろうか。企業内に新しくカウンセリングルームを開室する難しさに思いを馳せた読者や，心理臨床家がクライエントに相談を持ちかけたり，カウンセリング通信にクライエントの体験談を掲載したりすることに違和感を覚えた読者もいることだろう。筆者自身，開室の難しさを感じたし，また心理臨床家がクライエントに相談することについて，それがまるで心理臨床家側の行動化（acting out）であるかのように感じ，罪悪感すら抱いたことをよく覚えている。

　しかし，本事例はともにセッション外で生じた出来事であること，個人の内的世界を扱ったものというより会社の中でカウンセリングルームをどのように位置づければよいかという外的なシステム上の問題を扱っていること，これらの働きかけによりカウンセリングルームでの支援内容がその会社のニーズに合ったあり方へと少しずつ変化していることなどから，行動化などとは別の文脈で捉える必要があると筆者は考えている（押江，2010）。

　本事例は心理臨床の教科書に掲載されているような典型的な個人面接を企業内で展開しようとして困難が生じたものである。読者の多くは，

大学や大学院では心理臨床の理論や技法を座学や実習を通して一定のレベルまで身につけ，卒業または修了後に，スーパービジョンを受けるなどして研鑽を続けながらもそれを現場に適用していくのが心理臨床であると考えているのではないだろうか。筆者自身も本事例の当時は同様のことを考えていた。大学院では悩める人や病める人に役立つよう研究を通して開発されたいわば"薬"を手に入れ，その"薬"を現場でクライエントに"投与"するようなイメージである。このような，大学や大学院で学んだ臨床心理学の諸理論や技法を現場にそのまま適用しようとするやり方を"投薬アプローチ"と呼ぶこととしよう。

　ところが本事例に示したように，投薬アプローチで筆者は行き詰まってしまった。カウンセリングという"薬"が筆者によって用意されたが，そもそもそれが"投与"される機会があまり現れなかった。筆者は次第に追いつめられていった。そこで，その思いをクライエントに思い切って伝えることで，クライエントからこの企業におけるカウンセリングの位置づけが「ふと立ち止まって自分を振り返る場」であることを知ることができ，さらに体験談という大変心強い協力を得ることができた。また，カウンセリング通信に「カウンセリングルームの存続が危機に陥っている」ことを掲載し，調査を行ったことで，多くの社員から実に様々な示唆を得ることができた。筆者が自らの困難を積極的に開示したことが，社員から協力を得るための糸口となり，筆者の実践のあり方に変化が起こっている。

　このことは情報組織論やネットワーク論の観点からうまく説明できる。金子（1992）は相互作用のプロセスから生まれる情報を「動的情報」と呼び，すでにどこかに存在しそこから入手するものと考える「静的情報」と区別している。静的情報の入手には対価を支払うなどのコストが必要となるため，手に入れた情報はなるべく人に見せないように隠し，情報を独占することであらゆる場面で優位に立つことができる。静的情報は，既存の枠組みの中で，効率的にことを処理するのには寄与するものの，既存の枠組みを変化する力にはならない（金子，1992）。投薬アプローチでは，大学や大学院で手に入れた"薬"を現場に投与しようと

144

するが，現場との相互作用は期待されない。そこではいかに上手に投薬するかが問われるが，"薬"自体を変えようという試みはなされない。なぜなら大学や大学院での研究を通してその"薬"の有効性は検証されている（はずだ）からである。すなわち，投薬アプローチにおける"薬"は静的情報なのである。

　一方で，本事例は相互作用を前提とした動的情報にかかわるものである。動的情報に関して重要なことは，隠すことではなくて，進んで人に提示し，それに対して意見を言ってもらうことで情報をもらい，相手から提示されたその情報に対して今度はこちらから自分の考えを提示する，というやりとりの循環プロセスを作り出すことである。このプロセスには，自分から情報を開示することによって，批判を受けやすく傷つきやすくなるというパラドックスが内在されている（金子，1992）。金子（1992）はこれを「バルネラビリティ（vulnerability；か弱さ，傷つきやすさ）」と呼んでいる。本事例において筆者が自らの困難を開示することは，能力の低さ，経験の少なさなどといった筆者の「弱さ」を暴露する可能性があった。しかし本事例においては，困難を開示し自らをバルネラブルにしたことが，筆者と社員がともに支援のあり方を模索するきっかけとなっている。筆者のバルネラビリティが現場との相互作用を促し，実践をより現場に適合したかたちへと変えているのだ。

　また，もし別の企業で筆者が同様の困難を抱え，本事例と同様に自らをバルネラブルにすることで現場との相互作用を図っていったとしても，そこでの実践は本事例とは異なるものになる可能性がある。企業の特性や文化によって求められる実践のあり方は異なるに違いないからだ。このように考えると，現場との相互作用を想定しない投薬アプローチには限界があるといえる。

　本事例に示したような出来事は，あまり報告されていないだけで，実際の現場では数多く起こっていると思われる。心理臨床家という"異物"が企業というコミュニティに新たに参入していく過程では，様々な試行錯誤がなされるためである。試行錯誤をとおして，それぞれのコミュニティに応じた新しい実践が生まれてくる。筆者はこの点にコミュニティ

における心理臨床ならではの難しさとおもしろさがあると感じている。

　では，コミュニティを視座に置いた場合，心理臨床家はどのように自らの実践を位置づけ，どのように展開していけばよいのだろうか。

3．コミュニティ臨床と共創

（1）コミュニティ臨床とは

　ここでいったん，産業臨床の文脈から離れ，コミュニティ臨床（下川，2012）の理論についてみてみよう。

　コミュニティ臨床とは，心理臨床家がコミュニティの中で様々な人々とつながったり人々をつないだりする「つながりの下地作り」と，そのつながりを使った「人を支えるお手伝い」といった「つながりの中での臨床」を指す（**図9-1**）。コミュニティとのつながりがない限りクライエントは現れないため，心理臨床はコミュニティとのつながりを前提とした営みともいえるのだ。

　コミュニティ臨床の考え方では，心理臨床家が当事者に対して専門的援助を提供する前の段階として，当事者が必要とする援助をコミュニティの中でどのように作っていくかが重要な視点となる。「つながりの下地作り」にあたって心理臨床家はコミュニティメンバーに手当たり次第に声をかけてみたり，誰かに紹介してもらったり，ケースを通じて関

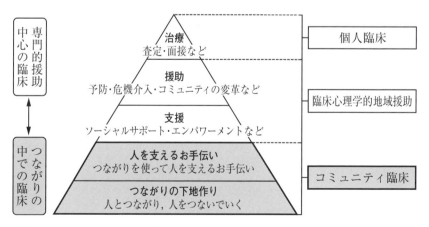

図9-1　コミュニティ臨床（下川（2012）p.6）

わるようになったり，グループワークを開催してみたりと様々な取り組みを行いながら接点を持つための下地作りを行い，右往左往しながらもつながりを作っていく（下川，2012）。この考え方に立つと，査定や面接といった，いかにも心理臨床家らしい取り組みは，実は心理臨床の仕事の氷山の一角であることが見えてくる。心理臨床はクライエントとのつながりをいかに構築するかがアルファにしてオメガであるが，その裾野をコミュニティに拡げて考えてみると，クライエントに限らずあらゆるコミュニティメンバーとのつながりを育むことも心理臨床の営みといえる。産業臨床の場合，社内のカウンセリングルームでクライエントの来談を待ち，クライエントにカウンセリングを実施するだけが臨床ではない。心理臨床家がその企業のコミュニティに馴染み，一員となっていくことも臨床であるし，また保健師や人事部などの社員とつながりを作ることも臨床なのである。

　ここでいう"つながり"は，いわゆる"連携"とは若干意味が異なる。"連携"という用語はたとえば産業医や保健師といった専門家が，それぞれの高度な専門性を活かして1つのケースにアプローチするような場合によく用いられる。一方で"つながり"は，情緒的な絆を含む概念であり，その会社の社員に気軽に話しかけたり話しかけられたりするようになることや，会社の中で社員とともにいても違和感なく過ごすことができることなどを"つながりができた"と呼ぶ。適切な連携はこのようなつながりを前提に成立するといえる。

　先に示した事例は，ケースや調査を通して企業というコミュニティとなんとかつながりを作ろうと右往左往する，コミュニティ臨床の過程をよく示している。筆者がクライエントである社員に「利用者が少なくて困っている」などと弱さを露呈することは，社員とのつながりを育むことに寄与している。そのつながりを通じて，カウンセリング通信に社員の体験談を掲載するという，新しい実践が生まれている。さらにアンケート調査を実施したところ，たくさんの社員のアイデアが寄せられ，カウンセリングの実施時刻を就業時間外に変更したり，セミナーを実施したりと新しい実践が次々と生まれている。

　また，本事例は心理臨床の実践のあり方を心理臨床家だけでなく社員とともに創り上げていく過程ということもできる。このような，コミュニティとの相互作用を通して心理臨床を新たに展開していくやり方を"共創アプローチ（押江，2010）"と呼ぶ。次に，共創アプローチについて詳しくみてみよう。

（2）共創アプローチと産業臨床

　共創アプローチとは，心理臨床家がコミュニティの人々とともに支援のあり方を模索する臨床実践である。押江（2010）は地域で心理臨床実践を行おうとする心理臨床家が取るべき共創アプローチの姿勢として以下の 5 点を挙げている。

1．地域実践における支援の方法を構想し，実践を始めること。ただしその方法はあくまで仮説にすぎないことに留意すること。
2．地域から広く意見を収集すること。その際心理臨床家が提供しようとしている支援について十分に伝えること。
3．心理臨床家が地域実践の中で抱えている問題を適切な場面で率直に伝え，支援のあり方をともに模索する姿勢を示すこと。
4．地域の声を参考にし，支援のための方法を適宜修正すること。ただしその際には，自らのできること・できないこと，したいこと・したくないことを尊重すること。
5．その方法の有効性について調査研究を行うこと。

　投薬アプローチと比較すると，その特徴が見えてくる。投薬アプローチでは大学等での研究を通して開発され，効果の実証された心理臨床の各種技法をいかに現場に適用するかが問われる。一方で，共創アプローチは技法の有効性をあくまで「仮説」として位置づける。それが有効であるかどうかについて，判断を一旦保留するのだ。実践を始めながら，その有効性についての仮説を検証していく。コミュニティメンバーからフィードバックを受けながら，支援のための方法を適宜修正していく。フィードバックを受ける上では，心理臨床家が抱えている問題を率直にメンバーに伝える，すなわち心理臨床家がバルネラブルになることも時

として必要になってくる。そのためには，コミュニティメンバーとのつながりが前提になってくる。つながりの中でこそ，心理臨床家は安心してバルネラブルになることができるのである。

　実際の心理臨床の現場では，心理臨床家とコミュニティの一員であるクライエントとの相互作用がなされるため，相互作用が一切なされない純粋な投薬アプローチのケースはほぼ存在しないといってよいだろう。それが心理臨床家にどこまで意識されているかどうかは別として，あらゆる心理臨床は共創アプローチによる実践として位置づけうる。

　先に示した事例は，産業領域における共創アプローチの典型例である。体験談が掲載されたカウンセリング通信は，社員との共創なしでは実現しなかった。共創アプローチによって，心理臨床家の実践はその企業の風土により合ったかたちへと変容しうる。また，共創アプローチは心理臨床家のみならずコミュニティをも変える可能性を有している。本事例ではカウンセリングの実施時刻を就業時間外に変更したり，セミナーを実施したり，開室当日にメールでカウンセリングの案内を社員に送ったりといった取り組みが新たになされたが，これらは保健師などの協力あって実現したものである。すなわち，共創アプローチが保健師などの業務を変えたのである。これは，企業が社員のメンタルヘルスにより利するかたちへと変容するための小さな一歩として位置づけることもできる。そのような視点で心理臨床家の仕事を見つめ直すと，実践の幅が拡がってくる。

4．共創によるカウンセリングの事例

　ここまで共創アプローチが企業での臨床実践のあり方を変えていく事例をみてきた。この事例は，カウンセリング通信やアンケート調査といった，面接外の実践の形態にかかわるものであった。次に，共創によるカウンセリングそのものの事例を挙げる。

（1）事例の概要
　筆者は以前「働くこと」に関する不安や悩みを相談し合うグループ・

カウンセリングを地域で月1回のペースで開催していたことがある。口コミで少しずつ広がっていき，会社員やフリーランス，社会福祉士，臨床心理士，大学院生など20名強の多様なメンバーが参加し，セッションごとにファシリテーターを含めて概ね4名から10名程度が出席していた。グループ・カウンセリングの方法として当事者研究サポート・グループ（押江ら，2010）を採用した。これは，セッションごとに全員で話題を出し合い，その中から一人の話題を選出して，その話題についてメンバー全員で知恵を出しながら話し合っていくものである。ファシリテーターは黒板に話し合った内容をまとめていく。ここではそのうちの1セッションを取り上げる（押江，2012b）。

このセッションには2名のファシリテーターと4名のメンバー，計6名が参加した。様々な話題が話される中で，メンバーA（20代後半）の転職に関する悩みに焦点が当たり，Aの話題についてこのセッションで話し合うことになった。Aは「いま勤めている会社では自分が本当にやりたい仕事ができない。自分の持ち味が活かせていないように思う。でもいまの会社でも学びはあると思うし，後ろめたさもある」と述べ，転職するか否か迷っていると話す。

Aと同じ業界で働いているメンバーB（30代後半）に社員構成や経営状況など現状の具体的な職場環境について問われると，Aは「上司が思いつきで仕事を回してくるため，仕事に対するモチベーションが維持できない」，「『何でも屋』のように働いてきたため，自分が何を売っていけばいいかわからなくなってしまった。強みや自信を持ちたい」などと応じる。その他のメンバーからはやりづらい上司と仕事をする困難感に共感を示す声や，「『会社に何も残せていない』と言っていたけど，これまで作り上げてきたものは残るのでは」，「『何でも屋』であること自体が強みだと思う。それこそ何でもできるわけだし，様々な業種とのネットワークが作れるのも強みでは」といった声があった。

これらを受けてAは「さっきからいろいろしゃべってますけど，自分は前々から転職したいと思っていたんですね。もやもやしていたが，話を聴いてもらってはっきりわかったような気がする」，「いまの会社で得

た『何でもできる』という能力を活かしながら，自分が本当にやりたい仕事に特化した業種に就きたい」と発言する。セッション終了後，ファシリテーターが黒板にまとめた会話の内容をA自ら写真に収め，「これを持ち帰ってもう一度自分自身について考えてみようと思う」，「話ができてすごくすっきりした」などと感想を述べていた。

　このグループではAのような転職に関する悩みだけでなく，今後のキャリアや仕事に対する不安，モチベーション，職場の人間関係，休みが取れない悩み，社会に出る不安，ワークライフバランスの問題などが取り上げられていた。このグループに魅力を感じたBは，ある施設とのコラボレーションワークショップを企画・提案し，このグループの"出張版"を実施したところ，10人弱の地域住民が参加した。これは筆者が当初思いもしなかった新たな展開であった。また，当時使用していた会場が使えなくなり，新たな会場の確保が必要になったが，複数のメンバーが会場探しに協力してくれたこともあった。

（2）事例の考察

　Aはセッション内で「自分は前々から転職したいと思っていたんですね。もやもやしていたが，話を聴いてもらってはっきりわかったような気がする」と発言しているが，これは神田橋（1994）が「精神療法における『気づき』が本物であるときは，『前々から知っていた点を改めて知った』という感触を伴うことが多い」と述べていることと重なる。Aは様々なメンバーの多角的で肯定的な視点（押江，2012a）を得ながら自らの「転職するか否か」という問題に向き合い，「本物の気づき」に至ったといえる。Aはその後希望通りの業種に転職を果たし，「セッションでのやりとりが志望動機につながって，面接で話しやすかった」，「特に志望動機が理にかなっていて楽だった」，「なぜこの経緯に至ったかが特に話しやすかった」と筆者に伝えている。このように，このグループはAが自身のキャリアを考える上での一助となったといってよいだろう。

　本セッションではBなどの地域住民の視点が役に立っている。職場環

境に関する具体的な質問や共感，将来の見通しに関する声など，筆者だけでは提供の難しい視点や声が次々に出ていた。Aが「本物の気づき」に至る上で，これらは必要不可欠なものであった。

　このように，このグループでは地域住民との共創によって「働くこと」に関する相談の場が育まれているといえる。

　またこの試みによって，Aだけでなく地域にわずかではあるものの変化が生じている。Bがコラボレーション企画を提案したことや，複数のメンバーが新たな会場探しに協力したことは，このような相談の場の維持・発展に地域住民が自らのリソースを割くようになったことを示している。

　山本（1997）はコミュニティ心理学的発想の基本的特徴として「悩める人々の援助は地域社会の人びととの連携の中で」行うことや「クライエントに対する援助の責任性は，専門家のみが背負うのではなく，地域社会の人びととともに背負う」ことを挙げ，非専門家や地域住民との協働を強調している。本事例はこのようなコミュニティ心理学的な援助の実例であり，心理臨床の営みがクライエントだけでなくコミュニティに変革をもたらす可能性を示しているといえよう。

5．心理臨床家の専門性とは何か？

　さて，本章をここまで読み進めた読者は，改めてどのように感じただろうか。2事例ともに，心理臨床家がある意味で頼りない存在に見えるかもしれない。企業内カウンセリングの事例では自信をなくし，追い詰められて何をすればよいかわからなくなっている。グループ・カウンセリングの事例で，社員構成や経営状況など現状の具体的な職場環境についての重要な質問をしたのは筆者ではなくメンバーBであった。もちろん筆者自身の経験不足の問題もあるだろうが，筆者はある種のこの「頼りなさ」に心理臨床ならではの専門性をみる。

　Scileppi et al.（2000/2005）が「伝統的な心理療法では，今日の社会において困っている人々が出くわすその問題を，適切に扱うことができない。われわれの市や町，村，農村地域において出くわす困難さは，あ

まりに大きく，そしてそれらは個々のセラピストの資源を圧倒している」と述べているように，コミュニティにおいて心理臨床家が知らないこと，できないことはいくらでもある。コミュニティの視座は，まずそれを認めるよう心理臨床家に要求してくる。その企業についてもっともよく知っているのはその会社で働いている社員であるし，クライエントの勤める業界についてもっともよく知っているのは同じ業種で働いている人なのだ。カウンセリングはクライエントの声に丁寧に耳を傾け，それを尊重しながらその人が自らの人生を切り開いていくのを促す専門的な行為である。それと同じ行為を，クライエント以外のコミュニティメンバーにも向けることで，悩める人々の援助を「地域社会の人びととの連携の中で（山本，1997）」行うことができるのである。

🎸 研究課題

1．産業領域におけるコミュニティ臨床の具体的な実践について考えてみよう。
2．産業領域における共創アプローチの具体的な実践について考えてみよう。
3．コミュニティにおける心理臨床家の専門性について考えてみよう。

参考文献

岩崎久志（2010）．産業心理臨床における現状と課題．流通科学大学論集人間・社会・自然編，23(1)，59-72.
金子郁容（1992）．ボランティア：もうひとつの情報社会，岩波新書．
神田橋條治（1994）．追補　精神科診断面接のコツ，岩崎学術出版社．
厚生労働省（2018）．平成30年　労働安全衛生調査（実態調査）．
厚生労働省（2019）．令和元年版過労死等防止対策白書．
押江隆（2010）．地域実践における共創アプローチ：2事例の検討から．関西大学心理臨床カウンセリングルーム紀要，創刊号，21-28.

押江隆・瓜﨑貴雄・河本清美・可児美緒・木谷恵（2010）．「当事者研究サポート・グループ」開発の試み．関西大学大学院心理学研究科心理学叢誌，3，131-140.

押江隆(2012a)．相互援助コミュニティの心理臨床モデルに関する実践的研究：パーソンセンタードアプローチの新たな展開としてのコミュニティアプローチ．関西大学大学院心理学研究科博士論文.

押江隆（2012b）．パーソンセンタード・コミュニティアプローチによる産業カウンセリングの試み．日本人間性心理学会第 31 回大会発表論文集．pp. 90-91.

Scileppi, J., Teed, E. & Torres, R.（2000）. Community psychology : A common sense approach to mental health. Upper Saddle, N.J : Prentice Hall.　植村勝彦（訳）（2005）．コミュニティ心理学．ミネルヴァ書房.

下川昭夫（2012）．コミュニティ臨床の理論．下川昭夫（編）コミュニティ臨床への招待：つながりの中での心理臨床，新曜社．pp. 1-91.

山本和郎（1997）．コミュニティ心理学的発想について．人間性心理学研究，15(1)，8-15.

10 | コラボレーションの考え方

丸山　広人

　現在，心理職が活躍する領域は保健医療や福祉，教育のみならず，犯罪，司法，産業等へと広がりをみせている。それらの領域では多様な職種の人たちがそれぞれの目的と専門性をもって業務にあたっており，心理職はそのような人々と協働（コラボレーション）しながら成果を生み出していくことが求められている。本章では，コラボレーションで期待される効果と課題，多職種連携を果たす上で求められる能力，多職種連携を促進するには何が必要なのかについて学んでいこう。

《**キーワード**》　コラボレーション，多職種連携，専門職連携教育，チーミング

1. コラボレーションで期待される効果と課題

（1）コラボレーションが求められる背景

　急速に進む少子高齢化社会の進行によって，医療・福祉サービスのニーズは年々増大し，なおかつ高度化，複雑化している。それにもかかわらず，人員が補填されることはほとんどないため，マンパワーには限りがあり，人手不足が深刻化している。情報量の増加とともに，サービスユーザーが専門職に求めることが多くなり，インフォームド・コンセントや情報提供を丁寧に行うことも求められ，業務量が減ることはない。特に医療の領域では，感染症などの急性疾患から生活習慣病などの慢性疾患へと疾病構造が変化し，若年者層から高齢者層へと長期的なケアが求められ，その場所も病院から地域へと，つまり医療現場での支援から生活の場での支援へと支援の場が広がっている。そこでのテーマは，命を助けるという単純なものではなく，住居，食事，仕事，金銭，友人，生きがいなど生活全般となっている。

　このような現状の中で，心理職の活躍する領域は，保健医療，福祉，教育はもとより，犯罪，司法，産業等へと広がりを見せている。当然，それらの領域では，多様な職種の人たちがそれぞれの目的と専門性をもって業務に当たっているため，同じクライエントに対して，直接かかわりながらその責任も分担したコラボレーションや，多職種連携が求められるようになっている。多職種連携をしつつ心理職としての独自性を見出し，専門性を発揮していくことが求められている。

（2） 多職種連携で期待される効果

　利用者のニーズは医療や施設での支援にとどまらず，生活の場での長期的な支援へと変わってきている。これに伴って利用者は，単に病気の治癒や障害の軽減を求めているわけでなく，人としての誇りを持って自らの人生を生きることを可能にする支援を求めている。すでに利用者中心主義によるサービスという目標は，どの専門職においても疑いようもないこととなっているが（野中，2014），それでは，多職種連携によってどのような効果が期待できるのであろうか。Smith（2013）は次のようにまとめている（**表10-1**）。

表10-1　多職種連携で期待される効果

利用者にとって	専門分化による弊害の解消 必要なサービスへのアクセスのしやすさ 広範な支援の享受 自分のニーズに合った支援の享受
専門職にとって	質の高いスキルの提供 これまで支援できなかったニーズへの対応 職業倫理意識の高まり チームメンバー同士の信頼感の高まり 事故や危険の回避 自分の専門性の再確認

1） 利用者にとっての利点

　サービスを活用する人々は，自分が感じているニーズに対して応答が

部分的であったり，接近しにくかったりすることによって，不満を感じることがしばしばある。生物学的な課題と社会的な課題の両方において支援を求めているにもかかわらず，それぞれが専門分化していることによって，ニーズが満たされないこともある。しかし，この種の不満は，協働のアプローチが用意され，利用者の多様なニーズを支援する広範な枠組みができれば，解消につながりやすいだろう。

　第二に，利用者は1つの職種につながるだけで，これまで以上に必要なサービスにアクセスしやすくなり，効率的な支援を得られることになるだろう。サービスを必要とする人であっても，すべての人がそれを求めるとは限らない。そのような人が，ある時たまたま1つのサービスにつながったとしても，その領域が専門分化しているならば，サービスは限定的な効果しか発揮できない。たまたま高まった動機づけを捉えて，継続的な支援に結びつけられることも，多職種連携によって可能となる。

　第三には，多様な職種が連携することによって，利用者それぞれのニーズに適したサービスを創造しやすくなるだろう。利用者の多様なニーズへの応答レベルが高まることも期待される。

2）専門職にとっての利点

　専門職における最大の利点は，統合された質の高いスキルを提供できることにある。専門分化された世界で教育を受け，実践を積んできた人が，生活の場をも含んだ支援を求められると，自分の能力以上のことや，訓練を受けてないことも期待されることになる。そのようなとき，提供しようとするサービスの中に，他職種の専門性までをも組み込んだ支援計画を立てられるということは，幅広い支援を提供できるという意味でとても価値が高い。見えていたけれど対応できなかった利用者の潜在的ニーズに対して，積極的に取り組めるようになり，対応の幅が広がるようになるだろう。利用者からの信頼を得ることによって，専門職の職業倫理意識が高まることも期待できる。チームメンバー同士の信頼感が高まり，情報交換が密になれば，事故や危険の回避にもつながる（以上，Smith，2013）。

　連携しながら仕事をするということは，当然のことながら，他職種か

ら心理職に対して援助要請が来ることにもなる。そうすると，他職種の人たちから心理職としての自分が，どのようなことで期待されているのか，そして自分の特殊な知識や能力がどこにあるのか，ということがより明確になりうる。それは，連携の中で役割を果たし，利用者に資することによって，心理職としての自らの力量を再認識できることにつながる。このことは，心理職としての自らの能力への不安や疑惑のレベルを減じるとともに，キャリア形成において，どのような力を身につけていけばよいのかの方向性を模索する際の指針にもなるだろう。

　その他，チームの庇護のもと行っている支援という感覚も生まれることにつながり，一人職場が多かった心理職の場合は，それだけで勇気を得ることにつながる。組織を柔軟に変えることも期待される。1つの組織体ではなかなか進まなかった改革が，他職種からの要請や期待によって，必要な改革を進めやすくなることも出てくる。そのような革新によって，利用者にとっても専門職にとっても有益な，新しいサービスを生み出すことが期待される。以上のように，多職種連携の中で一定の専門的役割を担うことは，自らの専門性の再認識のみならず，他職種への信頼感を増大させることにもつながっていく。

（3）多職種連携の課題

　様々な効果が期待される多職種連携であるが，難しい現状もある。先に引き続き Smith（2013）を参考にしつつ，適宜その他の専門家の意見も交えて，連携を困難にする障壁を列記してみる（**表 10-2**）。

1）境界線争い

　それぞれの専門領域における役割と責任をどのように調整するかという課題が発生し，それぞれの専門職は，どこまでが自分の仕事なのかが分からなくなるということが起きる。この境界線上の領域は，既得権益が侵されたり，利害がぶつかったりするため，縄張り争いや葛藤が高まりやすい領域となる。すると，葛藤を回避して引きこもる方向か，あるいは相手を排除し自分の領域を守ろうとするかの，いずれかの方向で対応することが多くなる。スクールカウンセリングにおける境界線につい

158

表 10 - 2　多職種連携の課題

境界線争い	縄張り争い。どこまでが自分の仕事なのか。
地位の問題	地位の不平等。伝統的な役割期待。誰がリーダーシップを発揮するのか。誰が責任を持つのか。
言葉の壁と実践モデルの違い	専門用語による壁。専門職のアイデンティティや価値観のずれ。
説明責任	自分の職種・職務の説明を常にほかの職種に伝え続ける必要性。評価や職業的成功にかかわる。
意思決定	判断の正当性。誰の判断が正当なのか，誰の権威が優先されるかにまつわる。

て倉光（2015）は，「互いの仕事の専門性，中心点は尊重しながらも，互いの境界を面積ゼロの線で区切るのではなく，むしろ，豊かな境界領域を形成し，現場の状況に合わせて臨機応変にアプローチすること」が必要であるとしている。境界線争いでは，責任の所在はどこにあるのかといったことが常に問題となるが，境界領域でこそ，利用者の視点を取り入れ，利用者中心のケアをオーダーメイドで作る必要がある。

2）地位の問題

　それぞれ職種は，相手の職種に対して伝統的な役割期待を持つものであり，地位の不平等も明らかに残っている。医師の業務独占によって，医師でなければできない業務や，医師の指示がなければできない業務があり，自然と医師を頂点とし，その下にコメディカルの職種が従っていくというピラミッド構造が出来上がっている。急性期の患者には，当然このような階層構造があった方がよりスピーディーに対応できるが，その時期を過ぎてしまった場合，すべてのことが医師の判断なしにはすすまないというのでは効率が悪い。患者が急性期かそれを乗り越えた患者なのかというその局面において，リーダーシップを発揮する人が柔軟に入れ替わっているのが実情であり，局面に合わせた協働の仕方を考えなければならない。

3）言葉の壁と実践モデルの違い

使用する言葉が専門的すぎて，専門的理解が伝わらないという障壁はあるが，それだけではない。各々の職種で使用される用語が，実践モデルの違いや価値観の違いを反映していることもある。例えば，被援助者のことを保健医療領域では患者といい，福祉領域ではサービスユーザー，心理領域ではクライエントと呼んだりする。被支援者を患者と呼ぶ医師は，けがや病気に苦しむ人として対象を認識するため，当然，その病気や苦しみを取り除くことを優先事項とする（山本，1986）。心理職が被支援者をクライエントと呼ぶ場合，悩みや苦しみは単に取り除けばよいと考えるだけでなく，その意味を探求するプロセスにおいて，人間的な成長の糸口を見出す構えも持っている（山本，1986）。福祉職がサービスユーザーという場合，障害や困難が起こるのは，被支援者に必要とされる社会的環境やサービスを提供できない不備があるからだと捉え，その改善に目を向けるであろう（Germain，1992/1992）。言葉の違いは，その職種の社会的要請とそれを果たしてきたという自負，歩んできた歴史，その職責を果たすことによって形成してきたアイデンティティ等，それぞれの根幹にかかわるものも含まれているため，それぞれの職種のエートスを理解しておく必要がある。

4）説明責任

多職種連携を行うとき，背景や訓練を共有してない異なる職種の人からスーパーバイズを受けたり，評価されたりすることが起きうる。自分の職務遂行の評価が，その役割や専門的な知識の価値を本当には分かってない人によって判断されることもあり，その評価が将来の職業的成功に影響する可能性もある。そのようなことが起きないようにするためにも，自らの行っていることの意味や価値について説明責任を果たすことが求められることになる。

5）意思決定の問題

特に緊急性が高い時や危害のリスクが高い場合，誰の判断が正当なのかという問題も出てくる。これは誰の権威が優先されるのかという問題にもなる。警察による刑事上の捜査が優先してしまい，それが子どもを

傷つきから守ろうとする福祉領域の活動にとって代わられてしまう，などということが起きる可能性もある。そのような場合，物事が難しくなっていくと，チームはより個人化された方法で動き出すので，自分の領域で正当と考えられる優先順位やルールが前面に出てくる傾向が高まる。

　以上，多職種連携における乗り越えるべき困難をまとめた。それでは，これらを乗り越えるためには，どのような力量が求められるのだろうか。

2．多職種連携を果たす上で求められる能力

　多職種連携には利点がある一方，上述したような課題もある。このような課題を乗り越えるために，どのような力量を備えておけばよいのだろうか。コンピテンシーという点から考えてみる。

1）コンピテンシーの視点

　ある状況の中で，専門職が専門職業人として業務を行う能力をコンピテンシー（competency）という。このコンピテンシーとは，専門的知識をもち，専門的技術を統合することによって，職務を遂行する力量を示すが，それに加えて，倫理観や態度をも含んだ幅広い意味での能力を示す用語である。Barr（1998）や松岡（2009）は，多職種連携においては次の3つのコンピテンシーが求められるとしている。

　1つ目は，基本的な対人援助の姿勢である。社会人としての常識といえるような内容（きちんとした挨拶やTPOに合わせた会話）から他の職種の人たちとの関係の持ち方（異なる観点や類似点を話し合う能力，話し合って合意を形成する能力）といった内容まである。たとえどのような職種であっても，職務を円滑に行うために求められるコンピテンシーといえる。

　2つ目は，専門的コンピテンシーであり，専門的な知識や技能を用いて役割や機能を果たす力である。臨床心理士への調査によると，協働に役立つ知識と技能は，心理アセスメントと心理療法の力であることが明らかとなっている（樫原ら，2015）。ただし，ここでの心理療法には，1つの認識論と1つの方法論だけを選択する教条主義に陥ってはならず，各心理療法の理論や技法を利用者や症状に合わせて選択し，さらに必要

に応じて改変・改良したり，統合したりするスキルがよりいっそう求められる（淵上・村瀬，2016；津川・岩滿，2018）。

　3つ目は，他の専門職種と協働するために必要な多職種連携コンピテンシーである。これは多職種連携を果たす上で鍵となるため，少し詳細に検討してみよう。

2）多職種連携コンピテンシー

　多職種連携コンピテンシーの開発を進めてきた日本保健医療福祉連携教育学会（2016）は，中核となる2つのコア・ドメインとその周りにコア・ドメインを支え合う4つのドメインがあるとしている（**図 10-1**）。コア・ドメインの1つ目は，「患者・利用者・家族・コミュニティ中心」のコンピテンシーを位置づけている。これは，協働するすべての職種が，患者やサービス利用者・家族・コミュニティにとっての重要な関心事・課題に焦点を当て，共通の目標を設定できる力である。それぞれの職種が，患者・利用者，家族，コミュニティのために集まっているという前

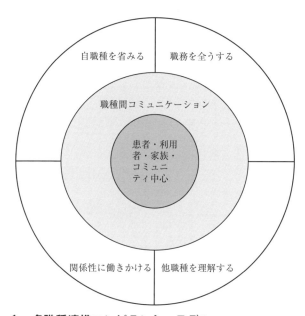

図 10-1　多職種連携コンピテンシーモデル
日本保健医療福祉連携教育学会多職種連携コンピテンシー
開発チーム（2016）p.11 より作成

提をしっかり中核に据えておくことであり，自分の仕事を振り返るとき
や連携の意味づけが分からなくなったときなど，戻るべき中核的な場所
といえる。そして，それを実質的に可能にするのが2つ目の「職種間コ
ミュニケーション」であり，それぞれの職種が「職種背景が異なること
に配慮し，互いに，互いについて，互いから職種としての役割，知識，
意見，価値観を伝え合うことができる」コンピテンシーである。ここで
は，「互いに，互いについて，互いから（with, about and from each
other)」という表現が使われているが，ここまで双方向性を強調せねば
ならないということは，折りをみて頻繁にせねばならない重要な行為で
ある一方，つい怠りがちなことでもあると考えられる。

　以上の2つのコア・ドメインの周りには，4つのドメインが配置され
ている。この**図10-1**をまとめると，利用者中心を掲げ，お互いに何を
しているのかの発信と受信を心がけ，高度な職業倫理を持ち，多職種と
の関係づくりに躊躇することなく，つねに自らの仕事を振り返り，他職
種をリスペクトしながら仕事をするということになるだろう。

3．連携の3モデル

　多職種が連携してチームとなる場合，そのチームが置かれた状況に
よって，連携の仕方は変わってくる。菊池（1998）や松岡（1999）は，
多職種のチームワークについてマルチディシプリナリーモデル（multi-
disciplinary model)，インターディシプリナリーモデル（interdisciplinary
model)，トランスディシプリナリーモデル（transdisciplinary model)
の3つにまとめている。

（1）マルチディシプリナリーモデル

　マルチディシプリナリーモデルは，意思決定が命にかかわり，時間的
制約もあるような緊急の課題（急性疾患，緊急事態など）に対応するた
めに，チームのリーダー一人の指示によって，専門職それぞれがチーム
の中で専門的役割を果たすことに重点を置いたものである。チームそれ
ぞれから上がる情報は，リーダーのもとに集約され，リーダーからの指

示に基づいて職務を遂行することになる。チームは階層的であり，個々の専門職は自らの役割をこなすことによってチームに貢献する。もっとも連携が少ないモデルとされている。

（2）インターディシプリナリーモデル

　時間的制約の圧力は少なく，またそこでの意思決定が，命にかかわるものではない場合のモデルであり，対人援助サービスを行うチームの大部分があてはまる。緊急性は少ないが，その分多様な課題を達成するために集まるチームである。異なる部署や職種の人たちが定期的な会議やカンファレンスで集まり，各専門職が行ったアセスメントや支援はチーム内に統合され，目的と目標を共有しつつ，役割を分担しながら機能することを目指す。意思決定はチーム全体で行われ，メンバー同士の関係は対等であり，階層性はない。

（3）トランスディシプリナリーモデル

　トランスディシプリナリーモデルは，インターディシプリナリーモデルに「役割解放」を加えたモデルである。これはそれぞれがもつ専門的知識や技能を，他のチームメンバーに開放して共有化するものである。各専門職がチームで果たすべき役割を，意図的計画的に，専門分野を超えて，横断的に共有した機能とされる（以上，菊地，1998）。多職種連携を進めていけば，役割が重なっているところが見えてくるものであり，他の職種の人が心理的な援助を担うこともありえる。藤澤（2017）は，他職種の人がそうとは知らず，認知行動療法と共通する目的の課題を実践していることもあると指摘している。このような連携の仕方を淵上・村瀬（2016）は，野球などのチームスポーツを例に出して，「選手としての基本的な守備範囲や得意技はありつつも，試合の局面や作戦に合わせて時にはいつもと違うプレーも恐れずできたり，あるいはピンチの際には瞬間的には他メンバーのカバーも厭わない。そのようにチームに貢献できるプレーヤーであれば，本来のポジションや自分の動きに対するチームメイトの理解や評価は自ずと生まれてくるはず」としている。

4．多職種連携を促進するために

多職種連携の困難性を克服するためには，多職種連携コンピテンシーやチーム・コンピテンシーを高める必要があるが，それを促進する鍵として 3 つに分けて解説する。

（1）当事者の視点を取り入れること

多職種連携を促進するためには，利用者にとって重要な関心ごと・課題を中心に取り上げて，そこに焦点を当てながら，共通の目標を設定することが求められる。利用者は障害や疾病を抱えてはいるが，親でもあり，夫でもあり，仕事人でもあるといったアイデンティティを持ち，様々な生き方を模索し，様々な役割を能動的に生きているので，そこに配慮することが利用者中心のケアとなる。このように考えると，利用者には，自分の人生をどのようにしたいのか，現状の中で生活者としてどのような生き方を求めているのかということを，自覚的に考えてもらわなければならないということになる。専門家にお任せという態度の利用者もいるだろうが，その態度は改めてもらい，利用者自身が自らの生き方や生き様，人生といった実存的な領域にまで踏み込んで，自分のことを考えてもらうのが望ましいということになる。利用者中心のケアにおける専門家は，多職種連携を成功させる対等なパートナーとして利用者をとらえる必要があり，利用者は能動的に専門職に働きかけて，ニーズを伝える必要がある（Beresford, 2013）。そのようなプロセスにおいて，豊かな境界領域とその利用者に合ったオーダーメイドの新しい支援を共創（co-production）することになる。

当事者の視点を取り入れるプロセスの中で，注意しておかねばならないことは，利用者の欲するもの（wants）は，専門職から見た場合，その利用者にとって本当に適したもの（needs）とは考えられなかったりする場合もあるということである。リストカットをすると落ち着くのでリストカットをしたい（want）という利用者に対して，リストカットのニーズがあると考えることは，ケアという面からも福祉という面から

も受け入れられないだろう。その背後にあるのは，安心したい，安定的な人間関係がほしいといったものかもしれない。早く治りたい，昔のように動きたいと欲する（want）が，すべてを提供できるともかぎらない。利用者の語るニーズが家族のニーズを代弁しているだけであり，本心は別なところにあるということもある。利用者中心のケアには，利用者の欲するものを掘り下げて，ニーズを発見するという丁寧なかかわりがないと成り立たない。この部分は，利用者中心のケアの質を高める最も重要なところであり，また心理職が行ってきた中心点でもあるだろう。

（2）多職種連携教育（IPE）

　多職種連携教育（Interprofessional Education；以下，IPE と略記）は，専門的知識と技能を獲得した後の応用課題と考えられがちであるが，松岡（2013）は，多職種連携のスキルは自然と身につくものではなく，効果的な方法，技術，対処方法，必要とされる能力について特別な学習が必要であると指摘している。さらには，多職種連携に対する肯定的な態度は，伝統的な仕事観を身につける前の，資格付与以前の教育において養われるものであるとしている。

　専門的知識や技術を学んでない学修初期であるがゆえに，援助を必要としている人々とのかかわりは専門的見地からのものではなく，「援助を必要とする人々の "生活" や "思い" を "ひと" と "ひと" との関係から理解しようとすること」（田口・常盤，2009）に向けられる。それは，専門的見地から専門家として知りたい情報を得るというのではなく，まずは援助を必要とする人々の生活や思い，価値観をしっかりと知ることによって，対人援助職としての自分には何が必要なのか，という思考をたどるようになる。加えて，自分と同じく，学修初期段階にいる他職種の人たちとチームになって学ぶので，利用者にとって必要とされている自分の役割だけでなく，他職種のそれをも理解することに繋がる。これによって，自らの専門性に特化した職業アイデンティティを形成するのではなく，まずは多職種連携の重要な役割を担う一員としてのアイデンティティを形成することに繋がる。IPE は，学修初期段階から実施す

166

るのが効果的であるが，自己の専門の学修に没頭するようになると，初期段階の学修効果が失われてしまうという調査結果もある（榎田ら，2018）。そのためIPEは，入学段階から資格取得までの過程において，段階的に組み入れる必要があると考えられている。IPEはとくに，医療現場で働く上では求められるプログラムであるが，心理職としての環境整備はこれからの大きな課題となっている。

(3) カンファレンスや会議によるチーミング

　多職種連携を促進する3つ目は，定期的に行われるカンファレンスや会議の活用である。多職種連携は，共通の目標をもって支援にあたるため，目的や方法，支援した時の情報交換などが必要になってくる。そのような機会は，単に情報交換をしたり，役割を分担したりという技術的なことばかりでなく，連携する相手の人柄や価値観が見える関係，つまり「顔の見える関係」（森田ら，2012）を作り出していくことの重要性も指摘されている。カンファレンスや会議は，部門や職位を超えたフラットで協働的なチームになるプロセス（teaming）を生み出す機会としての側面がある。

　森田ら（2012）は，質問紙調査やインタビュー調査を行い，「顔の見える関係」を「単に，名前と顔がわかるという関係ではなく，考え方や価値観，人となりがわかる，さらには，信頼感をもって一緒に仕事ができるという意味で使用されること」とまとめている。そしてこの関係が地域連携に及ぼす影響として，①連絡しやすくなる，②誰に言えば解決するかや役割がわかる，③相手に合わせて自分の対応を変えるようになる，④効率が良くなる，⑤親近感を覚える，⑥責任を感じる，の6つがあることを明らかにしている。より具体的に，インタビュー調査の言葉を抜き出してみると，顔の見える関係は，相手に連絡しやすくなり（気兼ねや怖さが減る），こういうときはあの人に連絡すればいいということがわかってきて，たとえ価値観が違っても，こちらのやり方を変えれば連携できるので，相手によってやり方を変えられる。そうすれば，これはこの人にと振り分けながら仕事ができるので効率が良く，紹介状を

書く時やもらうときなどは，手紙を書いたりもらったりという感覚になり親近感を覚える。顔が見えるとお互いに責任感も強くなるので，生半可なことはできない，中途半端なことはできないという感じになる，といったことが挙げられている。

5．まとめ

　心理職の資格は汎用性が高く，様々な領域で活躍できる一方，それぞれの領域での役割はあいまいなままになっている。それは利点と捉えて，それぞれの領域で利用者中心を鍵概念としつつ，新しい支援方法を作り出していくことが，これからの心理職の目指すこととなるだろう。職務の中核にある心理療法と心理アセスメントの力量を高めるだけでなく，チームの一員としての役割を果たすとともに，自らの専門の部分においてはリーダーシップを発揮する，プレイングマネージャーともなることが求められる。

🎸 **研究課題**

1．多職種連携はなぜ求められているのか考えてみよう。
2．多職種連携で求められる力量はどのようなものだろうか。
3．多職種連携を阻む要因と促進する要因について考えてみよう。

引用文献

Barr, H. (1998). Competent to collaborate : towards a competency-based model for interprofessional education. Journal of Interprofessional Care, 12 (2), 181-187.

Beresford, P. (2013). "Service-user issues : Rights, needs and expectations", Littlechild, B. & Smith, R. *A Handbook for Interprofessional Practice in The Human Services : Learning to work together*. Routledge, London and New York, 187-199.

榎田めぐみ・鈴木久義・片岡竜太・今福輪太郎・小倉浩・刑部慶太朗・下司映一

（2018）．多職種連携実践に向けて医系学生が身につけた能力とは？：卒前の多職種連携教育の意義．医学教育，49(1)，35-45.

淵上奈緒子・村瀬嘉代子（2016）．心理療法における臨床心理士の役割と課題．臨床精神医学，45(6)，775-780.

藤澤大介（2017）．チーム医療において期待される心理職の役割．精神療法，43(6)，790-795.

Germain, G. B. (1992). *Ecologilcal Social Work : Anthology of Carel B.Germain* Gakuennsha. 小島蓉子(訳・著)（1992）．エコロジカルソーシャルワーク：カレル・ジャーメイン名論文集．学苑社.

樫原潤・川崎隆・髙木郁彦・羽澄恵・能登眸・下山晴彦（2015）．医療領域での多職種協働における臨床心理職の課題―臨床心理職に対するアンケート調査から．東京大学大学院教育学研究科紀要，55，291-301.

菊池和則（1998）．多職種チームの３つのモデル：チーム研究のための基本的概念整理．社会福祉学，39(2)，273-290.

倉光修（2015）．学校臨床心理学・地域援助の照射領域．学校臨床心理学・地域援助特論．放送大学教育振興会．pp.10-30.

松岡千代（1999）．ヘルスケア領域における専門職間連携：ソーシャルワークの視点からの理論的整理．社会福祉学，40(2)，17-38.

松岡千代（2009）．多職種連携のスキルと専門職教育における課題．ソーシャルワーク研究，34(4)，40-46.

松岡千代（2013）．多職種連携の新時代に向けて：実践・研究・教育の課題と展望　リハビリテーション連携科学．14(2)，181-194.

森田達也・野末よし子・井村千鶴（2012）．地域緩和ケアにおける「顔の見える関係」とは何か？．Palliative Care Research，7(1)，323-333.

日本保健医療福祉連携教育学会多職種連携コンピテンシー開発チーム(2016)．http://www.hosp.tsukuba.ac.jp/mirai_iryo/pdf/Interprofessional_Competency_in_Japan_ver15.pdf

野中猛（2014）．多職種連携の技術：地域生活支援のための理論と実践．中央法規.

Smith, R. (2013). "Working together : why it's important and why it's difficult" Littlechild, B. & Smith, R. *A Handbook for Interprofessional Practice in The Human Services : Learning to work together.* Routledge, London and New York, 11-23.

田口孝行・常盤文枝（2009）．初期体験学習からチームで学ぶ．埼玉県立大学（編）IPWを学ぶ：利用者中心の保健医療福祉連携．中央法規．pp.105-108.

津川律子・岩滿優美（2018）．医療領域．鶴光代・津川律子（編）シナリオで学ぶ心理専門職の連携・協働：領域別にみる多職種との業務の実際．誠信書房．pp.14-42.

山本和郎（1986）．コミュニティ心理学：地域臨床の理論と実践．東京大学出版会.

11 | 教育分野でのコラボレーション

伊藤　亜矢子

　今日の学校現場では，チーム学校の方向性のもと，教師だけでなく，スクールソーシャルワーカーや特別支援教育の巡回相談員など，多職種が連携しての支援が求められている。また，児童相談所や民生児童委員などの地域資源も加わった要保護児童対策地域協議会など，学校外の資源との協働もある。本章では，こうした教育分野でのコラボレーションについて学ぶ。
《**キーワード**》　多職種連携，スクールカウンセラー，スクールソーシャルワーカー，コラボレーションを促進する役割

1．コラボレーションの特徴とそこでの専門家の動き

（1）コンサルテーションとコラボレーションの違い

　コラボレーションとコンサルテーションには共通点が多く（Dougherty, 2009），コンサルテーションの発展形としてコラボレーションが捉えられることも多いが，両者には本質的な違いもある。

　コンサルテーションでは，コンサルティがクライエントにどのような支援を選択するかは，コンサルティの自由であり，その結果についてもコンサルタントは責任を負わない。しかしコラボレーションでは，コラボレーターも，支援において役割と責任を担う。このことは，コンサルテーションとコラボレーションに大きな違いをもたらす。

　例えば Caplan & Caplan（1999）は，次のような点を指摘している。

　第1に，コラボレーションでは，チームのメンバーについて，支援を成功させられる力量があるかを吟味する必要が生じる。

　コンサルテーションでは，コンサルティの力量が乏しくても，コンサルテーションの過程で，クライエント理解が深まり，新たな支援策が見

出せれば成功である。支援策をコンサルティが選択実行することは，コンサルタントの責任外であり，コンサルタントの仕事の成否と関係ない。

　しかしコラボレーションでは，もしチームのメンバーに力量がなければ，コラボレーションの成果は得られない。コラボレーターの仕事も失敗ということになる。パートナーが，支援を十分かつ有効に行えるかどうかは，コラボレーターにとっては大きな意味を持つ。そこでコラボレーターは，コラボレーションのパートナーとなるメンバーについて，一緒に支援に取り組んで成功できる相手かを吟味する必要が生じる。この点は，コンサルティの支援の成否がコンサルタントの責任外であるコンサルテーションと，本質的に異なっている。

　第2に，チームで支援を行うには，支援策や重要な事柄についてメンバーに説得をする必要が生じるかもしれない。

　共に支援策を遂行するためには，メンバー各人が役割を担う必要があり，チームとしての支援策をメンバー間で共有することが必須である。コンサルタントとコンサルティという関係であれば，必ずしもコンサルティはコンサルテーションで得た支援策を受け入れなくてもよいが，コラボレーションでは，メンバーが支援策を受け入れなければ，チームとして動けない。また，コラボレーターがクライエントにとって決定的だと思う事柄があれば，それをきちんと共有して，適切に支援策が理解され実行されるようにしなければならない。

　もしも支援策が失敗して，クライエントに害が及べば，それはコラボレーターの責任にもなる。適切な支援のためには，場合によっては，コラボレーターがチームを説得する必要が生じるかもしれない。このように，背景知識も異なる多職種で，支援策に向けて1つの方向性を見出していくためのプロセスは，コンサルティが最終的な選択をするコンサルテーションのプロセスとは異なってくる。

　第3に，チームのメンバーが所属する組織の性質を考慮する必要が生じる。コラボレーションの相手は，特定の組織に所属しているが，そこには組織の責任者がおり，組織の目的がある。組織本来の目的と支援は，必ずしも合致しないかもしれない。メンバー個人が支援策を理解し，実

施したいと考えても，そのメンバーが所属する組織としては目的や考え方，行動の制限から，実際にはその支援を行えないかもしれない。

　教育の場であれば，教育も心理的支援も，子どもの成長や広い意味での将来にわたるウェルビーイングを目的にしている。しかし，例えば企業であれば，企業としての生産性や利潤の向上という目的があり，社員のメンタルヘルスの向上が，組織の第一の目的とはならない。部長は部下のメンタルヘルスを改善するよりも，課内の生産性を高める役割を重視しなければならないかも知れない。さらに，組織の長である社長の理解がなければ，部長は勝手に支援を行うことはできない。コラボレーションを行うメンバーだけでなく，メンバーの背後にいる組織の長の考えや意見，組織としての制限を常に考慮する必要がある。

　このように，コラボレーションでは，コンサルテーションにはなかった難しさがあり，それぞれ異なる背景や考えを持つ複数の人の間に共通理解を構築し，技能も異なる多様な人が，それぞれの立場で，その時々に適切な役割を果たしていく必要がある。

　あえて言えば，1 回のコンサルテーションは，その場での共通認識の形成ですむが，コラボレーションは，参加する複数の人間が，事態を変化させながら，その変化に伴って，共通認識や作戦を新たにしながら，お互いにそれぞれの支援を継続的に行っていくことになる。1 時点での共通理解があっても，役割を十分認識できないメンバーや，何等かの理由で役割を遂行できないメンバーがいれば，コラボレーションはうまくいかない。コンサルテーションと比べて，コラボレーションは，かなり複雑な過程なのである。

　ところで学校，特に公立中学校においては，不安定な思春期の子ども集団に対して，複数の教師が協働して生活指導を行っている。そこでは，子どもへの見立てが共有され，教師相互の共通理解によって，役割分担しての対応がなされていく。まさにコラボレーションである。

　しかしこれも，学校や学年によっては，うまく共通認識が形成されず，教師の動きがバラバラになってしまうことや，そもそも必要な支援や指導についての考え方が異なっていて，足並みがそろわない，といったこ

ともある。学級担任教師・副担任・教科担任教師・非常勤講師・管理職・養護教諭など，立場の異なる教師間のコラボレーションも，一筋縄ではいかない面がある。

表11-1に示すように，「報告」では情報が共有され，「コンサルテーション」では方針が検討されるのみであるが，「コラボレーション」は支援を合同で行うのだから，格段に相互の協力が必要になる。スクールカウンセラー（SC）がコラボレーションしたくとも，教師側には単なる報告と思われていて，方針の共有がなされない場合や，コラボレーションしているつもりでも，支援の実施が教師に任されて，実施後の方針の検討や共有がなく，結果的に，コンサルテーションに留まっている場合もある。コラボレーションでは，支援の過程で，お互いに何度も方針を検討し合い，状況を確認し合いながら，役割分担を続けることが必要になる。ちょっとしたことも意見を出し合う職員室であれば，インフォーマルなコンサルテーションが容易に行えるように，何事も気楽に一緒にやる同僚性がある職員室であれば，一緒に話し合いながら支援するコラボレーションも自然にできる。しかし教師間の協力も，報告で終わっていて，コラボレーションの土壌がない場合には，コラボレーションの実施は難しい。

表11-1　コラボレーション等の比較

方法	内容
報告	情報が共有される
コンサルテーション	方針が検討される
コラボレーション	支援が合同で行われる

しかし，チーム学校の時代にあっては，SCも学校の一員としてコラボレーションを行うことが明確に求められている。上記のような難しさを認識した上で，教師との関わりが，表11-1のどの段階にあるのかを振り返り，コラボレーションへと展開できるよう，活動のあり方を考えることも必要になる。

（2）コラボレーションで必要な専門家の動き

　それではこうした複雑なプロセスを遂行するために，コラボレーションを行う専門家はどのように振る舞えば良いだろうか。

　Caplan & Caplan（1999）は，コラボレーションの性質として上記のような難しさを指摘した上で，コラボレーションを行うメンタルヘルスの専門家が担う役割として次の点を挙げている。

① 　メンタルヘルスの知識を提供すること。

② 　他のメンバーにとって新たなモデルとなる介入をクライエントと家族に対して行うこと。

③ 　メンバーに心理社会的あるいは情緒的なサポートを提供すること。

④ 　見立てや支援，支援のマネジメントを行いながら，それらについて他のメンバーに説明し，メンタルヘルス支援の性質や他のメンバーの専門性との違いについて，他のメンバーが理解できるようにする。

　これらを学校現場の SC の役割に置き換えて考えると，校内でのコラボレーションに向けて，SC がまず行うべきことが見えてくる。

　コンサルテーションでは，見立てを先生方に伝え，教育の専門家である先生方とお互いの子ども理解を伝え合うことで，子どもや課題への理解を深化させ，先生方の新たな気づきや方策の発見につなげていく。

　コラボレーションでは，コンサルテーションと同様に，SC の臨床心理学の知識，すなわち心理臨床的な見立てや事例理解に関連する臨床心理学その他心理学の知識をチームのメンバーに提供する。同時にその傍ら，SC も，子どもや保護者に心理面接やコンサルテーションなどの直接的な介入を行う。そしてその行為が，他のメンバーにとって心理的支援のモデルになるように，先生方の子ども支援を心理社会的あるいは情緒的に励まし応援しながら，支援の意味や臨床心理学の考え方を先生方に説明し，先生方が SC の支援の性質を理解し，その専門性を理解できるようにする，ということになる。

　つまり，SC は，ただ本人面接や母親面接をするだけでなく，守秘に

留意した上で，事例理解を，共に支援を行う先生方に積極的に伝え，理解してもらえるように説明しながら，教師と SC がそれぞれの立場で，どのように心理的支援を行えるかを話し合うことが大切になる。支援意欲が減少しないように，先生方をねぎらい，先生方の支援をバックアップすること。また，臨床心理学などメンタルヘルスに関する知識を先生方に伝え，そうした知識を踏まえて戦略を立てられるようにすること。そうしたことを SC が行うこともコラボレーションの下地づくりになる。それらの蓄積で，教師も SC の活動をバックアップし，教師としての実践知を SC に伝えて，SC の学校内での支援がより適切なものになるよう動いたり，SC を積極的に子どもや保護者に紹介したりするなど，チームワークが進展するのではないだろうか。いずれにせよチームワークには，お互いへの信頼と励まし，お互いの得意技や立場への理解，相互に助け合い補い合いながら積極的に協働する姿勢が欠かせない。

　例えば SC は，子ども達の行動や心の変化に表れる小さくても確実な支援の成果に気づきやすい立場である。それらを先生方に伝えることも，先生方の支援意欲が継続する情緒的なサポートになる。先生方の立場を理解し，苦労をねぎらい，パートナーとして積極的に先生方と関わることが重要である。もちろんその中で，SC の役割を先生方に知ってもらうことや，心理の視点からの子ども理解や心理的支援の特長を先生方に知ってもらうことも課題である。

　まずは見立てを先生方に伝え，良いコミュニケーションを継続することが重要であり，インフォーマルなコンサルテーションの蓄積が，コラボレーションの出発点ともいえる。

　また，Caplan & Caplan（1999）が指摘するように，学校では，組織の長である校長や，学校設置者である教育委員会の考えが最終的な判断になる。先生方も SC も，校長や教育委員会の方針に従うことは大前提であるが，SC と，校長や教育委員会の考えが合致しない場合もあるかも知れない。しかしそうした場合にも，いたずらに対立の構造となっては，チームでの支援が行えない。そもそも，子どもの成長をめざす学校においては，校長や教育委員会，教職員それぞれに，各立場で子どもの

最善を目指しているはずである。対立的に思える考えの違いは，情報の不足やお互いの理解不足であって，本質的には対立的なものでないことが多いのではないだろうか。対立のように思える場合でも，パートナーとして一緒に支援に取り組めるように，意見や情報を交換し，相互理解を深めて，心理の目から見た見立てを適切に伝えて，協力し合う努力が欠かせない。

　このようにしてコラボレーションは，コンサルテーションよりも先生方と深く関わることが必要となる。

　SC は「外部性」が重要といわれた時代には，教師とは異なる心理職としての見立てだけでも，「外部性」として機能したかもしれない。しかし，校内でのコラボレーションが強く求められるチーム学校の時代には，SC に校内の支援チームの一人として，先生方に SC の役割や意見をしっかりと伝え，協働する姿勢を明確にしながら，積極的に先生方と関わることが大切である。

（3）コラボレーションの必要性

　コラボレーションの利点は，支援が先生方に任されるコンサルテーションと違って，SC も先生方と共に直接的に支援を進めていくことができ，教師・SC・スクールソーシャルワーカー（SSW）など多くの人が関われる学校ならではの，校内資源をダイナミックに活かした支援を展開できることにある。

　また何よりも，校内にいる SC は，直接に子どもや保護者に関わる機会が多くある。その意味では，最初から SC も支援の一翼を担っているという意味で，コンサルテーションよりもコラボレーションが，自然な支援の形ともいえる。

　コラボレーションでは教師とのパートナーシップが出発点であるから，教師からパートナーとして認識され受け入れられなければ，コラボレーションは成立せず，学校の片隅にある相談室で，SC 一人で相談を重ねることになってしまう。

　学校によっては，SC と教師のコラボレーションの経験が少なく，カ

ウンセラーは相談室で面接を行う人という認識が強くて，校内チームの一員同士としてコラボレーションする仲間とはみなされていない場合もあるかも知れない。そうした場合には，まずチームの一員として認識してもらえるように工夫することも必要になる。そうした際にも前述のCaplan & Caplan（1999）による4つの専門家の役割は，SCがどのような工夫をすべきかの手掛かりとなるのではないだろうか。すぐにはコラボレーションにならなくとも，メンタルヘルスの知識を周囲の先生方に提供したり，必要な支援を行って心理的支援のモデルとなったり，パートナーである先生方に情緒的サポートを提供し，見立てを話すなどすることで，先生方との信頼関係や，先生方のSC活用への意欲が高まれば，自然な形でコラボレーションが少しずつ展開するはずである。なぜなら，多くの子ども達が毎日を過ごす校内では，何かしら支援を必要とする出来事や事例が日々発生している。先生方との信頼関係や，SC活用意欲の高まりがあれば，何らかの問題解決に向けたコラボレーションの機会は自然とめぐってくる。そうした機会にも，1つ1つ丁寧に対応することで，コラボレーションが広がっていくのではないだろうか。

2．校内でのコラボレーションの社会的要請

（1）チーム学校

　中央教育審議会の平成27年答申，いわゆる「チーム学校答申」では，「個々の教員が個別に教育活動に取り組むのではなく，校長のリーダーシップの下，学校のマネジメントを強化し，組織として教育活動に取り組む体制を創り上げるとともに，必要な指導体制を整備すること」，また，「その上で，生徒指導や特別支援教育等を充実していくために，学校や教員が心理や福祉等の専門家（専門スタッフ）や専門機関と連携・分担する体制」が必要であり，そうした体制がチームとしての学校の姿であることが述べられた（文部科学省中央教育審議会，2015）。

　学校そのものが，社会の複雑化に対応できる社会に開かれた教育を行うために，アクティブ・ラーニングによる授業改善やカリキュラム・マネジメント，地域と連携するコミュニティ・スクール（学校運営協議会

制度）など，新たな方策を求められ，心理支援だけでなく，学校教育全般に組織的な教育，つまりコラボレーションの推進が求められている。

　例えば，コミュニティ・スクール（文部科学省，n.d.(a)）は，学校の運営等について，地域住民や保護者の代表などからなる学校運営協議会が意見を述べ，いわば地域と学校のコラボレーションが行われる。法律（地方教育行政の組織及び運営に関する法律第 47 条の 6）に基づいて教育委員会が学校に学校運営協議会を設置して，学校運営協議会が，学校長の運営指針を承認し，学校運営に関する意見を教育委員会や校長に述べたり，教職員の任用について教育委員会に意見を述べたりすることができる制度である。また，令和 2 年度（2020 年）から小学校で，翌年度から中学校で完全実施される学習指導要領では，主体的・対話的で深い学びとして，アクティブ・ラーニングが導入される。「何を学ぶか」だけでなく「どのように学ぶか」が重視された授業改善がめざされているのである（文部科学省，2017）。こうした学びのスタイルそのものも，「対話的」とあるように，子ども同士の広い意味での協働を前提とし，主体的に周囲と関わり合いながら問題解決を行う力の育成が求められる。つまり，子ども同士，教員間，学校と地域など，学校全体に多様な協働が前提となるように学校現場は変化してきている。

（2）チーム学校で必要とされること

　チーム学校は，単に支援をチームで行おうということではなく，学校組織・学校運営や授業の改革でもある。例えば，チーム学校を実現するための，学校のマネジメントモデル転換の視点として，①必要とされる教職員や専門能力スタッフ等の配置と，教員の専門性向上，専門能力スタッフ等が専門性を発揮できる連携・分担体制の整備，②管理職や学校のマネジメントの再検討，③人材育成や業務改善など教職員各人が力を発揮できる環境整備，が指摘されている。新たなマネジメント体制や環境整備と共に，専門性の高い教員が，その専門性を活かしつつ，専門能力のある心理や福祉等のスタッフと連携・分担する体制づくりが求められている。社会の複雑化や地域・家族の変容の中で，従来の学校の役割

では支援しきれない事例を，学校としての本来の役割を維持しながら，どのように効果的に支援していくのか。アクティブ・ラーニングなどで学校本来の役割である授業力を高めながら，新たなマネジメントによって，多職種連携による学校内外に開かれた教育や支援を行うことが求められている。チーム学校を実現し，SCやSSWなどと教師のより緊密なコラボレーションが求められているのである。

（3）スクールカウンセラーの立ち位置

　学校では，SCやSSWとのコラボレーションに慣れている教師もいれば，コンサルテーションやコラボレーションを行っているようでありながら，実は，先に述べたような単なる報告に終始することが多い学校もあるかも知れない。そうしたコラボレーションの土壌のない学校において，非常勤心理職であるSCからの発動でコラボレーションを行うことは容易ではない。しかし，先に挙げたようにCaplan & Caplan（1999）は，①メンタルヘルスに関する知識提供，②モデルとなる介入の実践，③メンバーへの心理社会的・情緒的サポート，④見立てや支援，支援のマネジメントを行い，それを他のメンバーに説明し，心理の専門性の理解に繋げること，を提案している。また，Dougherty（2009）も，コンサルテーション，コラボレーションでは，教師と心理職の人間関係が重要であるとしている。コラボレーションの土壌のない学校であっても，SCが知識提供したり，モデルを示したりしながら，お互いの人間関係を深めていくことは可能であろう。なるべく多くの対話を通して，日常的に，他の教職員に役立つ知識を提供することや，SCの行った支援について担任など関連のある教職員に積極的に説明すること，教職員への情緒的サポートを行うこと，などを通して，自然な形で教職員からの信頼や，一緒に何かできるという思いを教職員に持ってもらうことが大切である。

　学校は，組織として教育を行っている場であり，その意味で，教職員相互の協働は，本来，何らかのかたちで日常的な業務の中で行われているはずである。そうした日常的な協働の一員に，SCやSSWも加えて

もらうことができれば，自然なかたちでコラボレーションが展開できる。
教育の専門家でない SC や SSW が，そうした日常的な協働に加わり，ま
たそれを促進できるかどうかは，タイムリーな専門知識の提供や，教師
と一緒に行き詰まっていた事態を少しでも改善する努力を行うなど，
Caplan & Caplan（1999）が提案した 4 つの点を，少しでも丁寧に行っ
ていくことが効果的ではないだろうか。

3．教育領域の多職種連携

（1）多職種連携に求められるもの

　チーム学校時代の学校において，SC が教師とコラボレーションを進
めるための工夫を述べてきたが，多職種連携においては，チームとなる
他の職種と支援の場への理解が重要になる。支援を行うのがどのような
場であり，また，他職種はどのような専門家であるかについて知識を持
つことも重要である。相手の「得意技」がわかることで，安心して支援
の一部をお互いに任せることができ，支援の場について理解しているこ
とで，適切かつ可能な支援が明確に見えてくる。

　支援の場である学校や地域について知識を持ち，コラボレーションを
行う他職種について知識を持つことは，コラボレーションの基本である。
ここではそのような意味で，教育領域でコラボレーションを行うことが
多い心理職以外の職種等について整理する。

（2）スクールソーシャルワーカー（SSW）

　SSW は，教育と福祉の両面に専門性を持ち，家庭環境や地域環境な
どの環境に働きかけることができ，学校を超えた地域資源と学校での支
援を結び付けるコーディネーター的な存在（文部科学省，n.d.(b)）とし
て導入されてきた。SC と同様に，平成 29 年（2017 年）の教育基本法施
行規則改正で，「児童の福祉に関する支援に従事する」と定義もされた。

　SSW の出発点は，1986 年から行われていた山下英三郎氏の埼玉県所
沢市での活動といわれ，校内暴力や暴走族など，学校だけでは解決の難
しい子ども達への地域に根付いた支援活動がルーツとなっている。その

後も，子どもの問題行動等および家庭や社会が複雑化し，2014年には「子供の貧困対策に関する大綱」で，SSWは次のような支援を行うものとされた。

① 問題を抱える児童生徒が置かれた環境への働き掛け

② 関係機関等とのネットワークの構築，連携・調整

③ 学校内におけるチーム体制の構築，支援

④ 保護者，教職員等に対する支援・相談・情報提供

⑤ 教職員等への研修活動　等

さらに，SSWガイドライン素案（文部科学省，2016）では，SCとの連携について下記のように述べられている。

SCは，カウンセリング等を通じて，子供の悩みや抱えている問題の解決を支援するもので，直接面接に力を発揮する心理に関する高度な専門職である。SSWは，制度や法律を活用して，子供と子供を取り巻く環境に働き掛けて，家庭，学校，地域の橋渡しなどにより子供の悩みや抱えている問題に関する現実的課題の解決に向けて支援するもので，SCも有効な社会資源と捉えて対応する。それぞれが持つ専門性の違いと機能について十分に理解を深め，両者が役割分担して児童生徒の課題への対応に当たることが大切である（文部科学省，2016）。

SSWは福祉の専門家であり，福祉という観点から，子どもの生活全体を支援することができる。SCが，子どもや保護者・教師の心の世界を通じ合わせることで，子どもにとって理解的・支援的な環境づくりを目指すのに対して，SSWは，家族の暮らしを福祉の点から現実的に支援することができる。また，教師の関わりが子どもの心を支えるように，SSWも，子どもや保護者への声かけや面接を通して，心理的にも子どもと家族を支える。家庭訪問によって，日常生活の場で子どもに関われるSSWの強みと，心理の専門性をもつSCの強みの双方を活かすコラボレーションが重要である。

（3）教育センターと教育支援センター（適応指導教室）

　都道府県や区市町村の教育センターには，心理的支援等を行う相談室が設けられていることが多い。教育センターは，教育に関わる研究や教員研修，教育相談などを行う機関であり，その中に，教育相談を行う機関が「教育相談室」などの名称で設置されている。また教育支援センター（適応指導教室）も同じ建物に設置され，不登校の児童・生徒が，学校に代わって通える場として，整備されている場合が多い。教育センターが独自に心理職を雇用し，都道府県の事業とは別に，SC として自治体内の学校に派遣している場合もある。

　教育センターは，学校とは離れた場であることから，学校には行きにくさを感じる児童・生徒にとって通いやすい場合もある。また土曜日など保護者が通いやすい開業時間があったり，教師や他の保護者に会わずにすんだりと，保護者にとっても通いやすい場合がある。

　学校は，子どもを評価する機関であり，同年齢の子どもがすべて通う機関であるため，子どもにとっては公的な場という性質が濃厚である。それに対して，教育センターは，ほどよく学校とつながりながら個別のニーズに対応する専門機関として，子どもと保護者に寄り添いやすい面がある。住民サービスとして相談料が無料であることも大きい。

　学校生活を直接支援できる教師や SC と，相談専門機関として個人に寄り添える教育センターの心理職が，コンサルテーションやコラボレーションを行う場合も少なくない。通学している子どもであれば，学校での情報が，子ども理解に役立つし，欠席している子どもも，学校と教育センターの連携が，適応指導教室への入級あるいは学校復帰に欠かせない。どのような友達関係が学校にあるのか，授業場面で具体的にどのような困難があるのか，周囲の子ども達はどうその子を捉えているのか，学校復帰しやすい時期はいつか，など，守秘に配慮した上で，こまやかな情報交換によるコラボレーションを行うことで，子どもにとって必要な支援を行うことができる。

（4）児童相談所

　児童相談所は，市町村と役割分担や連携をして，子どもの養育や障害，非行などに関する相談を家庭や学校から受けて，子どもの福祉や権利を守る行政機関である。都道府県に設置義務があるが，現在は，指定都市・中核市・東京23区を含む政令で指定された児童相談所設置市に設置できる（厚生労働省，n.d.(a)）。児童相談所は，児童福祉に関する高い専門性や他の関連施設との連携を保ち，地域に根差した機関であることが求められ，近年では児童虐待対応に中心的な役割を果たしている。市町村による要保護児童対策地域協議会の設置や運営を支援するなど，関係機関の地域援助活動に中心的な役割を果たしている。

（5）民生児童委員

　民生委員は，民生委員法に基づき，厚生労働大臣から委嘱された非常勤の地方公務員であるが，給与の支給はなく，児童福祉法に定める児童委員を兼ねる。地域事情に詳しく，社会福祉に熱意のある人などが市町村ごとに設置される民生委員推薦会による選考等によって推薦，委嘱される（全国民生委員児童委員連合会，2019）。民生委員・児童委員の一部は，厚生労働大臣により「主任児童委員」に指名され，子どもや子育てに関する支援を専門に担当する（全国民生委員児童委員連合会，2019）。民生委員・児童委員，主任児童委員は，地域の一員として，住民と行政サービスを繋ぎ，高齢者や子ども，子育て家庭などを対象とした，幅広い地域の見守り役として，重要な地域資源である。後述の要保護児童対策地域協議会などでも，子どもの生活を見守る支援者としてしばしば重要な役割を果たす。不登校の子どもや貧困・虐待など厳しい生活状況にある子どもの地域での支援者として，学校とコラボレーションを行うことも少なくない。地域によっては，SC，SSW と主任児童委員が顔合わせする機会を設けて，コラボレーションを行いやすくしている場合もある。

（6）警察・少年センター・鑑別所の相談所

　警察には，地域の生活を守る生活安全課があり，地域の非行犯罪防止

等について相談や見守りの活動を行っている。また，例えば警視庁には東京都に 8 か所の少年センターがあり，非行等の相談を受け付けている。地域援助活動として，警察職員と一緒に，街で不良行為のある少年を発見したり，立ち直りのイベントの手伝いや少年の悩み事を聴いたりする，大学生少年補導員を任用し，年齢の近い補導員が子どもに支援を行える工夫なども行われている。スクールポリスなどの名称で，退職した警察官が学校を訪れて，子どもの見守り等を行う地域もある。同様に少年鑑別所でも，法務少年支援センターとして，非行犯罪や少年への対応についての知識等を活用して，学校や地域の NPO などと連携して，地域の少年健全育成や非行犯罪防止の活動を支援する地域援助を行っており，市民に開かれた相談室も開設されている（法務省，n.d.）。

　非行や虐待，生活安全に関わる事柄を中心に，地域の安全の守り手として，警察と学校が連携する事案も少なくない。事例によっては，後述の要保護児童対策地域協議会に地域の警察署員が加わることもある。

（7）地域の病院・クリニック

　学校には，学校医や学校薬剤師がいるが，地域の病院やクリニックに通う子ども達の支援や，医療が必要と思われる子どものリファー先として，病院やクリニックと学校がコラボレーションを行うことも少なくない。小児科・児童精神科・思春期外来など，多様な医療機関が地域にはある。身体的な不調と精神的な不調が，複雑に絡み合って支援が必要な状況にある子どもも多い。医療的な見立てや，学校生活で必要な配慮など，幅広い視点で適切に子どもを支援するためにも，医療機関との連携は欠かせない。

（8）要保護児童対策地域協議会

　コラボレーションを組織的に行う公的な仕組みとして要保護児童対策地域協議会（厚生労働省，n.d.(b)）がある。虐待を受けている子どもを始めとする要保護児童（児童福祉法（昭和 22 年法律第 164 号。以下「児福法」という。）第 6 条の 3 に規定する要保護児童をいう。以下同じ。）

の早期発見や適切な保護には，関係機関のコラボレーションが欠かせないが，その際に，支援の実施状況の把握や関係機関等との連絡調整を行う中心的な責任機関を，地方公共団体が，要保護児童対策調整機関として指定し，守秘義務を要保護児童対策地域協議会に課すことで，関係機関相互が必要に応じて情報交換等を行い，協働して支援を行うことができる制度である。

4．その他の教育および関連領域での支援

　近年では，上記のような公的な支援者だけでなく，放課後デイサービス，フリースクール，広域通信制高校のサポート校など，様々な機関がある。また，SC だけでなく，大学には学生相談員，予備校等にも相談員等として，心理職が学生・生徒への支援にあたっている。こうした活動も，教育領域の地域援助の担い手であり，それぞれ，大学や予備校内の事務職・教員・保護者などと連携しながら，支援を行うと共に，精神的健康に関する啓蒙啓発活動を行っている。

　教育や社会の仕組みが変化するにつれて，教育領域の支援の場やコラボレーションすべき人的資源も変化していく。そうした変化にも敏感になりながら，心理職として何をもって貢献できるかを見定め，多職種のコラボレーションを積極的に展開することが臨床心理地域援助では重要になる。

🎸 研究課題

1．スクールカウンセラーの役割を，教職員や保護者にわかりやすいように説明するとしたらどのように説明するか。
2．不登校の支援について，他の職種の専門家と協働するとしたら，どのようなことをどの職種に依頼するだろうか。
3．生命に関わる事件事故などで学校が危機に陥った場合，学校内の教職員はもちろん，外部からの危機支援チームとの連携が必要になる。

その際の心構えとしてどのようなことが必要だろうか。校内の様々な
立場にたって考えてみよう。

引用文献

Caplan, G. & Caplan, R. B.（1999）. *Mental health consultation and collaboration.* Prospect Heights, IL : Waveland Press.（Original work published 1993）.

Dougherty, A. M.（2009）. *Psychological consultation and collaboration in school and community settings : 5. ed.,* Belmont, Calif : Brooks/Cole, Cengage Learning.

法務省（n.d.）. 少年鑑別所.
　http : //www.moj.go.jp/kyousei 1/kyousei_kyouse 06.html

厚生労働省（n.d.(a)）. 児童相談所運営指針の改正について：第 1 章　児童相談所の概要. https : //www.mhlw.go.jp/bunya/kodomo/dv-soudanjo-kai-honbun1.html

厚生労働省（n.d.(b)）. 要保護児童対策地域協議会設置・運営指針.
　https : //www.mhlw.go.jp/bunya/kodomo/dv 11/05-01.html

全国民生委員児童委員連合会（2019）. 民生委員・児童委員とは.
　https : //www2.shakyo.or.jp/zenminjiren/minsei_zidou_summary/

文部科学省中央教育審議会（2015）. チームとしての学校の在り方と今後の改善方策について（答申）.
　http : //www.mext.go.jp/b_menu/shingi/chukyo/chukyo 0/toushin/__icsFiles/afieldfile/2016/02/05/1365657_00.pdf

文部科学省（2016）. SSW ガイドライン（素案）.
　https : //www.mext.go.jp/b_menu/shingi/chousa/shotou/120/shiryo/__icsFiles/afieldfile/2016/04/04/1368860_04.pdf

文部科学省（2017）. 平成 29・30 年改訂学習指導要領のくわしい内容.
　https : //www.mext.go.jp/a_menu/shotou/new-cs/1383986.htm#section3

文部科学省（n.d.(a)）. 学校と地域でつくる学びの未来：国の取り組み. コミュニティ・スクール（学校運営協議会制度）.
　https : //manabi-mirai.mext.go.jp/torikumi/chiiki-gakko/cs.html

文部科学省（n.d.(b)）. スクールソーシャルワーカー活用事業.
　https : //www.mext.go.jp/b_menu/shingi/chousa/shotou/046/shiryo/attach/1376332.htm

12 | 医療分野でのコラボレーション

押江　隆

　医療分野において「チーム医療」や「多職種連携」が求められるようになって久しい。その理念はもちろん重要であるが，その実践の前には様々な困難が立ちはだかる。多職種の理論的背景の差異は，連携にあたってしばしば問題を引き起こすが，むしろ差異を活かしてよりよい支援を実現するために，心理職が寄与できることとは何かについて議論する。
《キーワード》 チーム医療，多職種連携，オープン・ダイアローグ

1．チーム医療と心理職

　第3章や第10章でも述べられているように，コラボレーションはコミュニティ心理学の重要なテーマの1つである。心理臨床家が人と環境の適合を目指す上で，他職種とのコラボレーションがきわめて重要になってくる。

　医療分野におけるコラボレーションのトピックとして「チーム医療」が挙げられる。藤村（2004）によれば，様々な問題に対応するために医療機関では多種多様の人材が登用され，複雑に機能分化している。これまで，医療チームの中における医師の力は大きく，あらゆる情報は医師が発信源となり，指示系統は一元化されていた。しかし，医療関係者が，専門職としての責務を遂行するために，独自の機能を明確にするようになったことなどから，医師を頂点としたチーム構成は徐々に変化し，患者の健康問題について，各専門職が対等に解決の方法を討議するようになってきている（藤村，2004）。

　また，チーム医療の考え方では，患者自身もその一員として位置づけられる。藤村（2004）は，医療者と患者との関係性が，患者の生活コン

トロールやコンプライアンスをたかめる上で治療的な意味を持つこと，参加型の関係が治療効果を促進させ，その人にとって最適な状態を維持するようなアプローチを志向することが，人々の幸福や安寧に繋がっていくことを論じている。

　この流れは医療現場で働く心理職にもあてはまる。チーム医療と心理職の関連についてもっとも記憶に新しいのは国家資格である公認心理師の誕生であろう。2015 年 9 月 9 日に成立した公認心理師法第 42 条には「公認心理師は，その業務を行うに当たっては，その担当する者に対し，保健医療，福祉，教育等が密接な連携の下で総合的かつ適切に提供されるよう，これらを提供する者その他の関係者等との連携を保たなければならない」と明記されている。すなわち，公認心理師の業務は多職種連携が前提とされており，医療現場ではチーム医療の一員であることが求められている。

　心理臨床の営みは 1 対 1 の個人面接が一般的なモデルとされている。例えば成田（2017）は「個人心理療法は臨床の要である」と述べ，多職種連携の必要性に触れながらも「多職種が協働して問題解決にあたるコミュニティモデルを推奨し，個人心理療法モデルはもはや時代遅れなどと言う人がいる」，「他職種との連携，協働は何も最近になって始まったことではない。そして，そういう活動の根幹に，一人ひとりの患者と向き合うという仕事，個人精神療法があった。このことは将来も変わらぬはずである」などと述べている。個人面接が心理臨床においてきわめて重要な価値を有しているという主張にもちろん異論はないが，これまでみてきたように，専門性がきわめて高度に分化した医療現場では，その実務上，チーム医療の一員としての要請が今後ますます大きくなるであろう。

　ところが，多くの心理職は個人面接モデルでの教育を受けており，他職種との連携を求められると，例えば個人面接で知り得た情報を医師や看護師などの他職種にどこまで伝えてよいのか，また，他職種からの要求をどこまで受けてどこまで個人面接の中で取り扱ってよいのかといった，守秘義務や治療構造をめぐる葛藤を，大なり小なり必然的に抱える

ことになる。

　このように考えると，これまで臨床心理学が培ってきた知見を活かしながら多職種連携を可能とするような，心理臨床の柔軟で新しいフレームワークが必要といえる。それはいったいどのようなものだろうか。

　心理臨床には個人面接だけではなく集団面接という方法もある。例えばエンカウンター・グループ（以下 "EG" と表記）は，自己理解や他者理解を深めるという個人の心理的成長を目的として，1〜2名のファシリテーターと10人前後の参加者のクローズドの小集団による，そこで起こる関係を体験しながら互いに語り合うことを中心とする，集中的なグループ体験（中田，2005）である。EGではファシリテーションシップの共有（野島，2000）がうたわれるように，ファシリテーターを含む参加者同士の対等な関係が目標とされる。複数の専門職が対等にかかわり，患者も参加するチーム医療を考える上では，EGのような集団面接の理論がヒントになり得るだろう。しかしEGは心理的成長を目的とするものであり，治療を志向する医療現場にはなじみづらい。また，そもそもEGは多職種連携を前提としておらず，心理職のみがファシリテーターを務めることも多い。EG以外の治療を志向する集団心理療法であっても，他職種とのかかわりは前提とされていない。

2．オープン・ダイアローグとチーム医療

（1）オープン・ダイアローグとは何か

　このような時代の要請に応えるように登場してきたのが「オープン・ダイアローグ（以下 "OD" と表記)」である。ODとは，フィンランドのケロプダス病院を発祥とする，統合失調症などの精神病クライシスに対して24時間以内に組織されるチームによって患者の生活の場での治療的ミーティングを，各種の社会的ネットワークをまじえて継続して行うシステムである（高木，2016）。ODでは以下の7つの主要原則が守られる（Seikkula & Arnkil，2006/2016）。

　1．即時に応じること

　2．ソーシャル・ネットワークを引き入れること

3．個別で具体的な様々なニーズに柔軟に対応すること

4．責任をもって対応すること

5．心理的な連続性を保証すること

6．不確かさに耐えること

7．〈対話〉が行われていること

　OD では具体的に次のように対応する（斎藤, 2015；Seikkula & Arnkil, 2006）。当事者やその家族から病院に電話がかかってくると, その電話を受けた専門家（医師に限定されず, 看護師や精神保健福祉士, 心理職の場合もある）が責任をもって治療チームを招集し, 24 時間以内に初回ミーティングを実施することになる（「1．即時に応じること」,「4．責任をもって対応すること」）。治療チームは 2 ～ 3 名の専門家から編成される。OD では一人のみではケースに対応しないことになっている。同じ治療チームが責任をもって必要とされなくなるまで対応を続ける（「5．心理的な連続性を保証すること」）。

　ミーティングには当事者と治療チームに加えて, その家族や当事者のソーシャル・ネットワークにいる重要な人たち（公共職業安定所や公共保険局, 職場の同僚や上司, 隣人, 友人など）が参加する（「2．ソーシャル・ネットワークを引き入れること」）。例えば就労支援が必要な場合, 治療チームにその専門家がいなければ, ミーティングに就労支援の専門家を招待することになる。

　ミーティングは多くの場合当事者の自宅で行われる。必ずしも入院を前提とせず, 自宅で当事者個々のニーズに応じて柔軟な対応を心掛ける（「3．個別で具体的な様々なニーズに柔軟に対応すること」）。

　ミーティングでは〈対話〉が行われる（「7．〈対話〉が行われていること」）。治療方針等について専門家のみで意思決定を行うことはしない。専門家同士での話し合いは当事者やその家族の見ている前でなされ, それを受けて当事者やその家族が再び話をする。これをリフレクティングと呼び, 専門家同士のコミュニケーションが専門家の間だけで閉じてしまう（モノローグ）ことを防ぎ, より〈対話（ダイアローグ）〉が促進される。ミーティングでは当事者の語りに耳を傾け, 応答することが目

指される。ミーティングでは意見の一致を目標としない。たとえ各参加者から相反するような語りが出現したとしても，それぞれが尊重される。これをポリフォニーと呼ぶ。矛盾した意見であってもそのいずれも尊重し，ポリフォニーを保持しようとするODでは，必ずしも結論が出ず，先行きの見えない不確かな状況が続くこともしばしばである。それゆえに，治療チームには「6．不確かさに耐えること」が求められる。

　ODは特に急性期の統合失調症のクライエントに効果を有していることが示されており（Seikkula & Arnkil, 2006/2016），わが国でも琵琶湖病院などで導入が始まっている（村上，2019）。斎藤（2015）は統合失調症だけでなく，社会的ひきこもりや家庭内暴力の問題等に有効であることを論じている。筆者も大学附属の臨床心理センターやスクールカウンセリングにて，不登校や発達障害等の児童生徒やその保護者の支援としてODのエッセンス（詩学）を一部活かした集団面接を，大学院生や学校教員と治療チームを編成して実施しており，その効果を実感している（押江・玖村，2019）。

（2）多職種連携の視点からみたオープン・ダイアローグ

　さて，これまで見てきたように，ODでは一人ではなく治療チームでケースに対応するとされており，多職種連携が治療の前提となっているといえる。必要に応じてさらに他の専門家をミーティングに招待することもあり，きわめて柔軟な連携が行われる。またリフレクティングにより，守秘義務や治療構造をめぐる葛藤の問題をある程度解消することができる。リフレクティングは，いわば当事者やその家族の目の前で行われる専門家同士のカンファレンスである（斎藤，2019）。

　例えば医師の診察では自らの症状を訴えるが，心理職との個人面接では症状について一切語ろうとせず，雑談を続けるクライエントがいたとする。心理職としては，医療の場で症状について語ろうとしないその心情を受容し，その思いを巡らせることになる。もちろんそのこと自体に貴重な意義があるが，一方で治療契約を結べないことにまつわる課題を抱えることにもなる。また，医師から「カウンセリングで症状について

取り上げてもらいたい」との要請があったとしても，守秘の観点からは医師に「クライエントと雑談をしている」とも言えず，また治療構造の観点からはクライエントに「医師が症状について話をするよう言っている」とも言えず，葛藤を抱えることにもなるだろう。

　このような事例に OD を参考にした集団面接を導入するところを想像してみよう。OD は自宅に限らず，病院の一室で実施してもかまわない。クライエントと医師と心理職とが一堂に会して話し合う機会を設ける。クライエントに治療に対する思いや考え等を話してもらい，それを受けてリフレクティングで医師から「症状についてカウンセリングでもっと話をしてほしい」といった問題意識や，心理職から「クライエントのペースを尊重したい」といった考えが話されることになるだろう。それを受けて，再びクライエント自身の考えを聴くことができる。話し合い次第でその後も集団面接を続けてもよいし，再び個人面接に戻ってもよい。仮に個人面接に戻ったとして，再び雑談が続いたとしても，集団面接でそれぞれの考えを共有したことにより，その雑談の位置づけは変わってくるだろうし，その後の展開にも変化が生じる可能性は高いと思われる。

　OD を実際の医療現場にどのように導入するのかといった問題や，OD の向き・不向きもあり，安易に導入すればよいというわけではもちろんない。例えば先の事例では，OD のような通常と異なるセッションを導入することで，クライエントに「病院では雑談をしてはならない」かのように誤解されることのないよう留意する必要があるだろう。しかし，OD の発想は心理職と医師との連携における守秘義務や治療構造をめぐる葛藤をある程度回避しつつ，立場の異なる多職種の連携によって治療を進展させる可能性を秘めているといえる。

3．オープン・ダイアローグの何が困難なのか？

　さて，以上の説明を読んで，読者はどのように感じただろうか。「日本の病院での導入は難しそう」と感じた読者もおそらく多いことだろう。同様の指摘は数多くなされており，例えば斎藤（2015）は「オープン・ダイアローグを日本に導入するに際して，きわめて大きな抵抗が起こる

と予想される」と述べ，その理由として対話により薬物療法を最小限にしようとする OD の方針が，保守的な精神医学界には受け入れられないであろうことを挙げている。また高木（2018）は「OD をそのままの形で現在の日本で取り入れることは，到底無理であるように思える」，「24 時間以内の即時対応といい，患者の家にチームで出向くことといい，システムのもっとも基本的な部分を行うことすら，今の日本の医療・福祉のシステムの中では困難である。ソーシャル・ネットワークを引き入れることに至っては，今の日本の精神医療は入院医療が中心であり，それは逆に治療のためにソーシャル・ネットワークから隔離することを意味している」などと述べている。斎藤（2015）も高木（2018）も，わが国の精神医療の構造やシステムの問題を指摘している。システムの問題に取り組むことは，心理職にとってももちろん重要な使命ではあるが，実際の医療現場では，よりよい臨床のためにシステムの問題と折り合いながらも工夫を重ねることになる。では，チーム医療の観点から，OD のエッセンスを取り入れながら，市井の心理職が日々の現場でできることは何だろうか。

　OD が生まれたケロプダス病院にて OD の研修を受けた村久保（2019）によれば，OD のスタッフは，一人ひとりが研修を受けて一人立ちしていくが，その過程で，またその先で，互いのことをよく知り合っていくことが重要であるという。そこでは単にケース対応のときのみだけ集まって「チーム」を名乗るのではなく，そこにいる者同士として互いによく知り合っている「チーム」が醸成されている（村久保，2019）。また，同じくケロプダス病院で研修を受けた井内（2019）は，OD 実践のベースには「ヒエラルキーがなく自他の価値観を同じ重みで尊重していること」があるとし，「自他双方を思いやりながら平等に発言できる」ことがポリフォニー（多声性）につながると述べる。斎藤（2019）も「（OD では）チーム内部ではヒエラルキーがないことが実践の条件なので，例えば医者が不適切な発言をすれば，看護師や患者側から批判・反論されることになる。患者参加とは，このような“治療的民主主義”が機能する場でなければ，およそ意味をなさないであろう」と述べている。

　しかし，ヒエラルキーはどんな現場にも必然的に生じるものである。井内（2019）自身，「ヒエラルキー，言い換えればパワーは，職種だけでなく，年齢など様々なものに存在する。意識していなくてもそのパワーバランスにより，口ごもり動けない人が出てくる」と述べている。

　また，先に述べたようにチーム医療はヒエラルキーのない，各専門職の対等な関係を前提として推進されている。しかし，例えば富野（2018）が「フラット型チーム医療」を「患者さんの治癒・社会復帰を目指しチームリーダーである医師を中心とするフラット型専門職体制」とし，「医師には，医療スタッフの意見を引き出しまとめていくリーダーシップが求められます」と述べているように，チーム医療の時代とはいえ，実際の医療現場において中心的な役割を果たすリーダーはやはり医師なのである。

　医療現場におけるヒエラルキーにまつわるトピックとして記憶に新しいのは，先にも触れた公認心理師制度の創設をめぐって巻き起こった医師の指示をめぐる論争であろう。公認心理師法第 42 条第 2 項には「公認心理師は，その業務を行うに当たって心理に関する支援を要する者に当該支援に係る主治の医師があるときは，その指示を受けなければならない」とされ，公認心理師と医師との間にはヒエラルキーが法的に定められている。

　医療現場において心理職はこのように様々なヒエラルキーの中で仕事をすることになる。OD がフラットな関係を治療に要請することは，ヒエラルキーが特に生じやすいチーム医療の現場に「ヒエラルキーをいかに超えるか」という，一見矛盾した課題をつきつけてくるといえる。では，こうしたヒエラルキーを超えるために，心理職には何ができるのだろうか。ここでいったん OD から離れて，ある多職種連携ワークショップの事例を紹介する（宮武ら，2010 ；押江ら，2010）。

4．精神科ソーシャルワーカーと臨床心理士との協働に向けたワークショップの事例

　本事例は地域社会に根差した生活を営む支援を行うなどの際に協働する機会の多い，精神科ソーシャルワーカー（以下 "PSW" と表記）と

臨床心理士（以下"CP"と表記）との協働に向けたワークショップについてである。本ワークショップは1泊2日の宿泊形式で行われ，PSWが5名とCP 4名が参加した。PSW同士とCP同士はほぼ知り合いであったが，PSWとCPはほとんどが初対面であった。プログラム内容は，交流を深めるためのショートワークや不安を軽減するためのボディワークに加えて，事例検討法の一種であるPCAGIP法（村山，2012）とベーシックEGであった。このうちPCAGIP法とはEGとインシデントプロセスを組み合わせた新しい事例検討の1方法である。村山（2012）はPCAGIP法を「簡単な事例提出資料からファシリテーターと参加者が協力して，参加者の力を最大限に引き出し，参加者の知恵と経験から，事例提供者に役立つ新しい取り組みの方向や具体策のヒントを見出していくプロセスを学ぶグループ体験」と定義している。

　本ワークショップでは「CPとPSWという立場の異なる専門家による事例検討会を実施することで，事例の考察に新たな気づきを得るとともに自らの立場と支援の役割を明確にすること」を目的にPCAGIP法を実施した。そのプロセスはおおむね以下の通りであった。

① 事例の提供を呼びかけた。各自簡単に「自分が気になる事例，困っている事例」を200字程度でまとめて紙に書いてもらった。

② 提供された事例から，ファシリテーターが本ワークショップのオーガナイザーと相談しながら，より安全性の高い事例を選んだ。採用された事例はPSWから提出されたものであった。

③ 提供事例をコピーしたものを参加者全員に配布した。

④ ホワイトボードを用意し，各参加者にはホワイトボードの見える位置に円座してもらった。また，参加者から記録係を2名募集し，ホワイトボードに適宜発言を記録してもらった。記録係もグループに参加し，質問もしてもらうようにした。

⑤ 開始前にファシリテーターがPCAGIP法の趣旨とグランドルールの説明（「メモを取らない」，「批判しない」）を行った。

⑥ 着席順に参加者から事例提供者に対して事例に関する質問をしてもらった。

⑦　質問が二巡したところで参加者から「質問が出尽くした」との発言
　があり，ファシリテーターより質問ではなく助言等がある場合はそれ
　を伝えてよい旨を伝えた。その際「結論がでなくてもよい」，「引き続
　き質問をしてもよい」旨をあわせて伝えた。

⑧　終了時刻が近づき，各参加者に感想を求めて終了した。事例提供者
　からは「すごくおもしろかった。事例検討となるとつい身構えてしま
　うところがあるが，この方法では安心して参加することができた。ク
　ライエントの背景にある思いについて様々な観点から検討することが
　できた」といった感想があった。

　本ワークショップ終了後，各参加者に振り返り用紙への記入を求めた。
その中で，PSW から PCAGIP 法について以下のようなフィードバック
を受けた。「自分一人では絶対起こらない発想や，それを聞いてさらに
聞きたくなる，そんな気持ちになった」，「PCAGIP の手法はとても参加
しやすかった。前向きな意見が言えるし，自分自身が『粗さがし』の発
言もしなくなって，よい話し合いができた」，「PCAGIP のほどよい緊張
感というか，真剣だが険悪でない空気感がとてもよかった。あの少ない
情報からとても深い話までいきつけたのもよかった。今後，取り入れて
いきたいと思った」，「PCAGIP がすごく印象に残った。何事も『安心感』，
『否定されない』ということは話をしていく上でとても重要なポイント
になるんだなと思った」。

　PCAGIP 法では事例検討を何らかの理論的枠組みから行うというより
は，参加者の自由な発想や連想をもとに行うものである。PSW と CP
のように立場が異なれば事例を語る言語や理論も異なり，議論が成立し
ない可能性もあると思われるが，本ワークショップで実施した PCAGIP
法では立場の差異を超えて同一事例についての検討を行うことができて
いた。むしろ立場が異なるからこそ多様な質問が現れ，「自分一人では
絶対起こらない発想や，それを聞いてさらに聞きたくなる，そんな気持
ちになった」のだと思われる。

　本ワークショップに参加した目的については「他分野のことを知り，
自分を振り返る」とする意見が多く，職種間の交流を通して自己理解を

196

深める機会を得たいとする参加者の要望がうかがえた。また，プログラム全体の流れについて「初対面でこんなにも打ち解けられたのはいろんなプログラムが組めていたからだ」，「互いの距離を近づけるプロセスから始まり，それから検討会（PCAGIP法）などがあったので深い話ができた」といった意見があり，無理のないゆるやかな関わりをとおして次第に職種間の繋がりが育まれていった様子がうかがえる。他にも「しんどくなく，おもしろくて主体的に参加できた」，「初めてだからこそ，みんなで作り上げていく研修という感じがしてよかった」という意見もあり，本ワークショップが職種間の差異を超えて主体的に交流できる機会となっていた。「他分野の方の見方が知れたと同時に，援助の根本部分は同じだと実感できた」といった職種を超えた共通点を実感する声もあった。

5．ヒエラルキーを超える：対等な医療チームの実現に向けて

　本事例で示したワークショップは，職種を超えてありのままの自分を受容してもらえる雰囲気を醸成し，他職種との繋がりを育んでいたといえる（宮武ら，2010）。本ワークショップの参加者は同一の医療現場に勤務する多職種ではないものの，参加者からの「他分野の方の見方が知れたと同時に，援助の根本部分は同じだと実感できた」という声は，職種や年齢，経験年数などの違いにより必然的に生じるヒエラルキーを超えて，対等な医療チームを実現するために心理職に何ができるかを考える上で，きわめて示唆的である。

　本事例で実施したPCAGIP法もベーシックEGも，パーソン・センタード・アプローチ（以下"PCA"と表記）の思想に拠って立つ方法である。PCAは職種や年齢，経験年数といった人間の属性よりも，一致や受容，共感を示しながら参加者という"ひと"そのものに接近しようとする立場である。PCAでは"ひと"そのものに接近することにより，異質な者を排除することなく一人ひとりを尊重し，多様性の共存を実現しようとする。EGはその典型的な成果物といえよう。またPCAGIP法では，PSWとCPという立場の異なる参加者が同一のグループに安

心して共存できたからこそ参加者は「自分一人では絶対起こらない発想や，それを聞いてさらに聞きたくなる，そんな気持ちになった」のだと思われる。

　このように考えると，PCA は立場や職種の違い，ヒエラルキーを超えて，"ひと"の地平で対等な関係を目指した挑戦的なアプローチととらえることができる。

　ここで思い起こされるのが Rogers と Buber の対談である（Anderson & Cissna，1997/2007）。対談で Rogers は PCA の中核 3 条件，すなわち一致や無条件の肯定的関心，共感的理解によるセラピー関係が Buber のいう "我と汝" の関係に類似していると主張した。我と汝とは，いわば対話における相互の対等性の感覚である。我と汝の関係における「真の対話」について Buber（1932/1979）は「対話の関与者が，その現存在と特殊存在において，現実にひとりの相手，または多くの相手を心に想い，相手と向かい合い，対話者と相手の間に生き生きとした相互関係を作り上げようとする」と述べている。

　Rogers は対談の中で，我と汝の関係こそがセラピーの本質であると述べ，Buber に意見を求めた。ところが Buber は，セラピストが援助者である限り，その援助者役割がクライエントを客体化することは必然であり，セラピー場面における我と汝の関係は成立しえないと述べ，Rogers の考えに反論している（Anderson & Cissna，1997/2007）。

　Buber の反論はもっともであるが，少なくとも PCA のセラピストは，クライエントとの「生き生きとした相互関係」の中で，クライエントの体験と "とけあう" ような瞬間を実際に体験したことがあるはずである。Rogers と Buber のすれ違いは，援助者と被援助者というヒエラルキーのとらえかたの差異によるものといえる。PCA のような心理臨床の営みは「ヒエラルキーの中にいながらヒエラルキーを超えよう」という，ある意味で大きな矛盾を超えようとするものであり，セラピストはそこにエネルギーを注ぐことになる。セラピストはそのための訓練を受けていると捉えることができる。

　以上の議論を踏まえると，対等な医療チームを実現するということは，

多職種の差異や上下関係を踏まえつつも，それぞれの"ひと"そのものに接近しようという営みにほかならない。PCAではセラピストがクライエントに中核3条件を提供することが目標とされるが，対等な医療チームの実現のためには同様の態度を他職種にも向けようということになる。

6．オープン・ダイアローグのエッセンスをチーム医療に活かすために

ここで話題をODに戻そう。これまでの議論をまとめると次のようになる。よりよい精神医療の実現のために，ODの発想はきわめて有効な視点を提供してくれる。ODのセッションを実際の医療現場に導入するためには，対等な医療チームが必要になってくる。しかし特に医療現場では必然的にヒエラルキーが生じる。「ヒエラルキーの中でヒエラルキーを超える」という矛盾した課題を扱うことは，結局のところ，心理臨床の営みそのものということができる。

では，そのために心理職は具体的に何をすればよいのだろうか。これはおそらくメソッドを示せるようなものではない。先の事例に示したようなワークショップはもちろん1つの手段となりうるが，そもそもこのような1泊2日のワークショップを精神病院などで実施すること自体が困難であるし，それを実施する運びとなった時点でODを導入できるような土壌は半分整ったようなものであろう。また，先の事例はほぼ初めて顔を合わせるPSWとCPという，他職種ではあるものの上下関係のないメンバー構成で行われたものであり，上下関係が法的に定められている医師と公認心理師の関係では大きく事情が異なってくるだろう。

医療現場における多職種連携について伊藤（2018）は「『とにかく情報交換すればいい』，『単に医師のいうとおりに動くこと』が連携ではない」と述べ，指示を受けるとはいえ公認心理師が医師の意見に対して疑義を呈する場合もありうることを示している。さらに伊藤（2018）は公認心理師法で「主治医の医師に従う」とされているのをどう捉え，どのように対応するかは，心理職と医師双方の考え方や個性および両者の関

係性に依るところが大きいと述べている。心理職の立場からは，医師との連携にあたっては，自らの立場をふまえつつ，医師の個性や考えを尊重しながら関係を築いていくことになる。結局のところこれはカウンセリングにおける心理職の仕事によく似ている。

　OD はわが国の精神医療の現場に大きなインパクトを与えている。斎藤（2015）や高木（2018）が述べるように，わが国の精神医療の構造やシステムの問題もあり，OD そのものがわが国の医療現場に本格的に導入されるのはかなり先のことだろう。しかしいますぐできることは，そのエッセンスを活かすことである。心理職がこれまで培ってきた関係を築くための視点を，医療現場の他職種と関係を築くために活かすことができれば，OD そのものを行わなくても，例えば医師が不適切な発言をした場合に心理職が反論するといった，ヒエラルキーを超えた治療的民主主義（斎藤，2019）が実現されていくであろう。このような連携が可能となるような関係を多職種間で築こうと努力することが，OD がわが国の医療現場で働く心理職に投げかけた重要な課題といえるのではないだろうか。

研究課題

1．OD のセッションを医療現場に導入する際の留意点について考えてみよう。
2．普段の医療現場で多職種連携に向けて心理職が果たしうる役割について考えてみよう。
3．あなたが多職種連携に向けたワークショップを実施する場合，どのような内容で誰に参加を呼びかけるかといった，具体的な計画を考えてみよう。

参考文献

Anderson, R., & Cissna, K. (1997). *The Martin Buber-Carl Rogers Dialogue : A New Transcript with Commentary. New York : The State University of New York Press.*（山田邦男（監訳）（2007）．ブーバー・ロジャーズ対話：解説つき新版．春秋社.）

Buber, M. (1932). *Zwiesprache.* Berlin : Schocken Verlog. 植田重雄（訳）（1979）．対話：我と汝・対話．岩波文庫. pp. 169-239.

藤村龍子（2004）．保健医療チームの人間関係．長谷川浩（編）人間関係論．医学書院. pp. 123-138.

伊藤匡（2018）．入院治療にみる心理職の連携：公認心理師法を見据えて．対話がひらくこころの多職種連携．日本評論社. pp. 124-131.

井内かおる（2019）．多職種協働：オープンダイアローグからの手掛かり．臨床心理学，19(5)，565-569.

宮武ゆかり・押江隆・瓜﨑貴雄（2010）．他職種との協働に向けたグループ・アプローチによる研修会の検討(1)：参加者のアンケート調査結果からみえてきた効果について．日本心理臨床学会第29回秋季大会発表論文集，375.

村上純一（2019）．琵琶湖病院が，オープンダイアローグに開かれるまで．精神看護，22(6)，531-537.

村久保雅孝（2019）．医療チームを育てるオープンダイアローグ，臨床心理学，19(5)，561-564.

村山正治（2012）．PCAGIP 法とは何か．村山正治・中田行重（編著）新しい事例検討法 PCAGIP 入門：パーソン・センタード・アプローチの視点から．創元社，pp. 12-21.

中田行重（2005）．問題意識性を目標とするファシリテーション：研修型エンカウンター・グループの視点．関西大学出版部.

成田善弘（2017）．個人心理療法は臨床の要である．心理臨床学研究，35(1)，1-3.

野島一彦（2000）．エンカウンター・グループのファシリテーション．ナカニシヤ出版．

押江隆・宮武ゆかり・瓜﨑貴雄（2010）．他職種との協働に向けたグループ・アプローチによる研修会の検討(2)：精神科ソーシャルワーカーと臨床心理士によるPCAGIP 法を用いた事例検討．日本心理臨床学会第29回秋季大会発表論文集，376.

押江隆・玖村奈美（2019）．クライエントと「ともに生きていける」と実感するに至ったパーソン・センタード・セラピーの一事例，日本人間性心理学会第38回大会発表論文集，77.

斎藤環（2015）．オープンダイアローグとは何か．医学書院．

斎藤環（2019）．オープンダイアローグがひらく精神医療．日本評論社．

Seikkula, J., & Arnkil, T.E.（2006）．*Dialogical Meetings in Social Networks*. London : Karnac Books．高木俊介（訳）（2016）．オープンダイアローグ．日本評論社．

高木俊介（2016）．訳者あとがき．高木俊介（訳）オープンダイアローグ．日本評論社，pp. 218-231．

高木俊介（2018）．「奇跡の果実」は実るのか：日本にオープンダイアローグを取り入れるために．山登敬之（編）対話がひらくこころの多職種連携．日本評論社，pp. 18-25．

富野康日己（2018）．医療スタッフのためのマナーなるほどブック．中外医学社．

13 | 危機支援でのコラボレーション： 地震災害のボランティア活動を通して

平野　直己

　災害などの危機的状況においては，専門家からボランティアまで多様な人とのコラボレーションが支援の鍵を握る。スフィアハンドブック，IASC ガイドライン，PFA などの心理社会的支援活動の国際的な基準を確認した上で，災害ボランティアという視点からの地震による災害支援の実際を紹介し，共助・協働の中での心理専門職の働きについて考えてみたい。
《キーワード》　コラボレーション，心理社会的支援活動の国際的基準，災害ボランティア

1. はじめに

　私たちが暮らす日本は国土面積でいえば，世界の 0.3% にも満たない小さな国である。しかし，2003 年から 2013 年の間に世界で起きたマグニチュード 6 以上の地震の 18.5% は日本国内で発生し，活火山の 7.1% が日本に存在するという（内閣府，2014）。災害という点では世界有数の大国なのである。

　近年でも死者・行方不明者が 6000 人を超えた 1995 年の阪神・淡路大震災，2 万人の死者・行方不明者がでた東日本大震災をはじめとして，熊本地震，北海道胆振東部地震など，大規模地震災害が頻発している。

　また，日本の河川はアジアやヨーロッパなどの大陸の大河に比べて極めて勾配が急で，大量の水が一気に河口に向かって流れ出る。大阪湾，伊勢湾，東京湾の三大湾の低平地やゼロメートル地帯では，市街化が進展し，自然排水が困難であることから，洪水，内水や高潮による浸水が生じやすい。最近では，台風および豪雨による洪水被害が毎年のように生じ，家屋，農作物，施設などに多大な被害を与えている（水管理・国

土保全局，2019）。

　このように自然災害が多いことから，"公助" として，平時には，堤防や道路拡張などのハード面の整備や，ハザードマップ作成などのソフト面での対策がなされ，災害時には，救急救命，職員の現地派遣による人的支援，プッシュ型物資支援，激甚災害指定や被災者生活再建支援法等による法的支援など，防災並びに減災にむけての取り組みが進められている。

　しかし，災害による被害が大きくなるほど，そして災害が広い範囲に及ぶほど，国や地方自治体による "公助" だけでは，対応は難しくなる。そのような時こそ，被災地に駆けつける災害ボランティアなどの"共助"による支援が必要になるのである。調査によると1995年に兵庫県南部で生じた阪神・淡路大震災では，家族も含む "自助" や近隣住民等による "共助" により約8割が救出され，自衛隊などによる "公助" による救出者は2割ほどに過ぎなかったという（内閣府，2019）。

　人口減少により過疎化が進む地域コミュニティにおいて，心理専門職を生業とする地域住民の一人として，様々な人びととの間で，どのように私たちは具体的な "共助" としての行動を起こすことができるのか。本章では，最初に，災害地で心理社会的支援を行う上での基本となる考え方を示す。そして，共助による災害被害軽減のための心理社会的支援の取組みを，北海道胆振東部地震での「災害ボランティア」としての筆者の活動実践を通して検討してみたい。

2．被災地での心理社会的支援活動の基本

　災害に巻き込まれた人びとの「心」を支える活動をするにあたり，まず私たちが最初に知っておかねばならないことにはどんなことがあるだろうか。

　以下に紹介するスフィアハンドブック，IASC ガイドライン，心理的応急措置（PFA）は，災害の現場で心の支援活動を行う者にとっての国際的な基準であり，指針であり，手引きである。これらが教えてくれることは，第1に，被災された人の安全と権利を守ることである。第2

に，最終的には心の回復や復興は現地で生きていく人たちによってなされるものであることから，現地でこれからも生活していく人たちの力と，災害に影響を受けた人たち自身の力を信用することである。第3に，被災地での心の支援は決して専門家だけが行う仕事ではなく，被災地で暮らす人びとも巻き込んだ形で取り組まれる必要があり，支援する人たちの力は，部分的で限定的であることを認め，謙虚であることである。

災害発生時になってからこれらの資料を通読する余裕はない。したがって，平時のうちに読んでおいてほしい。少なくとも自分が災害支援に関わろうというときに，関連の高い項目を探し出せる程度には，つまり，何がどこに書かれているかわかる程度には目を通しておいてほしい。

（1）スフィアハンドブック（第4版，2018）

1997年に人道援助を行うNGOのグループと国際赤十字・赤新月運動によって開始されたスフィア・プロジェクト（のちにスフィアと改称）は，災害援助における人道憲章と人道支援の最低基準を定める冊子を作成した。これがスフィアハンドブックである。2018年の第4版では，災害援助における行動の質を向上し，人道支援の倫理的，法的，実践的な基礎となる人道憲章の枠組みづくりと，生命を守るための主要4分野（①給水，衛生，および衛生促進，②食料安全保障と栄養，③避難所および避難先の居住地，④保健医療における技術的基準が示されている。危機対応に関わるすべてのレベルの人道支援組織に所属する職員とボランティア，そして災害の影響を受けた人びとを読者として想定してまとめられている。この後で触れるIASCガイドラインは，このスタンダードに即して作られたものである。

このハンドブックでは，スフィアの原理として，①災害や紛争の影響を受けた人びとには，尊厳ある生活を営む権利があり，したがって，支援を受ける権利がある。②災害や紛争による苦痛を軽減するために，実行可能なあらゆる手段が尽くされなくてはならない，という2つの基本理念が示されている。

こうした権利保護の原則は，すべての支援活動に当てはまる事項であ

り，すべての支援分野が説明責任を遵守するための標準的な工程としての人道支援の必須基準（Core Humanitarian Standard, CHS）が明示されている。

このハンドブックに示されている行動規範の 10 の主原則を**表 13 - 1**に示しておく。

表 13 - 1　行動規範：10 の主原則（スフィアハンドブック第 4 版，2018）

> 1．人道的見地からなすべきことを第一に考える。
> 2．支援はそれを受ける人びとの人種，信条あるいは国籍に関係なく，またいかなる差別もなく行われる。支援の優先度はその必要性に基づいてのみ決定される。
> 3．支援は，特定の政治的あるいは宗教的立場の拡大手段として利用されてはならない。
> 4．私たちは，政府による外交政策の手段として行動することがないように努める。
> 5．私たちは，文化と慣習を尊重する。
> 6．私たちは，地域の対応能力に基づいて支援活動を行うように努める。
> 7．支援活動による受益者が支援の運営に参加できるような方策を立てることが必要である。
> 8．支援は，基本的ニーズを満たすと同時に，将来の災害に対する脆弱性を軽減させることにも向けられなければならない。
> 9．私たちは支援の対象者となる人びとと，私たちに寄付していただく人びとの双方に対して説明責任を有する。
> 10．私たちの行う情報提供，広報，宣伝活動において，災害等の影響を受けた人びとを，希望を失った存在ではなく，尊厳ある人間として取り扱うものとする。

（2）IASC ガイドライン（2007）

　「災害・紛争等緊急時における精神保健・心理社会的支援に関する IASC ガイドライン」（以下，IASC ガイドラインと呼ぶ）は，国連をはじめとした様々な人道支援組織のトップにより構成される機関である機関間常設委員会　Inter-Agency Standing Committee が 2007 年に作成した，「災害・紛争等の最中にある人びとの精神保健・心理社会的ウェルビーイングを守り，改善するために，人道支援に携わる者が，多セクターにわたる一連の最低必須対応を計画，構築，組織できるようにする」ための指針である。災害時に迅速に対応するための精神保健・心理社会上の諸問題への統合的なアプローチが円滑に進められるようにする上で必須のアドバイスが示されている。

　IASC ガイドラインには，遵守すべき 6 つの原則が示されている。

①　人権および公平

　支援者は，被災したすべての人びとの人権を促進し，人権侵害のリスクが高い状態にある個人や人びとを保護しなければならない。また，支援者は公平と無差別を心がけなければならない。ジェンダー，年齢，言語の違い，民族，コミュニティで分け隔てることのないように，被災者の方々の間の公平性を最大限に高めることを目指す。

②　参加

　人道支援活動は，現地の被災者のその支援への参加を最大限促進するものでなければならない。災害などのごく初期の段階から，支援のアセスメント，設計，実施，モニタリング，評価に，コミュニティの人びとを可能な限り取り込んでいく必要がある。

③　害を与えない

　支援は意図せずに誰かに害や悪影響を与えてしまうことがあるため，有毒性のリスクを軽減する必要がある。たとえば，他団体と連携・調整を行い対応の重複や不足を減らす。十分な情報に基づいて介入を計画する。モニタリングや外部評価を受け入れる。人権や外部者と被災者の関係性などについて絶えず念頭に置くなど，様々な工夫が求められる。

④　利用可能な資源と能力に立脚する

現地の能力を高め，自助を支援し，既存の資源を強化するという基本的な方針を持つ。個人，家庭，コミュニティの技術と能力を見出すこと，結集させること，強化することを課題とする。

⑤　支援システムの統合

活動やプログラムは統合的なものとする。既存のコミュニティ支援の仕組みや公的な組織による取り組みやサービスなど，より大きなシステムに活動を統合化することで，多くの人たちにとって利用することへの抵抗が減り，持続性が高まる。

⑥　多層的な支援

安全な食糧の提供，衛生的な避難所の設営など，すべての人の基本的な生命と人としての尊厳を守り，安心安全を支える側面からのそれぞれの人びとのニーズに見合った階層構造の相補的な支援を行う。介入のピラミッド図（**図13-1**）のすべての階層が重要であり，どの階層についても並行する形での包括的な実施を目指す。

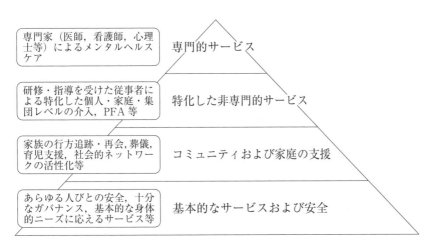

図13-1　精神保健・心理社会的支援の介入ピラミッド

208

（3）心理的応急措置（PFA, 2011）

　「心理的応急措置（サイコロジカル・ファーストエイド　Psychological First Aid, PFA）」とは，深刻な危機的出来事に見舞われた被災者に対して，同じ人間としてその人の尊厳，文化，能力を尊重したやり方で支援するための枠組みを示した手引きである。災害時にボランティアやスタッフとして支援活動に参加することになった市民，事故現場に居合わせることになった乗客，大切な人の事故死を目の当たりにした子どもや家族に話しかける立場になった教師など，心理の専門家ではない支援者も，PFA の対象とされている。深刻な心理的苦痛を抱える人びとに対して，災害後という未知の状況でどう言葉かけをし，どう振舞えば，支えとなるのか，少なくとも他者を傷つけないようにするにはどうすればよいのか，について考える多くのヒントがこの手引きには書かれている。PFA は，すでに紹介したスフィアハンドブックと IASC ガイドラインにおいても，人道的な精神保健・心理社会的支援の中の１つとして推奨されている。

　具体的な活動として，P＋3Ｌと呼ばれる基本原則が示されている（表13-2を参照）。それは，まず現地に入る前から支援を行う準備を入念に行い（Preparation），自分や他者に危害が及ぶような状況や危機にある人の状況をよく見て（Look），人びとに寄り添い，支援のニーズを傾聴し（Listen），必要に応じて現地のサービスが得られるように人や機関や情報とつなぐ（Link）ことである。

　また，PFA では「自分自身と同僚のケアについて」という章が用意されており，支援者のストレスへの対処についてや，休息と振り返りの具体が示されている。

　なお，PFA では，トラウマティックな出来事に遭遇して深刻な精神的苦痛を感じている被災者に対して，その体験の表出やその体験にまつわる感情表現を積極的に促す方法である“心理的デブリーフィング”を採用していない。むしろ，被災者の安全感を保証し，彼らの意思決定を大切にしながら，様々な組織や人々が協働して支援を行うことが回復のプロセスにとって重要である立場をとっている。

表13-2　具体的な活動の基本原則：P＋3L

準備 Preparation	・危機的な出来事について調べる ・その場で利用できるサービスや支援を調べる ・安全と治安状況について調べる
見る Look	・安全確認 ・明らかに急を要する基本的ニーズがある人の確認 ・深刻なストレス反応を示す人の確認
聞く Listen	・支援が必要と思われる人びとに寄り添う ・必要なものや気がかりなことについてたずねる ・人びとに耳を傾け，気持ちを落ち着かせる手助けをする
つなぐ Link	・生きていく上での基本的なニーズが満たされサービスが受けられるよう手助けする ・自分で問題に対処できるよう手助けする ・情報を提供する ・人びとを大切な人や社会的支援と結びつける

3．災害ボランティアとしての支援活動とコラボレーション

　阪神・淡路大震災が生じた 1995 年はボランティア元年と呼ばれ，これ以降，東日本震災や熊本地震，西日本豪雨などでも，多くの災害ボランティアが被災地の復旧・復興のために大きな役割を果たしている。

　災害時の支援活動は，個人が勝手に被災地に入り活動を行うものではない。様々なレベルや専門性を持つ団体や専門家と，一般市民である災害ボランティア，そして何より現地の被災された方々とが連携して動いていくコラボレーションの場である。このコラボレーションの実際を今回は災害ボランティアの視点から紹介する。

　その活動の概要は次のとおりである。

　2018 年 9 月 6 日の午前 3 時すぎ，最大震度 7 の北海道胆振東部地震が起きた。土砂崩れ，液状化現象による道路の陥没，全道規模の大規模停電などが生じ，43 名の死者，800 人弱の負傷者が出た。

　筆者の住む札幌でも震度 5 弱から 6 弱の大きな揺れが起こった。幸い筆者の周囲では停電と断水はあったが人的被害や家屋の被害もなかった

ことから，9月8日から10日間，学生や臨床心理士など延べ54名のボランティアを組織して，震源地から20kmにあり震度6強の地震にあったはやきた子ども園（以下，子ども園）に入り支援活動を実施した。

（1）地震発生後から活動の開始まで

　もともと筆者の友人が子ども園に勤務しており，発災後まもなく連絡を取ったところ，がれき処理のための人手が足りないとのことであった。そこでまずは8日に子ども園に行き，挨拶と打ち合わせを行った。早来町は役場職員の数も少ないことから，ボランティアセンターの機能の一部を子ども園が担うことになったこと，早急に子ども園での託児を再開するために破損した園庭の建物や遊具の撤去や片付けを行いたいこと，子ども園で託児をするにあたり被災者でもある職員に代わって子どもに対応するマンパワーが必要となることなどが説明され，これらに対して協力を求めているとのことであった。

　筆者は，訪問で得た情報をもとに，今回の支援活動の構造の検討を行った。ボランティア募集は，ちょうど大学が夏季休業期間となっていたこともあったので，筆者が主催する年4回の親子キャンプに参加していた札幌市内の複数の大学の学生やスタッフを中心に声をかけた。また，臨床心理士の教え子たちにも連絡をした。日程は朝8時に昼食用のおむすびと飲み物を各自持参し，札幌に集合。車に分乗して現地に向かい，支援活動は10時から16時までとした。様々な事情から現地に行くことはできないが何かの形で支援を申し出てくれた者には，一口千円の資金提供を依頼した。これで物資の購入費，交通費を捻出した。残額は全体の支援活動が終了した後，安平町の子どもたちのための募金窓口が開設されたので，そこに送金した。

　夏季休業中とはいえ，筆者は本務を持っており，心理療法のクライエントもいるので，筆者がボランティアに行けない日は，信頼できる仲間たちに送迎を依頼した。

（2）ボランティア活動の概要

　活動初日（9日）には数人の仲間とタオルを首や頭に巻き，軍手とおむすびとミネラルウォーター持参で子ども園に行った。破損した園庭の建物や遊具の撤去と片付けをしていたところで，園長から声がかかり，翌日から保育活動を再開するため，カウンセラーとして活動してほしいとの依頼を受けた。そこで筆者は，園内を巡回しながら，子どもや大人たちと関わったり，水や食料の配布やスタッフルームの留守番などを手伝いながら職員の方々と交流をして，その1日の様子や気づきを翌朝までにレポートとしてまとめて園長にメールで送ることとした。このレポートはのちにスタッフにフィードバックされることになった。筆者は園内をフラフラしては交流をする自身を「徘徊カウンセラー」と名乗って活動することとした。

　毎回の訪問後に送っていた「レポート」の抜粋を通して，その活動の実際を紹介したい。

9月10日のレポート

　本日，臨床心理士として保育の現場を"徘徊"させていただきましたので，ごく簡単に報告させていただきます。みなさんにとっては，すでにご存知のことも多いかと思います。また推敲もせずに書いているので，乱文お許しください。

【子どもたちの大人たちへの信頼】

　まずあれだけ多くの見知らぬ大人がいる中でも，のびのびと遊んでいた子どもたちに驚きました。……小学校の先生方が子ども園に自然な感じで入ってこられて，児童の様子を確認されていたのも印象的でした。小学校と子ども園の間の連続性は，日頃の取り組みの成果であり，子どもたちの心の支えになっていると考えました。

【全体的にテンションが高め】

　保育をされている方々から伺った印象では，今日は全体的に子どもたちのテンションは高めであったようです。

　これは被災後の反応では一般的だと思います。当然の反応です。仲間

と久しぶりにゆっくり遊ぶことができ，のびのびできる機会を与えられ
たのですから。しかし，私たち大人の側では，少し立ち止まって考えて
おくことがあるように思いました。

　第1に，子どもたちのテンションの高さは，私たち大人の情緒状態を
映す鏡の様でもあります。周囲の大人たちも発災後からテンションを上
げて頑張っているのですから，子どもたちもどこか気を張っていること
でしょう。私たちが少し声のトーンを落として話ができるくらいに，心
に余裕ができるようになってくれば，子どもたちも少しずつ落ち着いて
くるのではないでしょうか。子どもの姿に気づいた時には，私たち自身
のテンションや感情状態についてもチェックしてみてもいいかもしれま
せん。

　第2に，テンションが高いときには，行動がエスカレートしたり，ト
ゲトゲしくなりやすく，怪我やトラブルが生じやすくなるものです。…
このような時期に，大きく激しい筋肉運動を伴うような活動や，興奮を
高めるような遊びを提供する際には，その内容の慎重な吟味や安全管理
が一層必要とされています。

【ゴロゴロ，ダラダラする場所・鎮静できる空間】

　図書室を覗くと，小学生たちが絨毯にゴロゴロしながら，本を読んで
いたり，友達と話をしていたり，思い思いの時間を過ごしていました。
今，自宅でそのような時間の過ごし方をしていたら，ご家族に注意され
るかもしれません。図書室は，とても大事な子どもの居場所になってい
ると思いました。大きな子どもたちにはこういう空間が必要なのだと学
びました。

【地震のことを話す子どもたち，地震遊びをする子どもたち】

　今日の活動の中で，上のような子どもの姿が見られました。ご存知だ
と思いますが，今回のような地震などによる怖い体験に対して，私たち
の側から引き出すようなこと，表現を強制することはしないことになっ
ています。子どもの方から自然に表現するのであれば，それを止めたり，
叱ったりするのではなく，私たちはそれを受け止める形で，安心感を提
供するようかかわります。子どもは辛い体験を乗り越えるストーリーを

描こうと何度も地震を連想させる遊びをするものです。遊びには，何度もやり直し，心のストーリーを変えることができる力があるのです。

　もし，地震などの遊びをするうちに，表情をなくしてしまったり，ぼんやりしてきたりする子どもがいる場合は，皆さんの方から声をかけて，気分を変えられるようなかかわりをされることでしょう。もしそうしたケースと出会った時は，皆さんで共有されると良いと思います。

【「お腹が痛い」「ずっとおんぶ」などの要求について】

　「お腹が痛い」と保育士の先生にずっと撫でてもらっていたお子さん，ボランティアにきた学生にずっとおんぶや抱っこをしてもらっていたお子さんなどが見受けられました。

　どのケースでも，根気よく丁寧にお子さんを扱ってくださっていたので，コメントが必要なことはありませんが，こうした言葉にならない気持ちや想いを，体のケアを通して求める，伝えてくるお子さんがいることは，やはりお伝えしておいた方が良いと思いました。

　発災以前から甘えん坊だったとか，元々そういう子どもだからと片付けたりしないで，やはりこういうときだからこそ，丁寧にみて差し上げることが大事だと思います。

　もうすでに，回復に向けての子どもたちなりの努力がはじまっているんですね。それが子ども園のように家とは別のところにある，自分を安心して表現できる場所で行われていることを確認できた気がしました。

9月12日のレポート

　大学での仕事もあり，11日はおやすみして，子ども園に行きました。

　10日の緊張感が漂う喧騒とは違って，穏やかな子どもたちの歓声がまず印象深く届きました。

　さて，ボランティアセンターとの機能分担も進み，保育に集中できる状況が整いつつあるようです。避難所の移動，小学校の再開，中学校の場所づくりなど，「今」から「これから」に視点が移り始めています。中長期的な視点で物事を捉えはじめているのです。これは，発災直後の初期段階から，次の段階に入りはじめている徴候だと私には思えます。

214

子どもたちもそれに呼応しているようです。あるお子さんは，電気が来たことをテレビがついたという形で話した後，水はまだこない，明日も来ない，明日の次も来ないと，自分なりの言葉や身振り手振りを駆使して教えてくれました。お母さんが仕事に行くことや，きょうだいが登校することを同様のやり方で教えてくれる子どもたちもいます。

こうした次の段階への変化に，ついて行けない方がいるかもしれません。まだ「これから」に向かえない人たちです。自分だけ置いて行かれているように思っているかもしれません。子どもも大人と同様です。まだ自分は安心や安全を確かめたいけれど，みんな「次」に進んでしまい，「今」にとどまることを受け入れてもらいにくく感じている子どもはいないでしょうか。

また，段階の変化によって，これまで抑えていた気持ちが表に出やすくなるかもしれません。自己主張ができるならいいですが，わがままや喧嘩などのトラブルとして表現する子どもも出てくるかもしれません。

今後，以上のことを確認・注意しながらその子どもの（大人の）心を考えて支援にあたりたいものです。

「今」から「これから」への時間的な変化だけでなく，「ここ」から「周り」への空間的な気持ちの変化も生じます。子ども園にいない子どもたちは一体どこでどんな風に暮らしているのでしょう。自分のことや子ども園の中のことから，コミュニティ全体へと思いが広がりはじめるのです。

このような視野の空間的な広がりは，比較や現実検討を行いやすくします。自分と周り，自分の家と他の家，ここと別のところ，というような形で，現実が比較の中で見えやすくなります。そのことに伴う大人の不安や心配によって，子どものメンタルヘルスになんらかの影響が生じることも想像に難くありません。

以上のことは，回復へのプロセスの中の避けられない一段階のように思います。皆で気づきや理解を共有しながら，一人ひとりの心に思いをはせる時間を大事にしたいです。

　9月13日は園長の指示を受けて「平成30年北海道胆振東部地震情報共有会議」に子ども園とボランティアセンターの代理として出席した。これは北海道NPOサポートセンターと全国災害ボランティア支援団体ネットワークが中心となって開催されたもので，①安平・厚真・鵡川・穂別の各地域に分けて，活動団体の自己紹介。②これから活動したいという団体の自己紹介。③団体間の実施状況と課題の交流，④全体での情報交換などを行った。

　災害支援においては，こうした会合が定期的に開催されることになっており，上の情報共有会議のように，各団体の支援活動内容の報告や，今現在，どこでどんな物的，人的，技術的，専門的なニーズが生じているかについての共有，今後検討が必要となる課題や問題の整理などが話し合われる。

9月14日のレポート

　今日も1日お疲れさまでした。隔日で訪問させていただいていますが，そのたびに子どもたちの様子が変化していくのをとても興味深く拝見しています。

【いじわるする子どもたちと泣き叫ぶ子どもたち】

　外遊びの時間も長くとれるようになり，子どもたちは生き生きと自分を表現することができるようになりました。すると，自由遊びの中で見られたのは，仲間はずれや嫌がらせ，所有をめぐるトラブルなどでした。あちこちで，子どもたちは泣き叫び，保育士の先生方に助けを求めていました。近くにいた保育士の先生方から伺うと，通常の保育の場面よりも，やや大げさで極端な感じだったとのことでした。

　一体子どもたちの心にどのようなことが起こっているのでしょう。いろんな可能性が考えられます。たとえば，発災から色々と我慢してきたものをいよいよ表現することができるようになったのかもしれません。はけ口を求めている感情はイライラや不満や怒りといったものです。また，泣き叫ぶ子どもたちの側でも，この1週間，自分の置かれてきた窮屈な思いや不満を，今回の扱いに対する納得の行かない気持ちにのせて，

やや誇張して表現していたように思えました。

　こういう感情を表現したり，経験することは，教育や保育の場面では望ましくないことと思われる方もいるかもしれません。でも，どんな感情も大事なその子どもの心からのメッセージで，まったきものなのです。先生方は，どこかそうした気持ちを受け止めながら，子どもたちに注意や指導をしたり，泣く子どもたちをあやしたりしていらして，私は感激しました。

【サイコロジカル・ファーストエイドと支援者自身のケアについて】

　〜以下，省略〜

9月15日のレポート

　本日も7人ものボランティアをお引き受けいただき，ありがとうございました。今日の保育は子どもたちの数は少なかったものの，ハードな1日でした。

【心の理解ということ】

　心を理解するのが，私の仕事です。でも，心の理解とは一般に考えられているような「相手の心理や気持ちがわかる」とか「行動の意味がわかる」という訳ではありません。私が学んできている心の理解というのは，「言動の良し悪し，正しいか間違っているかという判断をひとまず脇において，その子どもの言動には"心"という目に見えないものがかかわっていることを前提にして，あれこれ考え続けること」というものです。つまり，心の理解は「心はわからないけれど，何か心にかかわるワケがあると信じ続けるスタンス」のことなのです。

　このことを改めてお伝えしたくなったのは，今日1日，ひとりの子どもとほぼ1日一緒にいて，私の膝はその子に占有され，その子を抱っこやおんぶをし続けていたからです。私の活動の自由は大きく制限され，予定していたことができなくなってしまいました。今日，ハードだった理由の1つです。

　困る気持ちやイライラする気持ちが，時に私の心の中に起こりました。でも，こんな時にこそ心の理解というスタンスは，その子どもを突き放

したり，叱りつけたり，おどしたりしないで，なんとか持ちこたえ，受け入れ続けることに役立つのです。

　実際，今日の保育に預けられた子どもたちの中には，家族と週末を過ごすことができない事情がある子どもが少なくないと伺いました。その事情が何かと具体的に知る必要はありません。何か事情があると信じて，決めつけたりせずに「いちかばちか」の行動を取らないでよかったとホッとしました。

　子どもが示す言動には，必ず何かワケがある。決めつけずにそのわからなさに耐える力が，心を理解する力というわけです。今日は私たちの仕事で大事なことを，その子から突きつけられた思いがしました。

【必要な時に必要なだけ，というケア】

　今日 1 日がハードだった理由の 2 つ目は，午前は紙芝居，午後はバンド演奏と忍者ごっこと次々に団体が支援に訪れたことです。まるでフォアグラとステーキとフカヒレが一度に食卓に並び，それだけで「お腹いっぱい」な感じでした。もったいない気持ちもありますが，とても一度じゃ食べ切れません。それぞれそうそう味わえないもので，ありがたい機会であるからこそ，3 日あるいは 3 週に分けて 1 つずつが良かったなぁと心から思いました。

　しかし，こうした事態は，災害支援の現場ではよく出会う風景なのかもしれません。受け入れる側は「ありがとうございます」「すみません」と言わないとならず，いつしかこの 2 つのセリフが口癖になってしまうのだそうです。

　「どんなによい治療でもどこか患者を弱くする」。これは中井久夫先生の有名な言葉です。災害支援の現場に合わせて「どんなによいケアや支援でも，被災された人たちをどこか疲弊させ，弱くする」と言い換えてみてもいいのだと思います。

　こんな風に毎回自分の実践を振り返り考えさせられることばかりです。私たちがこうして毎日訪問させていただいているのも，どこかで皆さんに気遣わせてしまい，負担をかけているなと実は感じています。そこで園長先生ともお話をさせていただき，連日の訪問を 17 日まででで一

区切りにさせていただくこととしました。

もうすでにお腹いっぱいという先生方もいらっしゃることでしょうが、あと2日、ご迷惑をおかけしますが、どうぞよろしくお願いいたします。

9月17日のレポート

9月8日に子ども園にはじめて訪れて、その翌日から9日間、延べ54名の仲間たちと通わせていただきました。同行してくれたのは、学生ばかりでなく、大学や大学院を終えた後も交流のある臨床心理士、教員、保育士、自営業者など多様な肩書きを持った人たちでした。

最後のレポートになりますので、彼らから届けられたメールから感想を抜粋してお伝えしたいと思います。（略）

【これからの心のサポートについて】

この10日間は、震災という状況が子どもたちの心にネガティブな影響を与えないように、子どもたちの全体を支えていくことを精一杯されてきたのだと思います。そして、実際のところ、その首尾よさにただただ感心してしまうほど、子ども園に関わる大人の方々は、大変なエネルギーをかけて、子どもたちとその家族を支えてくださいました。そして、そのおかげで、上のコメントの中にもあった通り、だんだんと子どもたちはパーソナルな経験を言葉や言葉以外の方法で私たちも含む皆さんに表現し始めています。今後は、この「パーソナルな経験」を受け止め、支えていくことへと心のサポートが移行していくのだと思います。

こうした心のサポートの移行は、子どもだけでなく、大人たちも同じでしょう。今回の災害に関わり、揺さぶられた心は、いろんな「悩み」を浮かび上がらせていることと思います。その整理には、3つの「間」が必要だとされます。悩みを語ることができる時間、場所（空間）、人間（相手）のことです。この3つが保証されていれば、多くの人たちは自然に回復に向かうことができます。問題は、この3つが保証されないケースです。

専門家によるカウンセリングは、この3つの間が保証されにくい状況

におかれている方に，立ち止まって悩みを語る時間と場所と相手になることです。もしそれが必要な場合はどうぞ声をかけてください。

【最後に余計なお話：お互いさまの文化を作ろう！】

　海で囲まれ，火山が多く，台風の通り道にありながらも，これほど多くの人口を抱える国は日本くらいだそうです。災害時の心理支援の第一人者である先生によると「日本は自然災害について最先端の実践研究の場」なのだそうです。今，私たちは，日本の各地で毎月のように被災地が生まれるという前例のない時代を生きているのだと思います。

　私は，有珠山の噴火ではじめて被災地でのボランティア活動を経験して，その後東北，熊本・大分などの災害の地に行く機会がありました。各地でボランティアをさせていただいてつくづく実感したのは，自然を前にして，個人の力など本当にちっぽけなものだということです。自分のことは自分で行うことを「自立（independence 依存しないこと）」と呼ぶならば，自然災害を前にして，そんな自己完結的なあり方をよしとする養育や教育は，かえって生きることを困難にするばかりであることを思い知りました。

　では，自然を前にしてちっぽけな私たちが生きるために必要なスキルとはどんなものなのでしょうか。私は「お互いさま（inter-dependence 相互依存）」だと思っています。自然を前にしてちっぽけな私たちがこの困難な状況を生き抜くには，互いに支え合うことしかないのです。

　今回，不思議なご縁で，子ども園に通わせていただきました。そして，この「お互いさま」を当たり前のこととする文化づくりの具体とヒントをたくさんもらったように思います。この子ども園がしていることは「お互いさま」の具体そのものです。

　私にとって，大切な人たちがいる大事な場所がまたひとつ増えました。これからもお互いさまで，どうぞよろしくお願いします！！

4. おわりに：平時の弱いつながりが力になる

　子ども園に災害ボランティアとして参加したきっかけとなった保育士は，難病とたたかう子どものための医療ケア付きキャンプ場である "そ

らぷちキッズキャンプ"という団体のボランティア研修で一緒になった友人だった。また環境教育の専門家である友人が子ども園の理事になっていたことを現地に行って思い出すことになった。そうした事情もあって，園長は私のことを心理専門職であると認識してくださっていたようである。

さらに顔合わせ当日，子ども園の隣りにボランティアセンターがまさに立ち上がろうとしていたが，そこで環境対策や地域活動を行うNPO団体の代表理事と10数年ぶりに再会することとなり，共有会議にも安心して参加することができた。また，園庭の整備作業で，大きく重い廃材を運ぶ四隅の向こう側にいたのは大学院の後輩だった大学教員で，その隣りには社会福祉士会の会長がいた。この地域の小学校には大学院の教え子が低学年の担任をしていることも現地で知り，別の地域でお世話になった小学校教員とも子ども園で偶然にも出会った。

こうした方々とのつながりが今回の実践活動を支えてくれたのである。

しかし，こうした縁はたまたまでも偶然でもない。本書の第6章で紹介した地域での実践などをはじめとして，平時の人と人とのネットワークづくりがあったからだと考えられる。

異なる分野や専門を持つ人と人とが"たまたま"出会うためには，それを橋渡ししてくれるような人が必要である。社会学者であるGranovetterはこうした分野を越えて人と人とが出会う橋渡しが生じやすい条件として，「弱いつながり（weak ties）」に注目した。弱いつながりが，自分の知らない重要な情報を持つ人と出会うチャンスを産むのである。彼はこれを「弱いつながりの強さ（the strength of weak ties）」と呼んだ（Granovetter, 1973/2006）。

二人の専門家，2つの団体がいれば，その場で簡単にコラボレーションが生まれるわけではない，と筆者は考える。それこそ日常の中での相互理解に基づいたお互いさまの関係性づくりの経験の蓄積が問われる作業なのである。

🎙 研究課題

1．スフィアハンドブック，IASC ガイドライン，心理的応急措置（サ
　イコロジカル・ファーストエイド）に目を通して，要点をまとめると
　ともに，共通する理念・考え方を挙げてみよう。
2．災害時の子どもの支援について，Save the Children が作成した子
　どものための PFA（https：//www.savechildren.or.jp/lp/pfa/）を読
　み，大人の災害時の支援と共通する部分と子どもの支援に特異的な部
　分をまとめてみよう。

参考文献

Granovetter, M. (1973). The strength of weak ties. *American Journal of Sociology*, 78
　(6), 1360–1380. 大岡栄美（訳）（2006）．弱い紐帯の強さ　野沢慎司（編）リー
　ディングス ネットワーク論：家族・コミュニティ・社会関係資本．勁草書房．
　p. 123-158.
Inter-Agency Standing Committee (2007). IASC Guidelines on Mental Health and
　Psychosocial Support in Emergency Settings. 日本語版：災害・紛争等緊急時に
　おける精神保健・心理社会的支援に関する IASC ガイドライン
　https：//www.who.int/hac/network/interagency/news/iasc_110423.pdf
水管理・国土保全局（2019）．河川データブック 2019.
内閣府（2014）．平成 26 年版　防災白書.
内閣府（2019）．令和元年版　防災白書.
Sphere Association (2018). スフィアハンドブック：人道憲章と人道支援における
　最低基準　日本語版，第 4 版，2019 年
　https：//jqan.info/documents/sphere_handbook/
World Health Organization, War Trauma Foundation and World Vision Interna-
　tional (2011). Psychological First Aid : Guide for field workers. WHO：Geneva.
　(独)国立精神・神経医療研究センター，ケア・宮城，公益財団法人プラン・ジャ
　パン（訳）(2012)．心理的応急措置（サイコロジカル・ファーストエイド：PFA）
　フィールド・ガイド.
　https：//apps.who.int/iris/bitstream/handle/10665/44615/9789241548205_jpn.
　pdf；jsessionid=1 C 982508209 ED 7 BC 1 A 5 EC 2 E 782 B 59 E 8 E?sequence=18

14 | 多様な臨床心理地域援助における評価

池田　琴恵

　現在では，説明責任や効果的実践への倫理的責任の点などから，実践を評価し，より効果的なものにしていくことが求められている。ここでは，社会変革を目指すアクションリサーチを行ってきたコミュニティ心理学のプログラム評価を紹介する。プログラム評価の視点を活かし臨床心理地域援助において，論理的に介入・実践を計画し，その効果を評価していく方法を学ぶ。
《キーワード》 アカウンタビリティ，効果研究，プログラム評価

1．介入・実践の評価の必要性

　第3章で触れたように，コミュニティでの実践後に，「あなたがいてくれてよかった」と感謝されることがあるかもしれない。これがコミュニティの本音であれば，あなたの実践（プログラム）はある意味成功したといえよう。しかし，それはなぜ成功したのだろうか。そしてどのような要因が成功を導いたといえるのだろうか。一方で，介入後に「役に立たない」と烙印を押されることもあり得る。「あの人たちが来たせいで問題が大きくなった」，「時間をとられて迷惑だった」と言われ，コミュニティに追い出されるような実践は，コミュニティやそこに暮らす人々に害をもたらすだけでなく，その後あらゆる心理職のコミュニティでの活動を大きく妨げてしまうだろう。

　ここで重要になってくるのが，実践やプログラムの"評価"である。"評価"というと，学校の成績や通知表，業務査定などをイメージし，不安を感じる人も多いかもしれない。しかし，地域援助やコミュニティ心理学で取り扱うプログラム評価は，単に事後の成果を問うだけではなく，よりよいプログラムを設計する計画段階から役立ち，実践途中で改善，

実践後の成果の確認，そして今後の持続可能性と改善を考えていく上で，必要不可欠なものである。

　また，プログラムの実践において資金提供を受けていれば，そこにはアカウンタビリティ（説明責任）が発生する。そして専門家である以上，効果的実践への倫理的責任も負っている。さらに近年では，科学的根拠（エビデンス）に基づく実践（evidence-based practice）が重視され，自らの実践に対する検証の必要性と，効果が確認された（エビデンスのある）実践を積極的に普及させる機運も高まっている。

　そのため，コミュニティでの実践・介入は計画の段階から効果が見込まれるよう計画される必要があり，その過程と効果を説明できる必要がある。

2．プログラム評価とは

　一般的に“評価”とは，「明確化および正当化された基準により，物事の価値を判断すること（Scriven, 1991）」と定義されている。

　“プログラム評価”とは，「プログラムや政策の改善に寄与するための手段として，明示的または黙示的な基準と比較しながらプログラムや政策の実施あるいはアウトカムを体系的に査定すること（Weiss, 1998/2014）」や「社会的介入プログラムの効果性をシステマティックに検討するために，プログラムを取り巻く政治的・組織的環境に適合し，かつ社会状況を改善するための社会活動に有益な知識を提供しうる方法で，社会調査法を利用すること（Rossi et al., 2004/2005）」と定義されている。つまりプログラム評価とは，社会調査の手法を用いて，体系的にプログラムの実施の質と効果を検証し，その社会的意義についての価値判断を行い，またその改善に必要な情報を提供するものである。

　では，プログラム評価は実際にどのように行うのであろうか。Rossi et al.（2004/2005）は，5 つのプログラム課題をもとに，プログラム評価階層（the evaluation hierarchy）（**図 14 - 1**）を提案している。

　評価階層の基礎となるレベルは，「プログラムに対するニーズのアセスメント」である。ここではプログラムが改善しようとしている社会問

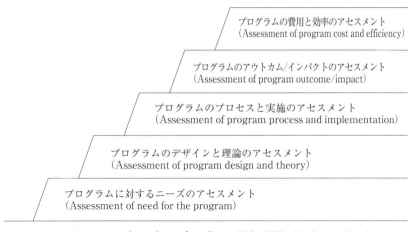

図14-1　Rossi et al.（2004）のプログラム評価階層（大島ら（訳）（2005）p. 77）

題や介入のニーズ（問題の状態や重要性，対象集団（対象者）の特徴など）を査定する。次のレベルは「プログラムのデザインと理論のアセスメント」である。ニーズが適切に査定された上で，そのニーズに適切に対応したプログラム計画が設計されているかを評価する。これはセオリー評価（theory evaluation）とも呼ばれ，ロジックモデルを用いて検証がなされる。

　適切なプログラム理論が構築されていれば，いよいよプログラムを実施する段階となる。ここでは「プログラムのプロセスと実施のアセスメント」を行い，望ましい結果をもたらすために必要であると仮定されたプログラムの構成要素が十分な量と質を保って実施されているかを査定する。これをプロセス評価と呼んでいる。さらに，プログラムが実施されたら，「プログラムのアウトカム／インパクトのアセスメント」を行う。ここでは期待していた目標が達成されたのか，受益者に利益をもたらしたのか，状況は改善されたのかという成果を査定する。これをアウトカム評価と呼ぶ。

　最上位には「プログラムの費用と効率のアセスメント」がある。これは費用や資源に対して効果（便益）が妥当であるか，効率的に行われているか，またその他により低コストで効率的な効果を生み出すものはな

いかを評価するものである。

　ここで留意していただきたいのが，これらのアセスメントは共通して，良し悪しを判断するためのものではなく，よりよいプログラムを実践していく改善のためのプロセスであるということである。

3．プログラム評価の実際

（1）ニーズの評価：ニーズアセスメント

　ニーズアセスメントとは，「プログラムが扱おうとしている社会状況やプログラムのニーズに関する問いに回答する，あるいは新しいプログラムが必要かどうかを判断するための取り組み（Rossi et al., 2004/ 2005）」である。

　ニーズアセスメントでは，取り組むべきコミュニティの問題を明確に定義する。コミュニティの問題を定義するとは，例えば「貧困問題」や「児童虐待問題」などというように，社会問題を指摘する単語を取り上げることではない。社会一般に言われている問題の特徴だけではなく，なぜその問題が存在しているのか（どのような問題が関連しているのか）を検証し，問題を深刻化させる見過ごされた要因がないかを精査する。そして，その問題がどの範囲（いつ，どこで，どの程度）で生じているかを特定し，介入の対象となる人・集団の規模や特徴を推定していく。さらに，提供しようとしているプログラムに人々がアクセスするための障壁はないか，コミュニティの価値観や文化的特徴も精査しながら，効果的・効率的にプログラムが提供されるようアセスメントする必要がある。

　コミュニティ心理学では，第 2 章の予防方程式でも示したように，コミュニティでの問題のニーズアセスメントにおいて，リスク要因・保護要因という視点から問題を分析する。

　リスク要因とは問題を増大させるような要因である。一方，保護要因

$$問題の発生 \ = \ \frac{リスク要因}{保護要因}$$

図 14-2　問題の発生とリスク要因・保護要因の関連

とは，問題を低減させるような要因である。リスク要因・保護要因のアセスメントは，問題の背景要因が一般的に何であるのかを調べるのではなく，そのコミュニティの問題におけるリスク要因・保護要因を見出すことを目的とする。

そのリスク要因の深刻度，保護要因の不足度を調べるためには，まず自分の視点だけで要因を推測するのではなく，キーインフォーマントへの聞き取りやフォーカスグループインタビュー，蓄積されているアーカイバルデータ，実際にプログラム参加者と予想されている人々への質問紙調査を行うことが有効である。

（2）セオリー評価：プログラム理論の評価

プログラム評価を実施するためには，プログラム実施後に評価を計画するのではなく，プログラムの実践計画（設計）の段階から評価の視点のもち，プログラムの目標とプログラムのロジックを明確に設定し，プログラムの利害関係者（ステークホルダー）とともにプログラムの修正を進めていく。つまり，このプロセスはプログラムの成果を評価すること自体が可能であるかという評価可能性を高めるとともに，ステークホルダーとともにプログラムに関する合意形成をしていくプロセスとなる。プログラム設計段階で用いる評価はセオリー評価とも呼ばれ，ロジックモデルと呼ばれる枠組みが用いられる。

ロジックモデルとは W. K. Kellogg Foundation（2004）によって提案された，「プログラムを実行する上で用いる資源，計画している活動，達成したいと思っている変革や結果の間の関係性について提示したり共有したりするための体系的かつ視覚的な方法（p.1）」である。このロジックモデルは，評価可能性を高めるだけでなく，プログラム実践の全体像を図式化して可視化するとともに，プログラム関係者とプログラム実践の要素とそれらがもたらす効果についてロードマップを共有することが可能になる。

W. K. Kellogg Foundation（2004）の作成したロジックモデル（**図14-3**）は，①インプット（実践に投入される人材，モノ，資金等の資源），

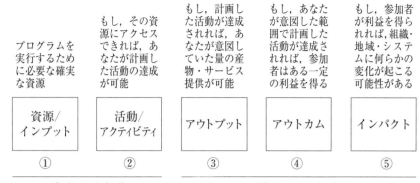

図 14 - 3　**ロジックモデル**（W. K. Kellogg Foundation.（2004）p. 3 より筆者翻訳）

②アクテビティ（活動内容），③アウトプット（活動によって生み出された モノやサービス），④アウトカム（プログラム参加者が得られる利益），⑤インパクト（組織・地域・システムなどの広範囲にもたらされる利益）という5つの視点から構成されている。

（3）プロセス評価

　コミュニティでのプログラムや介入の実践は，実際には意図したとおりに，つまり計画したとおり忠実に活動を行うことが困難な場合がある。ニーズアセスメントとロジックモデルで十分に計画されたプログラムであっても，思うように実施できず，妥協しなければならない場面も生じる。成果を検証した際，その成果は実際にはどのようなプログラムの構成要素によって導かれたのかを明らかにするためにも，その実践がどのように進んだかを検証することは重要である。

　プロセス評価では，プログラムの実施状況を体系的にモニタリングするだけではなく，プログラムで何がどのように行われているかを知り，実施方法の改善への示唆を得ることを目的としている（Weiss, 1998/2014）。

　プロセス評価では，主に次のような内容に関して評価をデザインする。
①プログラムの忠実性の検証
　プログラムの計画段階ではロジックモデルにより，プログラムのセオ

リー評価を行った。プロセス評価では，計画されたプログラムのロジックモデルで示した，インプット・アクテビティ・アウトプットが，実践過程において忠実に実施されたかを判断する。ここでは，単に，ロジックモデルどおりであったか否かという忠実性（fidelity）を検証するだけではなく，状況に応じて変更せざるを得なかった適応性（adaptation）も検討する必要がある。忠実性とは，プログラムがどの程度，そのプログラムが本来持っている構成要素に忠実に実施されたかを調べるものである。一方，適応性とは実際に用いられた場面で加えられた修正を調べるものである。忠実性はプログラム成果をもたらしたプログラムの構成要素を検討するのに対して，適応性はプログラムの構成要素において忠実に実施できない理由を探るとともに，どのように改善していくことが望ましいのかという根拠を見出すために行われるものとして捉えられよう。

ロジックモデルで示されたインプット，アクテビティ，アウトプットはプログラムの全体像を示すロードマップの役割を果たすが，プロセス評価では，実際に投入された資源の量（資金，人，物など）やプログラムの構成要素，期間・頻度といった詳細を明確にする必要がある。プログラムが計画通り進んだかどうかは，こうしたプログラムを構成する要素を詳細に網羅した上で，計画と実際との比較検討を行う。

②プログラム参加者（受益者）の検証

対象集団にプログラムが適切に届いているかを判断するものとして，カバレッジ（到達範囲）とバイアス（偏り）という視点がある（Rossi et al., 2004/2005）。

カバレッジ（coverage）とは，プログラム設計段階でニーズがあると判断された対象集団（受益者）の参加状況が，どの程度達成されているかを判断する視点である。カバレッジは，想定していた対象集団の参加がどの程度想定を充足しているかの検証のほかに，本来はニーズのない参加者が含まれていないか（ニーズはないが，プログラム提供者が介入しやすい集団やプログラムにアクセスしやすいだけの集団）も検証する。本来ニーズのない集団にプログラムを提供しても，問題の解決というプログラムの目的には到達せず，また過剰（無駄）な費用もかかってしまう。

　一方，バイアス（bias）とは，対象集団の特性の違いによって，参加
者数に不均衡があるか，あるとすればどの程度かを判断する視点である。
プログラムからの途中で参加をしなくなった脱落率や不参加者の特徴，
本来受益者となる対象集団に属するにも関わらず参加しない人の数・特
徴などを分析することで検証していく。こうしたプログラム参加者につ
いて，参加した人のみならず幅広くプログラムの利益の享受者を想定す
ると，プログラムの受益者の特性（仕事や交通状況，能力や情報へのア
クセス方法など）が原因で参加が妨げられている可能性もみえてくる。

③プログラムの実施組織の機動性の判断

　プログラムの実践プロセスの質に影響を与えるのは，プログラムの構
成要素や参加者だけではない。プログラムを実施する実施組織内の状態
も重要である。例えば，実施組織にはプログラムを実施するために十分
な専門的能力を備えた人がいるだろうか，十分な資源（資金，資材，人
材，連携など）は調達できているだろうか，スタッフはプログラムを十
分に理解しているだろうか，コミュニティの人々にプログラムの有益性
を周知できる広報能力を備えているだろうかなど，プログラムを提供す
る組織として十分な能力を備えていたかを判断する。これはどんなに効
果が見込まれるプログラムでも，実施者（組織）がプログラムを遂行す
る十分な能力を備えていなければ，実施の質が低下してしまう。

（4）アウトカム評価：効果検証のための評価デザイン

　プログラムの効果があったかどうかを検証するアウトカム評価は，純
粋にプログラムによってもたらされた"変化"を捉えるものでなければ
ならない。この変化を捉える指標として，プログラムの目標（期待され
る成果）と関連させ，Chinman et al.（2004/2010）は知識，態度，スキ
ル，行動の4つを示した（**表14-1**）。

　また，この変化を捉える基本的姿勢は，(a)プログラムの実施前後の
参加者の状況の比較，(b)プログラム参加者と等質でプログラムを受け
ていない集団（統制群）の比較という2つのポイントがある（Weiss,
1998）。この基本姿勢を満たす方法として，事前―事後，無作為の実験

表14-1　Chinman et al.（2004）のアウトカムの指標（井上ら（訳）（2010）
　　　　p.28より筆者加筆修正）

知識	トピックについて人々が何を学んだり知ったりするか
	例：病気についての知識，災害時対処の知識など
態度	トピックに対して人々はどのように感じるか
	例：活動への関心，薬物使用への拒否感など
スキル	問題を軽減するようなスキル
	例：薬物を勧められた時に断るスキルなど
行動	実際の行動の変化
	例：未成年の飲酒・喫煙がなくなる，虐待をしなくなるなど

　群―統制群の比較を行う実験計画法がある。これは心理学研究法を学
んでいると実験法として馴染みのある方法であるが，実際にコミュニ
ティでのプログラム実践では無作為化や対照群の設定が難しいのが現実
である。

　Weiss（1998）は，実験計画法以外の評価デザインでアウトカムとし
て見出される変化の妥当性に影響を与える「妥当性の脅威」には，次の
6つがあると示している（表14-2）。こうした妥当性の脅威を排除で
きるよう評価をデザインする必要がある。評価デザインには多様なデザ
インがあるが，ここでは地域援助において現実的に適用できる可能性が
高いものを紹介する。

　まず，（b）の統制群や対照群を準備できない場合には，単一グループ
デザイン（single group design）が用いられる。単一グループデザイン
では，プログラムを受けていない他のグループ（対照群）との比較は行
わないため，純粋にプログラムの効果としてどの程度の変化が生じたの
かは明らかにできないことを理解して用いる必要がある。ただし，単一
グループデザインでも，プログラム前後でほとんど変化がみられなかっ
た場合には，そのプログラムは効果がなかった可能性が高いことがわか
り，変化があるとするならばプログラム継続の可能性が高まり，その際
にはより精緻な評価計画をたてて検証する必要があることがわかる。

　無作為抽出した等質な統制群を置くことは難しくとも，プログラム参
加者と類似した性質をもった人を探してデータを比較することによっ

表14－2　Weiss（1998）の妥当性の脅威（前川・池田（訳）（2014）p. 243）

選抜	プログラムを受ける人々と比較する対照群とがプログラム開始段階で異なっていると，プログラム終了後の際は，プログラムに選ばれた人，あるいは自らの意思で参加した人の性質に起因する可能性が生じる。
脱落	プログラム群からの脱落者と，比較群からの脱落者の特性は異なる。そのためはじめは両群が等質であったとしても，最後まで残った人々の特性は異なるものとなってしまい，そのことがアウトカムに反映される可能性がある。
外的出来事	プログラム群と比較群の参加者はプログラム期間中，プログラムへの参加の有無以外に，それぞれ異なる経験をしたり状況に置かれたりする可能性がある，このような異なる外的要因を経験することがアウトカム指標に影響を及ぼし得る。
成熟	単純な時間の経過や加齢に伴う変化といった要因が，観察されたアウトカムに影響を与えることがある。例えば成長とともに子どもの認知能力は発達し大人びてくる。それに伴い，プログラムによる援助がなくてもより学びが進むことがある。
テスト効果	テストをすること自体が次のテストへの備えとなり，それによる能力向上がアウトカムに反映されることがある。同様にプログラム開始時に質問紙やインタビューを実施することで，どのような問題を対象としているのかを参加者に知らせることになる。そのため，参加者はプログラムのトピックをより意識し，慣れていった結果，アウトカムに影響を及ぼすことがある。
測定用具	データ収集のための用具をプログラム毎に変えると，データ収集のツールや技術の変化がアウトカムの変化に反映されることがある。あるいは，評定者が評定基準を変えることも，測定用具の変化の一種と考えられる。

て，プログラムを受けることによる効果を確かめることができる。このような無作為ではない類似のグループを比較群（comparison group design）とよぶ。参加群と比較群が比較できる場合，統制群ほどではないものの，プログラムによって変化したことを相当程度，確信を持つことができるようになる。

次に，(a)実施前後の比較においては，プログラムが途中まで進むまで評価計画がなされていない場合には，事後にアーカイバルデータ（保

232

管されている記録）の精査を行う方法や，事前の状況を振り返って回答を求める回顧的事前テストデザイン（retrospective pretest design）がある。

　プログラム前からデータが収集できる場合，プログラム開始前とプログラム実施中に複数回調査を実施する時系列デザイン（time-series designs）が挙げられる。時系列デザイン（**表14-3**）では，対象となるアウトカム指標を，プログラムを開始する前からプログラム修了以降も継続して定期的に測定していく。継続的なデータにより，ある状況が以前から変化がないのか，悪化しているのか，プログラムを行わなくても改善傾向にあったのか，プログラム直後に改善したのか，プログラム後にも変化が継続しているのかなどの情報を得ることができる。

表14-3　分割時系列研究デザイン

時期	開始前 baseline	実施中 intervention	終了後 withdrawal
調査	・・B2　B1	I1　I2・・・	W1　W2・・

（5）効率性の評価：費用対効果の評価

　効率性の評価は，一般的にコストパフォーマンスとも呼ばれる，コストと効果の関連性の評価である。プログラムが費用に見合った効果を発揮しているのか，また，よりコストをかけずに同等もしくはそれ以上の効果を持つプログラムや改善策はないかを検証する視点である。コストよりも効果の方が大きければ，そのプログラムは効率性がよいと考えられる。

　かかったコストの算定には，運営費などの資金だけでなく，プログラムの実務に関わるスタッフの労働コスト，間接的に活動に関わる専門家のコスト，時間，会場費や広告費などの単位に分けて算出する。こうした費用の総計が，参加者一人当たりに対してどの程度になるかを算出することによって，プログラム間の比較を行うことができる。

4．エンパワーメント評価

（1）プログラム評価の実施に伴う問題

　これまで述べてきたように，プログラムの効果を検証するためだけではなく，プログラム実践の効果を高めるためにも評価は有効である。しかし，「評価」をするというと，関係者の不安をあおる可能性もある。

　伝統的なプログラム評価では，評価課題の設定，情報収集と分析，結果の解釈・改善・提言までを，評価に関わる専門家が主導して行う。伝統的な評価は専門家が主導することで評価手法の厳密さや客観性，中立性を保つことができるという利点があるが，一方で，実践に関わる人々の中に，失敗が暴露されるのではないかという不安や評価のための手続きに対する負担感が生じることも多い。また評価に携わる専門家が，評価から得られた知見は実践者や参加者には関係ないという信念を持つ傾向があることも指摘されている。こうした結果，評価者と実践者の間に対立構造が生じやすく，実践者が評価の実施や評価結果を活用したプログラムの改善に消極的になる傾向が指摘されている（Donaldson et al., 2002）。さらに，実践者が評価の手法を獲得する機会もないため，評価者がプログラムの現場から離脱すると同時に，評価の有用性や評価実施の機会そのものが失われてしまう危険性が指摘されている（Kloos et al., 2012）。

　こうした専門家主導の伝統的プログラム評価で生じる問題に対して，評価専門家と共にプログラム実践者自身が評価に関わる協働型・参加型評価（collaborative/participatory evaluation）というモデルが提案されている。伝統的な評価モデルとは異なり協働型・参加型評価では，評価者とステークホルダーが同じテーブルにつき，評価に関わるあらゆる意思決定に対して同等の権利と義務，責任を共有する。実際の意思決定の場面では，評価者は評価に関する専門的な知識や技術の面で貢献し，ステークホルダーは実践を行っている現場や対象者に関する知識の面で貢献する。目標や評価指標の設定，データの収集と分析，結果の解釈など評価に関わるあらゆる作業を協働で行うことで，評価者はプログラムに

234

関わる理論や現場，対象者についての知見を得ることができ，ステークホルダーは「評価という作業を協働して行うことができるように訓練されていく（O'Sullivan, 2004）」のである。

　さらに協働型・参加型評価から一歩踏み込み，プログラム実践者の自己決定を最大限に重視する評価モデルが，エンパワーメント評価である（Linney & Wandersman, 1991；Fetterman & Wandersman, 2005）。エンパワーメント評価は，プログラムに関係する人々は，学ぶ機会さえあれば評価を行う主体として機能することが可能であることを前提としており，評価の実施を通してプログラム参加者を含むステークホルダーが評価能力や評価技術を獲得すること，すなわちキャパシティ開発を目標の1つとしている。またプログラムに関わる人々が自身の手で評価を行うことで，プログラムへの統制感や所有感が高まり，自律的かつ継続的なプログラムの継続と改善，発展が見込まれる。

（2）エンパワーメント評価とその実践方略：Getting To Outcomes™ （GTO™）

　Wandersman et al. (2004) は「エンパワーメント評価とは，(a) プログラムのステークホルダーに計画，実施，自己評価のためのアセスメントツールを提供し，(b) 評価をプログラム／組織の計画と管理の中心とすることによって，プログラムが成功する可能性を高めるための評価の方法（p.28）」と定義している。また，池田（2007）はエンパワーメント評価を「従来の科学的，実証的評価研究をプログラムの参加者が主体的に実施することができるよう支援することであり，そのプロセスで参加者がエンパワーされ，プログラムへの積極的関与が促進された結果，プログラムの改善が進みより大きな効果をもたらすことを目指す評価モデルである」とまとめている。これらの定義にみられるように，エンパワーメント評価は評価手法というよりも，評価の専門家との協働を前提とした実践改善のための能力開発的手法であるといえる。

　このエンパワーメント評価を，専門家側の実践の視点から特徴づけるのが「エンパワーメント評価の10の原理（**表14-4**）」である（Fetter-

表14-4　エンパワーメント評価の10の原理　Wandersman et al., (2004)
pp.141-146 より作成

改善（improvement）
　プログラムの多くはポジティブな結果を導き出すことを期待されているという基本的仮説のもと，人々やプログラム，組織，コミュニティの改善・向上に価値をおく。

コミュニティ・オーナーシップ（community ownership）
　コミュニティには自らの生活に影響を及ぼす活動に対して決定を下す権利があるという信念のもと，ステークホルダーらがエンパワーメント評価者を活用して評価を実施し，その知見を活用する。したがって，意思決定の力はコミュニティにある。

一体性（inclusion）
　プログラムの評価がよりよい解決策を示すには，プログラムスタッフや，メンバー，資金提供者，参加者などの様々なレベルのステークホルダーを含む必要がある。

民主的参加（democratic participation）
　十分な情報と状況が提供されていれば，ステークホルダーらは賢明な判断と行動をする能力があると仮定し，1）コミュニティにあるスキルや知識を最大限に活用するような協働，2）公正で適切な手続き，を強調する。

社会正義（social justice）
　資源・機会・義務・交渉力における公平で均等な分配という社会正義のためにプログラムと評価を行う。

コミュニティの知識（community knowledge）
　コミュニティメンバーは自らのコミュニティの専門家であり，コミュニティベースの知識や知恵は重要なものであると尊重し，新たな知識を創り出すために活動する。

科学的根拠に基づいた方略（evidence-based strategies）
　プログラムの選択・計画の過程では，ベスト・プラクティスや科学的根拠に基づいた方略も尊重する。

キャパシティ開発（capacity building）
　評価の実施やプログラムの計画・実施のための能力をステークホルダーらが身につけるよう，エンパワーメント評価は計画される必要がある。評価能力を身につけることで，ステークホルダーらはプログラムに参加するものの一人として自らの生活を形作り，向上させる立場となる。

組織の学習（organizational learning）
　プロセスを改善するための新たなツールや方法を獲得し，応用し，習得する過程（Schneiderman, 2006）であり，改善プロセスにおいて組織の学習文化を発展させるような動機づけやスキルを促進するツールや実践を用いる。

説明責任（accountability）
　他の評価と同様に，プログラムによって達成された最終結果も重要である。エンパワーメント評価ではアカウンタビリティは，資金提供者，研究者／評価者，実践者らのステークホルダー全員の責任としてみなしている。

man & Wandersman, 2005；Wandersman et al., 2004）。10 の原理の中にキャパシティ開発や組織の学習（organizational learning）などがあることからもわかるように，エンパワーメント評価は，評価活動を通してステークホルダーが評価に基づくプログラムや組織の運営，改善・発展を実践するために必要な知識や技術を身につける過程でもある。

このエンパワーメント評価を実現する具体的な実施方略として，Wandersman et al. は Getting To Outcomes（GTO）と呼ばれる 10 ステップからなるアプローチを開発した（Wandersman et al., 1999；Chinman et al., 2004/2010）。

GTO はエンパワーメント評価の原理を実現しつつ，特に科学的評価によって導かれるプログラムの成功と改善，アカウンタビリティ，そしてプログラムの実践や評価に必要となるキャパシティの開発に重きを置いた，より包括的なエンパワーメント評価の実践手法として開発されたものである。この GTO は，10 のアカウンタビリティのための質問（**表14-5**）に従って，プログラムの計画，実践，評価，維持を実施する包括的マニュアルである。

GTO マニュアルの中には，プログラム評価において重視されるロジックモデルの作成方法や，妥当性の高いアウトカム評価のための要因計画法，プログラムの達成率や結果の効果量の算出方法に関する記述も含まれており，これまで評価者や研究者などの専門家がいなければ不可能であると考えられていた実証性や科学性を伴った評価を，プログラムのステークホルダー自身が実践できるよう，工夫されている。これまでに GTO は，薬物乱用予防，発達資産，10 代の妊娠予防，災害時の対策，放課後プログラム，日本国内では学校評価や学校事務の実践モデルなど，多様なコミュニティで活用されており，GTO は多様なコミュニティで実施される様々なプログラムに応用可能であるといえる。

表 14 - 5　Chinman et al. (2004) のアカウンタビリティのための 10 の質問
（井上ら（訳）（2010）p.2)

Q 1　ニーズと資源
　　　そのコミュニティの重要なニーズと状況は何か？
Q 2　目標
　　　目標，ターゲットとなる人々，目的（期待される結果）は何か？
Q 3　ベスト・プラクティス
　　　どの科学的根拠を持ったモデルや，ベストプラクティスのプログラ
　　　ムがその目標を達成するために有効か？
Q 4　適合
　　　選択されたプログラムをコミュニティの文脈に適合させるために何
　　　をしなければならないか？
Q 5　能力
　　　計画を進めるにあたって，どのような組織の能力が必要とされてい
　　　るか？
Q 6　計画
　　　そのプログラムの計画はどのようなものか？
Q 7　プロセス評価
　　　プログラムや先導的実践の質をどのように評価するか？
Q 8　アウトカム評価
　　　プログラムはどのような効果をもたらしたのか？
Q 9　継続的な質の向上
　　　継続的なプログラムの質の向上のための方略をどのように組み込む
　　　か？
Q 10　維持
　　　プログラムが効果的であった場合，そのプログラムをどのように維
　　　持・継続するか？

注：Getting To Outcomes™ および GTO™ は University of South Carolina と RAND の登
　　録商標である。

238

🎸 研究課題

1. あなたが関心を持つコミュニティで生じている問題のリスク要因と
保護要因を考え，問題の解決のために最も取り組む優先順位の高いと
思われるリスク要因もしくは保護要因を1つ取り上げてみよう。
2. 1で取り上げた要因を低減（リスク要因）もしくは増大（保護要因）
させるためロジックモデルを考えてみよう。
3. 2で考えたロジックモデルを実践する際，その評価はどのようにす
ればよいでしょうか。プロセス評価，アウトカム評価，費用対効果の
3つの視点から，プログラム評価の計画を立ててみよう。

引用文献

Chinman, M., Imm, P., & Wandersman, A. (2004). *Getting to Outcomes 2004 : Promoting accountability through methods and tools for planning, implementation, and evaluation*. Santa Monica, CA : RAND. 井上孝代・伊藤武彦（監訳）池田満・池田琴恵（訳）(2010). プログラムを成功に導くGTOの10ステップ：計画・実施・評価のための方法とツール. 風間書房.

Donaldson, S. I., Gooler, L. E., & Scriven M. (2002). Strategies for managing evaluation anxiety : Toward a psychology of program evaluation. *American Journal of Evaluation, 23*, 261-273.

Fetterman, D. M., & Wandersman, A. (2005). *Empowerment evaluation principles in practice*. NY : The Guilford Press.

池田満 (2007). 評価をコミュニティの手へ：プログラム評価モデルの発展とエンパワーメント評価. マクロ・カウンセリング研究, 6, 2-15.

Kloos, B., Hill, J., Thowas, E., Wandersman, A., Elias, M., and Dalton, J. (2012). Community Psycholooy : Linking Individual and Communities 3ed. Belmant, CA. Wadsworth.

Linney, J. A., & Wandersman, A. (1991). *Prevention plus III : Assessing alcohol and other drug prevention programs at the school and community level : A four-step guide to useful program assessment*. Washington, DC : U.S. Department of Health and Human Services, Office of Substance Abuse Prevention.

O'Sullivan, R. (2004). *Practicing evaluation : A collaborative approach*. Thousand Oaks, CA : Sage

Rossi, P. H., Lipsey, M, W., & Freeman, H. E. (2004). Evaluation : A Systematic approach 7th Ed. Sage Publications, Inc. 大島巌・平岡公一・森俊夫・森永拓郎（監訳）（2005）プログラム評価の理論と方法：システマティックな対人サービス・政策評価の実践ガイド. 日本評論社.

Scriven, M. (1991). *Evaluation treasures* (4th ed.). Newbury Park, CA : Sage Publications.

W. K. Kellogg Foundation (2004). *W. K. Kellogg Foundation logic model development guide.* Battle Creek, MI : W. K. Kellogg Foundation.

Wandersman, A., Imm, P., Chinman, M., & Kaftarian, S. (1999). *Getting To Outcomes : Methods and tools for planning, self-evaluation, and accountability*. Rockville, MD : Center for Substance Abuse Prevention.

Wandersman, A., Keener, D. C., Snell-Johns, J., Miller, R., Flaspohler, P. Dye, M., Mendez, J., Behrens, T., Bolson, B., & Robinson, L. (2004). Empowerment evaluation : Principles and action. In L. A. Jason, C. B. Keys, Y. Suarez-Balcazer, R. R. Taylor, M. Davis, J. Durak & D. Isenberg (Eds.), *Participatory community research : Theories and methods in action* pp.139-156. Washington, DC : American Psychological Association.

Weiss (1998) Evaluation : Methods for Studying Programs and Policies, 2nd Ed. Prentice Hall. 佐々木亮（監修）前川美湖・池田満（監訳）（2014）. 入門評価学：政策・プログラム研究の方法. 日本評論社.

15 | これからの臨床心理地域援助

伊藤　亜矢子

　社会の変化に伴う支援ニーズの多様化によって，今後も臨床心理地域援助はますます必要性が高まると考えられる。本章では，身近で欠かせないものとしての地域援助や，現代社会の変化の中での臨床心理地域援助の必要性の高まり，また今後の課題などについて考える。
《キーワード》　社会変革，市民活動，地域づくり

1. 身近で欠かせないものとしての臨床心理地域援助

（1）社会の変化と支援の変化

　ここまで地域援助の考え方や技法，具体例などについて学んできた。個人だけでなく，個人を重層的に囲む環境を視野に入れることで，クライエントへの理解が深まると共に，クライエント個人だけでなく，同様の課題やリスク等にさらされている人々について，予防や健康増進も含めた支援が行えること。また，エンパワーメントやコラボレーションなど様々なコミュニティ心理学の概念を用いることで多様な支援が展開できることを見てきた。

　図15-1のような入れ子構造の中で，様々な層の環境に直接間接に働きかけることで，支援の幅が広がっていく。さらには，そうした支援が，直接間接に相互作用して，より上位のシステムや社会を変化させていく。

　このような，人と環境との相互作用に着目して，双方に働きかける発想は，地域援助の根本となる考え方である。しかし同時に，個人の心の世界を扱うことが基本となる心理臨床としては，扱う範囲が広すぎて，上位システムに働きかけることや，社会の変化との関連などは，単なる理念的なものという印象が強いかもしれない。

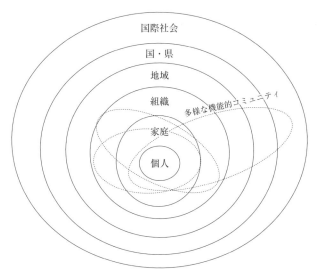

国際社会

国・県

地域

組織

多様な機能的コミュニティ

家庭

個人

図 15-1　個人を囲む様々なコミュニティ

　しかし例えば，特別支援教育の歴史を考えてみよう。

　特別支援教育では，発達障害への理解や支援を求める親の会による活動や，それらを通して広がったマスメディアや社会の関心が，発達障害への社会的認知を増し，様々な支援や政策へと繋がっていった。2006年の学校教育法の一部改正により，特別支援教育は 2007 年から開始されたが，それに先駆けて，特定非営利活動法人全国 LD 親の会は，1990年に全国学習障害児・者親の会連絡会としてスタートし，同年には文部大臣（当時）宛に要望書の提出などを行い，その後も活発に発達障害のある子への支援を求めてきた。そうした動きが，2006 年の法改正にも繋がっていった。現在でも同会は，「LD などの発達障害のある人の人権が守られ，生き生きと暮らすことのできる社会の実現」を目的として，「LD などの発達障害に関する教育・福祉・医療・労働などの問題について，関係機関・関係団体と交流・連携しながら，研究・調査，社会的理解の向上，諸制度の創設・改善を働きかけるなどの活動」に取り組み，「各地の「親の会」との情報交換」や「日本発達障害ネットワーク，日本障害者協議会などへの加盟，文部科学省の特別支援教育ネットワーク推進委員会への参加」などを行っている（全国 LD 親の会，2009）。

　こうして身近な心理臨床に関わる発達障害の支援においても，社会的な活動が，支援を変化させてきた。

　なお，2004年の「発達障害者支援法」成立時には，同会および，NPO法人アスペ・エルデの会，NPO法人えじそんくらぶ，NPO法人EDGE，社団法人日本自閉症協会（いずれも当時）の5団体が，日本発達障害ネットワーク（JDDnet）を設立した。JDDnetは，同法の施行およびその後の発達障害支援について，発達障害関係の全国および地方の障害者団体や親の会，学会・研究会，職能団体などを含む幅広いネットワークとして，政策提言等を継続的に行ってきた（JDDnet，2017）。

　もちろん，国連での「障害者の権利に関する条約」締結にむけて，国内でも「障害を理由とする差別の解消の推進に関する法律」（障害者差別解消法（H28年施行））が整備されて，発達障害のある児童・生徒への「合理的配慮」が促進されるなど，トップダウンの動きもあった。しかし，そうした国や国を超えた国連の動きも，社会的な成熟や意識変化などがあってのものである。トップダウンな動きの背景には，上記のような親の会等の市民活動による政策整備に向けた提言・要望活動等が，国や市民の意識を変化させ，ボトムアップに政策を変化させてきた。

　つまり，草の根的な市民活動が，市民全般の意識や政策の変化をもたらすボトムアップの変化と，それらを踏まえたトップダウンの変化が，さらなる市民の意識変化や社会の変化をもたらすという循環的な相互作用の中で，個人への支援も前進してきたのである。

　目の前のクライエントは，そうした変化の中で生きている。例えば，発達障害のある子どもが日々を過ごす学校も，そうした社会の変化や，教育政策・教育制度の変化を受けて，特別支援教育の体制整備や合理的配慮などの教育・支援の充実を図ってきた。合理的配慮による試験時間の延長や，授業中の多様な配慮など，クライエントの直接的な支援は，社会的な変化と連動して進展してきたものなのである。

　このように，社会的・政策的変化が，個々のクライエントの日々の生活や直接的な支援を左右することは，多くの臨床場面で生じている。

　例えば，教育分野でのスクールカウンセラー（以下SC）やスクール

ソーシャルワーカーの導入，医療分野での保険制度の変化による投薬や
デイケアなどの心理社会的支援の変化，福祉分野での虐待件数の増加等
による子ども家庭支援センターの整備や児童相談所の心理職の定数増
加，東京 23 区での児童相談所設置などがある。他にも，司法分野での
少年法改正による変化，産業分野でのメンタルヘルスチェックの開始な
ど，多くの例を読者も思い浮かべることができるであろう。

　心理臨床とはかけ離れていると思える社会や政策の変化は，確実に，
個々のクライエントや人々への支援や生活を左右し，心理職の職務内容
にも変化をもたらしている。まさに，**図 15 - 1** のような入れ子構造の各
層が相互作用して，クライエントにも支援者にも影響しているのである。

（2）　クライエントの日々を支援する臨床心理地域援助の役割

　臨床心理地域援助では，個人への個々の支援が，こうした社会的な支
援の変化の中で行われていることを十分に理解し，関心を持ち続けるこ
とが重要になる。個人が必要とする支援は多様であり，例えば発達障害
であれば，医療機関による投薬や療育機関による療育など専門機関にお
ける支援だけでなく，家庭・学校や放課後デイケアなど様々な日常の場
面での支援や，家族も含めた当事者が主体的にウェルビーイングな状態
で生きていけることが大切である。そうした多様な側面について考慮し，
多様な場面で必要な支援を新たに構築し，理論化し，発展させていくこ
とが臨床心理地域援助の役割の 1 つである。場合によっては，必要な制
度改革に向けた市民活動に，心理臨床の立場から理論的な基盤を提供し
たり，専門職の立場から市民活動を主導したり，支援ニーズをアドボケ
イトしてネットワークを広げていくことも必要になるかもしれない。そ
うした多様な活動の可能性も臨床心理地域援助には含まれており，それ
らによって，地域援助の発想が具体的な支援に活かされていく。

（3）　実践の中での臨床心理地域援助

　このようにして，**図 15 - 1** のような入れ子構造の多様な層に働きかけ
る臨床心理地域援助は，決して理念的なものでなく，身近で具体的なも

のである。個々の心理臨床実践の基盤には社会があり，第3章で述べた生態学原理の「遷移」の原理のように，時代に応じた社会的変化が個人の支援ニーズを変化させ，それに応じた心理臨床実践が要請されてきた。1つ1つの臨床実践は，クライエントの生活や医療制度・教育制度など実践の基盤や仕組みを通して社会と繋がっている。そして支援は個人だけでなく，周囲にも目を向けて，児童なら家庭や学級のあり方，成人なら家庭と職場環境など，周囲の環境からのアプローチを発想することで豊かになる。さらに，ボトムアップ的に，支援を充実させるより上位の組織に働きかけること，あるいはそうした運動を支援すること。これらをコンサルテーションやコラボレーション，ネットワーキングなどの方法を用いて実現していくこと。臨床心理地域援助は**図15−1**の様々な次元で，環境と人の相互作用を意識しながら，多様な支援や活動を構築していくことができるアプローチである。

　教育領域であれば，インフォーマルなコンサルテーションとなる教師との会話で，子ども（個人）と学級（環境）の双方に理解を深めて支援を充実し，教師や保護者のSCの活用を促進することで，支援力のある学校づくりに参画すること。そうした実践をSCが相互に情報交換し，活動モデルを提言すること。それらによってSCの実践が社会的に認知され，直接間接に支援の充実につながる政策に結びついていくこと。臨床心理地域援助を意識しなくても，SCなら学校にいる限り，子ども個人だけでなく，教師や保護者との関わりが求められ，結果として上記のような活動につながる業務を行っているだろう。

　同様に病院でも，医師・看護師・ソーシャルワーカーなどの他職種や各診療科との連携，地域社会のニーズにこたえる地域医療，訪問や地域資源との連携など，臨床心理地域援助に関わる業務が欠かせない。

　このように考えれば，臨床心理地域援助は，身近で具体的な実践であり，いずれの領域や現場においても，地域援助の要素を含む支援のニーズがあることがわかる。臨床心理地域援助やその基盤となるコミュニティ心理学／コミュニティ・アプローチの歴史や考え方を学ぶことは，そうした地域援助の要素を含む多様な活動を，先人の蓄積の上に整理し，

それを基盤としてさらに発展できることに利点がある。

　現場での活動に含まれる，臨床心理地域援助にかかわる要素を，臨床心理地域援助として意識し，先人の理論にあてはめて整理・発展させることが，臨床心理地域援助を学ぶことの意義であり，それが活かされるところといえる。理念的で多くの心理臨床実践とはかけ離れたマクロ事柄のように思える地域援助は，こうして，身近で具体的で個々の実践現場に欠かせないものなのである。

2. 個人を大切にすることによる環境への働きかけの大切さ

　ところで地域援助というと，地域を対象にし，個人をないがしろにしているのではないか，という誤解が生じやすい。コミュニティ心理学においても，人と環境の相互作用の重視から，人を劣悪な環境に適合させるもので，個人よりも環境や環境をつくっている主体の利益を優先させるのではないかと誤解される場合もある。反対に，ソーシャルワークは環境に働きかけるが，心理学は心に働きかける，と対比され，心理社会的な環境への臨床心理学的なアプローチが見落とされる場合もある。確かに社会的要因の発見とそこへの介入という地域援助の発想は，第三の精神保健革命というように，後発の発想であり，その応用的な性質からも，理解しづらい面がある。そこで次に，よくある地域援助への誤解をあげて説明を補足する。

（1）人と環境の適合は人を環境に合わせるのだという誤解

　第 2 章で述べたように，コミュニティ心理学では person-environment-fit が重視されるが，それは環境を不変のものとして，環境に合うように個人を変化させる，ということではない。人と環境の適合と訳されると，適合という語感から，環境に人を合わせるという印象が生じやすい。そのことから，コミュニティ・アプローチや地域援助は，人を環境に適合させることを目指すという誤解が生じやすい面がある。これまでに学んだように，コミュニティ心理学は，人と環境の相互作用を重視するのであって，人を環境に適合させようとするのではない。環境に影響され

る人の心理や行動など，見逃されやすい環境要因について考えることで，個人要因だけで人を理解するのではなく，より幅広く深く個人を理解すると同時に，環境にも働きかけることで，いたずらに個人だけに変容を迫ることなく，人のウェルビーイングを高めようとするのがコミュニティ・アプローチである。

（2）コミュニティ心理学は集団の利益を優先させるという誤解

　コミュニティ心理学についての生じやすいもう1つの誤解は，コミュニティ心理学は地域中心主義だから，個人よりも集団の利益を優先させ，個人を無視して集団に働きかけるのではないか，という誤解である。第1章で述べたように，地域中心主義というのは，米国の地域精神保健で，収容型の入院治療ではなく，クライエントの居住地で主体的に生きることができる支援の重要視から始まっている。専門家中心の専門機関での支援ではなく，コミュニティに即したコミュニティでの支援を，コミュニティの人々が中心となって行おうという意味合いであり，個人よりも集団を重視するということではない。

（3）臨床心理学は心に働きかけるので環境には働きかけないという誤解

　ソーシャルワーカーは環境に働きかけ，カウンセラーは心理に働きかける，といわれる。心理臨床実践は人の心を通して行われ，ソーシャルワーカーは福祉制度などを通して具体的な環境変化を直接に生じさせる，という意味では正しい表現であるが，繰り返し述べてきたように，地域援助は個人だけでなく環境にもアプローチしようとする。その際も，心理社会的環境を人の心理を通じて変化させることが中心的ではあるが，実際に，相談室を整備し，相談申し込みの新しい仕組みや相談の体制づくりを行う，心理教育やメンタルヘルス向上のプログラムを構想してマネジメントするなど，環境づくりに直接的に関わるアプローチも多く行われる。保護者面接や家族面接などを通して，家族環境を変化させる，あるいは，教師や上司の理解の変化を通して，席替えや配置換えなど環境調整に繋げるなどの支援は多く行われるところである。

（4）誤解を超えるために

　以上，コミュニティ心理学や地域援助をめぐる代表的な誤解について
述べた。そもそも心理学は，個人の内面だけを重視しすぎるという「心
理主義」への批判もあるが，これまでに学んできたように，そうした批
判もコミュニティ心理学や臨床心理地域援助には当てはまらない。個人
の心理というミクロな世界と，**図 15-1** のように入れ子状に存在する
様々な環境やその世界のマクロともいえる広がりのミクロ・マクロの両
方を視野にいれて実践を行うのが臨床心理地域援助である。臨床心理地
域援助の成り立ちや基盤となる考え方を適切に理解し，各自の心理臨床
におけるオリエンテーションに基づきつつ，個人だけでなく環境へのア
プローチを行っていくことが必要であり，地域援助は，個人を対象とし
た臨床理論の個人を超えたレベルへの応用であり，臨床心理地域援助独
特の，コミュニティ・アプローチとしての理論が基盤になる応用的な実
践であることを理解しておく必要があるだろう。

3．現代社会の変化とこれからの臨床心理地域援助

　これからも臨床心理地域援助は，当然ながら，社会の変化と共に変化
し，社会の動きを理解しながら，個人の健康を支援していくことになる。
その際には，マクロな社会的変化を意識しつつ，その背後にある人々の
暮らしやニーズを的確にとらえて，臨床心理地域援助の発想をどう活か
すかが重要になってくる。

　社会の変化は，必ずしも個人のウェルビーイングに良い結果を生むと
は限らない。ある人にとって良い変化が別の人にとっては不都合な場合
も多い。ある人のために誰かが犠牲になるのではなく，犠牲になりそう
な人の声を代弁しながら，だれにとっても良い変化をどう選択できるか
について，心理学の視点から考えるのが地域援助の発想でもある。

　ここでは近年の社会的変化の動向から，社会的な課題と共に，そこで
の心理臨床実践の可能性と留意点について考えてみたい。

（1）新たな人口構造と多様な社会参加

　少子高齢化について，内閣府(n.d.)によれば，1950年に総人口の35.4%を占めていた年少人口（0〜14歳の人口）が，高度経済成長期の1965年には同約25%となり，その後，微減しながら1985年にはまだ21.5%を維持していたものの，その後急減し，2000年には15%をきって14.6%となり，2017年には12.3%となった。つまり，戦後すぐには人口の三人に一人が子どもであったが，現在は十人に一人程度しか子どもがいない計算である。

　他方高齢者人口（65歳以上）は2017年で同27.7%である。おおまかにいって，人口の3割は65歳以上で，15歳から65歳までの生産年齢人口は6割となる。戦後間もない1950年の生産年齢人口も同じく約6割であるが，当時と異なって，現在では高等教育への就学率も高く，生産年齢人口の15歳から22歳では就学者が多数を占めることを考えると，実質的な生産年齢人口の割合は現在の方が小さくなる。また1950年当時の高齢者人口は0.5割程度であり，医療等の状況を考えても，現在のような介護や医療の現役世代の費用負担はなかったことから，生産年齢人口が占める割合は表面上同じであっても，現代の方が1950年当時よりも現役世代の負担が大きくなっていることが理解できる。

　そうした中で，持続可能な経済成長という観点から，政府は「ニッポン一億総活躍プラン」を2016年6月に閣議決定した。これを踏まえて例えば，厚生労働白書（厚生労働省，2018(a)）では，がん治療が入院治療から通院治療にシフトし，働きながら治療を受けられる可能性が高まり，患者の約半数が勤務を継続していることが指摘されている。そして，女性や高齢者はもとより，障害のある人や，がん患者やがんの罹患歴がある人，生活習慣病など病気を持つ人，54万人以上いるとされる広義のひきこもり状態にいる人（「自室からは出るが，家からは出ない」などの狭義のひきこもり状態にある人と「ふだんは家にいるが，自分の趣味に関する用事のときだけ外出する」人）など，多様な人の社会参加について特集している。こうして「ニッポン一億総活躍プラン」は，人口構造の変化に対する経済成長の維持という視点から，トップダウンに，

多様な人々の社会参加を要請している。

　これに対して臨床心理地域援助の考え方は，人々のウェルビーイングという視点から，多様な人たちの健康を保持増進できる生活環境や，自己実現・生きがいなどについて，当事者の意向にそって周囲の人々と支援を考えていく発想にある。がんの治療中の人が，治療も行いながら仕事や社会参加を継続でき，女性も安心して子育てと社会参加を両立できることなどは，個人のウェルビーイングの点でも，重要な支援目標となりうる点である。しかしそれは，あくまで個人のウェルビーイングの増進という点が出発点であり，地域援助の目的がトップダウンの経済成長ということではない。むしろ，ひきこもり支援など，個人の困難な状況に寄り添う中で，必要な支援を抽出し理論化しながら政策提言につなげていくなど，ボトムアップに個人や類似の困難を抱える人々のウェルビーイングを増進するための社会への働きかけが，臨床心理地域援助の役割といえる。

　ひきこもり，高齢者，といってもそれぞれに生きてきた道のりや価値観などそれぞれ多様である。多様さを無視するのではなく，個々の違いによる多様性を重視しながら，丁寧に支援を行うこと。その際に，ひきこもりを全面的に個人の問題として扱って，解決を個人の力にゆだねる被害者責めをするのではなく，当事者の力が活かされる環境づくりや個人を超えた要因への働きかけも含めて，多様な支援を当事者の身近にある人的物的資源と共に構築していくことが臨床心理地域援助には求められる。そしてその中で得られた支援に役立つ知見を見出し，発信していくことで，地方自治体などへの政策提言となり，さらなる必要な支援の実現へとつなげていくことができる。こうしたことから，経済成長の点から社会参加がトップダウンに要請される時代にあっても，ボトムアップに，個人のウェルビーイングという観点から，個人と環境へ心理社会的な側面から働きかける支援を発想することが，臨床心理地域援助には求められる。

（2）産業構造の変化と家庭の変化

　人口構造の変化と同時に，半世紀ほどの間に，日本の産業構造も大きく変化してきた。1950年には，産業別就業者構成割合において46.5%を農林漁業が占めていた。産業分類が変更されて厳密な比較はできないが，2010年に第1次産業に従事する人は就業者全体の4.2%となっている。60年の間に過半数を占めていた第1次産業を生業とする人が，きわめて少数派となってしまったことがわかる。他方2010年の第3次産業就業者は就業者全体の70.6%を占めている。産業構造の劇的な変化である（厚生労働省，2013）。また，2010年には正規職員・従業員数を非正規職員・従業員就業が上回り，近年には，女性や高齢の就業者数も増えている（厚生労働省，2018（b））。2016年の「ニッポン一億総活躍プラン」以前から，女性や高齢者の社会参加も少しずつ増加し，働き方や雇用形態も変化してきた。

　第1次産業が多かった時代には，地域に密着した働き方の中で，畑に子どもを連れて行ったり，子どももできる作業を手伝ったり，地域の中で子育てすることが自然に行われていた。また，女性の社会参加が相対的に少なかった時代には，子育てを家庭にいる女性が担う家庭も多かった。しかし，自己実現や経済的な理由などから，女性の社会参加が増える中で，共働き家庭が増加し，また性別年齢に関わらず単身世帯も増加して，高度経済成長期などには標準とされた夫婦と子ども二人という世帯の姿も，もはや標準ではなくなってきた。

　こうした社会変化の中では，これまでにない新たな支援ニーズが次々と生じてくる。子育ても，夫の転勤などで見知らぬ土地で行う育児はもちろん，両親の長時間勤務や多様な勤務形態にそなえた二重保育や夜間保育，学童保育やそれに代わるサービス。子育て以外にも，高齢者介護と仕事の両立や，子どもが親の介護をする必要に迫られるヤングケアラーなど様々な課題がある。子どもと家族のウェルビーイングを考えた時に，保育の質の向上や育児を支える地域のコミュニティづくりなど，地域援助として考慮すべき点が数多くある。

　社会変動に伴って，新しい支援ニーズが生まれることや，個人や個々

の家族の支援ニーズは，こうした大きな社会変動の中で生じてきていることを理解すること。その上で，関連の社会資源や政策についても理解しておくなど，個人と環境の双方を視野に入れることで，社会に根付いた支援を行うことも臨床心理地域援助には求められている。

4．新しいコミュニティと人々の生活

（1）持続可能な社会

　2015 年の国連総会では，第 4 章でも述べられたように，「持続可能な開発目標：Sustainable Development Goals（SDGs）」という，各国が 2030 年までに達成することを目指す 17 の目標と 169 のターゲットからなる課題が採択された（国際連合広報センター，n.d.）。17 の目標には，ピクトグラムと短い言葉によるアイコンが作成されており，それらの短い言葉を列挙すると次のようになる。

目標 1：貧困をなくそう
目標 2：飢餓をゼロに
目標 3：すべての人に健康と福祉を
目標 4：質の高い教育をみんなに
目標 5：ジェンダー平等を実現しよう
目標 6：安全な水とトイレを世界中に
目標 7：エネルギーをみんなにそしてクリーンに
目標 8：働きがいも経済成長も，
目標 9：産業と技術革新の基盤をつくろう
目標10：人や国の不平等をなくそう
目標11：住み続けられるまちづくりを
目標12：つくる責任つかう責任
目標13：気候変動に具体的な対策を
目標14：海の豊かさを守ろう
目標15：陸の豊かさも守ろう
目標16：平和と公正をすべての人に
目標17：パートナーシップで目標を達成しよう

である。現在だけでなく将来の世代がそれぞれのニーズを満たせるような持続可能な開発を世界共通の課題としたものであり，人々の自己実現と社会の豊かさと平和をパートナーシップによって実現し，気候変動と天然資源など地球環境を守ろうというものである。

　これら17の目標は，第1章で述べた地域援助の基本理論であるコミュニティ心理学の中核的な価値とも重なる。これからの臨床心理地域援助においては，こうした目標が設定されていることを理解し，個人と家族のウェルビーイングを支える大前提として理解しておくことも必要ではないだろうか。個人のウェルビーイングを考えるのに国際的な課題とは大げさに感じるかも知れないが，2020年のコロナウイルス感染対策を考えても，もはや個人の健康にも国際協力が関わってくる時代である。

（2）新たな暮らしと街づくり，新たな支援ニーズ

　少子高齢化に加えて，人口減少期に入る日本においては，人口減少と共に縮小していく都市を，持続可能な社会に向けて，都市計画としてどのように整備していくのかという新たな課題に直面している。水道管の破裂や，倒壊や犯罪の危険のある空き家など，老朽化するインフラをどうしていくのか，商店や学校，公共施設などの都市の機能をどのように再配置するのか。それらは物理的なことのようでありながら，人々の暮らしに直結し，人々のつながりや物心にわたる支え合いを左右し，人々の心に繋がっている。

　さらに，度重なる大災害の中で，災害によって物理的な変化を被った地域でどのように地域を復興させていくのか。被災地での様々な心理的支援は，まさに臨床心理地域援助であり，人々の心理面での支えは，人々の行動を支え，地域のコミュニティをどうつくるかに繋がっていく。

　先に述べた人口の変動や産業構造の変化，持続可能な社会に向けて世界共通の課題が提示される変化の中で，街（町）は姿を変え，人々の暮らしを変え，学校を変え，単に経済やインフラを増大させるだけでない，持続可能という新たな目標に向かって協働することが求められている。

　その中で，心理臨床という視点から，人と環境の相互作用を重視する

地域援助がどのように個人と地域に貢献できるだろうか。心理臨床は，建築物を建てることが仕事ではないが，建物を建てる人を支え，建物を心地よくするためのコンセプトを提示し，建物の活用に参画することができる。これらは同時に，社会に参画できる，というだけでなく，臨床実践はどこかで不可避的にそうした営みと繋がっているということである。スクールカウンセラーの動きはそれそのものが学校の一部であり，地域のクリニックでの臨床は，地域医療としてその地域を構成する。また被災地での新たな実践や，街づくりへの直接的な参画など，新たなニーズへの臨床実践が，今後はますます創造的に行われるのではないだろうか。

（3）無条件の助け合いと非専門家の支援

　厚生労働白書（厚生労働省，2018（a））によれば，「困っている人を助けるような地域活動」が「活発に行われていると思う」と回答した人たちでは，「相談したいと思う」という回答の割合が高かったという。また，「障害や病気を有する人が職場にいる」と回答した者では，障害や病気を有する人が職場にいることで「仕事の進め方について職場内で見直すきっかけになった」という回答が多かったという。

　精神科病院を退院して地域で暮らす人々へのサービスが，専門家だけでは成り立たず，もとより，専門家以上に周囲の人たちの支援こそが人々を支えることから地域精神保健が発想されたように，人々のウェルビーイングを支えるのは，保育所や介護制度・医療制度など，金銭の授受を前提として制度化されたサービスだけではない。

　ボランティアのように，人々の関わり合いの中で，自然な互恵的関わりとしての支え合いもあれば，人々の生きる工夫として地域に根づいてきた支え合いの仕組みもある。村本・遠藤（2016）は，血縁のない者同士が必要な時に「無条件に支援し合う」ためのシステムとして疑似家族を形成する「寝屋慣行」が，漁村コミュニティの中で，時代と共にゆるやかに変容し続けることで維持され機能してきた事例を示した。無条件に支援し合うコミュニティは，金銭や社会的サービスとして制度化され

た支援とは異なるレベルで，人と暮らしを支えるものである。地理的地域に結びついて第一次産業が成立していた時代から，そうした「無条件の」支え合いは，次第に失われる傾向にあったと考えられる。しかし，村本・遠藤（2016）が指摘するように，ゆるやかに姿を変えながら，近隣やネット上に，金銭に基づかない「無条件の」支え合いは存在しているようにも思える。図 15-1 の点線のような地理的なコミュニティを超えて存在する機能的コミュニティも含めて，多様なコミュニティに人は所属し，支えられ，「無条件」の自然な互恵的な関わりが，お互いに頼り合える本質的な安心感を醸成するのではないだろうか。

　社会変動による都市の縮小や再生，また，持続可能な社会への課題などの諸課題は，都市が拡大し創成されてきた時と同じように，新しい仕組みや既存の仕組みの変化を要請する。それは再び，コミュニティ心理学が成立した頃と同じように，非専門家の日常的な支援の価値や人々の協働の重要性を見出すものとなり，臨床心理地域援助の考え方をさらに発展させていくのかも知れない。

5．臨床心理地域援助の発想を活かす様々な支援理論

　コミュニティ心理学を基本とする地域援助の発想について学んできたが，地域援助の発想と類似した考え方によるアプローチには，システムズアプローチや解決志向アプローチなどもある。個人の無意識を扱う精神分析においても，子どもの成長における環境の人への影響を重視する立場もある（Meltzer & Harris, 2013/2018）。

　各自が拠って立つ臨床理論やそれと近接性のある理論に加えて，個人臨床とは異なる発想を持つコミュニティ・アプローチ，人と環境の相互作用を考慮したアプローチを学ぶことで，各自の臨床理論を臨床心理地域援助に応用することも可能であろう。

　臨床心理地域援助は，いずれの領域にも関わるものであり，本章で述べたような社会的変化の中で，今後ますます求められるものと考えられる。個人臨床を基本に，地域援助の発想でそれを応用し，臨床の力を活かして新たな支援を創造的に展開していくことが求められている。

🎯 研究課題

1．あなたが将来働きたいと希望する心理臨床の領域や現場において，それがどのように社会や政策と繋がっているか考えてみよう。
2．あなたが将来働きたいと希望する心理臨床の領域や現場において，ここまでに学んできた臨床心理地域援助の発想や技法がどのように求められているか考えてみよう。
3．あなたが将来働きたいと希望する心理臨床の領域や現場において，あなたなら，ここまでに学んできた臨床心理地域援助の発想や技法をどのように活用するか考えてみよう。

引用文献

内閣府（n.d.）．我が国の総人口及び人口構造の推移と見通し
　https : //www8.cao.go.jp/shoushi/shoushika/data/jinkou.html
日本発達障害ネットワーク（JDDnet）（2017）．日本発達障害ネットワークについて
　https : //jddnet.jp/about-jddnet/
国際連合広報センター（n.d.）．2030 アジェンダ.
　https : //www.unic.or.jp/activities/economic_social_development/sustainable_de-velopment/2030 agenda/
厚生労働省（2013）．平成 25 年版　労働経済の分析：構造変化の中での雇用・人材と働き方　第 2 節産業構造，職業構造の推移.
　https : //www.mhlw.go.jp/wp/hakusyo/roudou/13/dl/13-1-4_02.pdf
厚生労働省（2018(a)）．平成 30 年版　厚生労働白書（平成 29 年度厚生労働行政年次報告）：障害や病気などと向き合い，全ての人が活躍できる社会に.
　https : //www.mhlw.go.jp/content/000524475.pdf
厚生労働省（2018(b)）．平成 30 年版　労働経済の分析〈要約版〉：働き方の多様化に応じた人材育成の在り方について　概要版.
　https : //www.mhlw.go.jp/wp/hakusyo/roudou/18/dl/18-2 a.pdf
Meltzer, D., & Harris, M. (2013). *The educational role of the family : A psychoanalytical Model*. karriac Books Ltd.　木部則雄・池上和子ほか（訳）（2018）．こどものこころの環境：現代のクライン派家族論．金剛出版.
村本由紀子・遠藤由美（2016）．変わらずにいるために変わり続ける：環境変化と

文化的慣習の維持過程. 心理学研究, 87, 495-505.

全国 LD 親の会 (2009). 全国 LD 親の会活動内容. http://www.jpald.net/jpaldkatu-
dou.html

索 引

●配列は，アルファベット順・五十音順，＊は人名を示す

分担執筆者紹介

池田　琴恵（いけだ・ことえ）

・執筆章→2・3・14（6コラム）

山口県に生まれる

2003年	川崎医療福祉大学　社会福祉学部　臨床心理学科　卒業
2005年	愛知淑徳大学　コミュニケーション研究科　心理学専攻（修士課程）終了
2014年	お茶の水女子大学大学院　人間文化創成科学研究科　人間発達専攻（博士後期課程）単位取得退学
2017年	お茶の水女子大学大学院　人間文化創成科学研究科　博士号取得
2014年	東京福祉大学　社会福祉学部　助教
2016年	東京福祉大学短期大学部　講師
現在	至学館大学　健康科学部　助教
専門	コミュニティ心理学，教育心理学，評価学

主な共著・共訳書

参加型評価：改善と変革のための評価の実践（晃洋書房　2016年）

プログラムを成功に導くGTOの10ステップ：計画，実施，評価のための方法とツール（風間書房　2010年）

エピソードでつかむ児童心理学（ミネルヴァ書房　2010年）

保育児童福祉要説（中央法規　2017年）

青木　紀久代 (あおき・きくよ)

・執筆章→4・8

山口県に生まれる

1993年　東京都立大学大学院人文科学研究科博士課程単位取得満期退学。

東京都立大学人文学部助手，お茶の水女子大学大学院人間文化創成科学研究科准教授等を経て，2019年より現職。

現在　　社会福祉真生会　理事長／同法人白百合心理・社会福祉研究所　所長

博士（心理学），臨床心理士，公認心理師

専門　　発達臨床心理学，保育臨床心理学

主な著書・訳書

拒食と過食（サイエンス社）

調律情動から見た母子の情緒的交流と乳幼児の人格形成（風間書房）

子どもを持たないこころ（共編著　北大路書房）

親―乳幼児心理療法（共訳　岩崎学術出版社）

保育に生かす心理臨床（共編著　ミネルヴァ書房）

親のメンタルヘルス（編著　ぎょうせい）

いっしょに考える家族支援（編著　明石書店）

実践・発達心理学（編著　みらい）

社会的養護における生活臨床と心理臨床（共編著　福村出版）

発達精神病理学からみた精神分析理論（共訳　岩崎学術出版）

子ども―親心理療法（監訳　福村出版）

実践・保育相談支援（編著　みらい）

トラウマ（共編著　福村出版）

不安（共編著　福村出版）

保育の心理学（編著　みらい）

子ども家庭支援の心理学（編著　みらい）

心理療法のケースをどう読むか？（福村出版）

丸山　広人 <small>（まるやま・ひろと）</small>

・執筆章→ 5・10

1972年	石川県に生まれる
1995年	茨城大学教育学部卒業
2003年	東京大学大学院教育学研究科博士課程単位取得退学，東京大学大学院教育学研究科助手を経て
現在	茨城大学大学院教育学研究科准教授，博士（教育学），臨床心理士，公認心理士
専攻	臨床心理学
主な著書	教育現場のケアと支援（大月書店）
	学校で役立つ臨床心理学（編著　角川学芸出版）
	いじめ・いじめられる青少年の心（分担執筆　北大路書房）
	学校臨床学への招待（分担執筆　嵯峨野書院）

平野　直己 （ひらの・なおき）

・執筆章→ 6・13

1966年	東京都に生まれる
1995年	東京都立大学大学院人文科学研究科博士課程単位取得退学
1995年	札幌少年鑑別所法務技官
1996年	北海道教育大学岩見沢校講師
1997年	北海道教育大学岩見沢校助教授
2009年	北海道教育大学札幌校准教授
2019年	北海道教育大学札幌校教授
	現在に至る
現在	北海道教育大学教育学部札幌校　教授
	NPO法人　余市教育福祉村　理事長
主な著書	学校臨床心理学入門（共編著　有斐閣）
	乳幼児・児童期の臨床心理学（共編著　培風館）
	心理職の専門性―公認心理師の職責―（共編著　放送大学教育振興会）
	日常臨床に活かす精神分析（分担執筆　誠信書房）
	コミュニティ臨床への招待（分担執筆　新曜社）
	教育相談（分担執筆　学文社）

押江　隆（おしえ・たかし）

・執筆章→9・12

1979年	大阪府に生まれる
2003年	関西大学社会学部卒業
2012年	関西大学大学院心理学研究科博士課程後期課程修了
2012年	山口大学教育学部講師
現在	山口大学教育学部准教授
専攻	地域臨床心理学・グループアプローチ・パーソンセンタードセラピー
主な著書	コミュニティ臨床への招待　つながりの中での心理臨床（共著　新曜社）
	新しい事例検討法 PCAGIP 入門　パーソン・センタード・アプローチの視点から（共著　創元社）
	M-plus と R による構造方程式モデリング入門（共著　北大路書房）
	明日から教壇に立つ人のための教育心理・教育相談（共著　北大路書房）

編著者紹介

伊藤　亜矢子（いとう・あやこ）

・執筆章→1・2・3・7・11・15

	東京都出身
1995年	東京大学大学院教育学研究科教育心理学専攻博士課程満期退学
1995年	北海道大学教育学部助手
1997年	札幌学院大学人文学部専任講師
1999年	お茶の水女子大学生活科学部専任講師
2004年	同助教授
2007年	お茶の水女子大学発達臨床心理学コース准教授
2020年より現職	
現在	名古屋市立大学人間文化研究科教授　臨床心理士・公認心理師　博士（教育学）

主な著書・翻訳書

学校で見立てる，学校を見立てる―援助職のための学校アセスメント総論（子どもの心と学校臨床　18　遠見書房　3-10.）

新版中学生用学級風土尺度（Classroom Climate Inventory；CCI）の作成（教育心理学研究　65(1)，91-105.）

いじめっ子・いじめられっ子の保護者支援マニュアル（監訳・金剛出版）

学級風土コンサルテーション（臨床心理学増刊5　金剛出版　106-110.）

私立学校のスクールカウンセリング（村山正治・滝口俊子（編）現場で役立つスクールカウンセリングの実際　創元社　pp.303-216.）

エピソードでつかむ児童心理学（編著　ミネルヴァ書房）

改訂学校臨床心理学（編著　北樹出版）

学校現場と臨床心理学とのコラボレーションを目指して―学級風土コンサルテーションの試みから―（鹿毛雅治（編）教育心理学の新しいかたち　誠信書房　pp.132-153.）

学校コミュニティ・ベースの包括的予防プログラム―スクール・カウンセラーと学校との新たな協働にむけて―（心理学評論　47(3)，348-361.）

放送大学大学院教材　8950717-1-2111（ラジオ）

臨床心理地域援助特論

発　行　　2021 年 3 月 20 日　第 1 刷
編著者　　伊藤亜矢子
発行所　　一般財団法人　放送大学教育振興会
　　　　　〒105-0001　東京都港区虎ノ門 1-14-1　郵政福祉琴平ビル
　　　　　電話　03（3502）2750

市販用は放送大学大学院教材と同じ内容です。定価はカバーに表示してあります。
落丁本・乱丁本はお取り替えいたします。

Printed in Japan　ISBN978-4-595-14146-1　C1311